Inhaltsseiten

Diese Seiten vermitteln Ihnen – unterstützt durch **Merksätze**, Tabellen und Übersichten – biologisches Grundlagenwissen über wichtige Begriffe, Gesetze, Erscheinungen und Zusammenhänge.

Ergänzendes und Vertiefendes bietet zusätzliche Informationen. Vielfältige **Aufgaben** ermöglichen es Ihnen, Ihr Wissen anzuwenden und zu testen.

Basiskonzepte

Diese Seiten helfen Ihnen, allgemeingültige Zusammenhänge und immer wiederkehrende Prinzipien (z. B. Informationsverarbeitung) in der Biologie zu erkennen und sie – unterstützt durch Aufgaben – auf neue Erscheinungen anzuwenden.

Methoden

Für die Naturwissenschaften charakteristische Denk- und Arbeitsmethoden zeigen Ihnen, wie Sie bei bestimmten Tätigkeiten (z. B. Experimente durchführen, statistische Daten darstellen, Exkursionen planen und durchführen) schrittweise vorgehen können.

Praktikum

Durch Untersuchungen, Beobachtungen und Projekte können Sie Ihr Grundwissen praktisch überprüfen und anwenden.

Biologie

Lehrbuch für die Klasse 10
Gymnasium Bayern

Herausgeber:
Birgit Pietsch
Prof. Dr. Wilfried Probst
Petra Schuchardt

DUDEN PAETEC Schulbuchverlag
C.C. BUCHNER

Herausgeber
Birgit Pietsch
Prof. Dr. Wilfried Probst
Petra Schuchardt

Autoren
Andrea Mohrenweiser
Prof. Dr. Wilfried Probst
Dr. Christiane Quaisser
Petra Schuchardt
PD Dr. Barbara Tzschentke
PD Dr. Gottfried Wiedenmann

Beiträge von
Dr. Angela Borgwardt, Dr. Astrid Kalenberg, Dr. habil. Christa Pews-Hocke, Birgit Pietsch, Dr. Carola Wuttke

Berater
Hannelore Schmidtler, München

Dieses Werk enthält Vorschläge und Anleitungen für **Untersuchungen** und **Experimente**.
Vor jedem Experiment sind mögliche Gefahrenquellen zu besprechen. Die Gefahrstoffe sind durch die entsprechenden Symbole gekennzeichnet. Experimente werden nur nach Anweisung des Lehrers durchgeführt. Solche mit Gefahrstoffen dürfen nur unter Aufsicht durchgeführt werden. Beim Experimentieren sind die Richtlinien zur Sicherheit im naturwissenschaftlichen Unterricht einzuhalten.

Das Werk und seine Teile sind urheberrechtlich geschützt. Jede Nutzung in anderen als den gesetzlich zugelassenen Fällen bedarf der vorherigen schriftlichen Einwilligung des Verlages.
Hinweis zu § 52 a UrhG: Weder das Werk noch seine Teile dürfen ohne eine solche Einwilligung eingescannt und in ein Netzwerk eingestellt werden. Dies gilt auch für Intranets von Schulen und sonstigen Bildungseinrichtungen.
Das Wort **Duden** ist für den Verlag Bibliographisches Institut & F. A. Brockhaus AG als Marke geschützt.
Die genannten Internetangebote wurden von der Redaktion sorgfältig zusammengestellt und geprüft.
Für die Inhalte der Internetangebote Dritter, deren Verknüpfung zu anderen Internetangeboten und Änderungen der unter der jeweiligen Internetadresse angebotenen Inhalte übernimmt der Verlag keinerlei Haftung.
Dieses Werk folgt der reformierten Rechtschreibung und Zeichensetzung aus dem Jahr 2006.

1. Auflage
1   5 4 3 2 1 | 2012 2011 2010 2009 2008
Alle Drucke dieser Auflage können im Unterricht nebeneinander benutzt werden.
Die letzte Zahl bezeichnet das Jahr des Druckes.

© 2008 DUDEN PAETEC GmbH, Berlin
© 2008 C. C. BUCHNERS VERLAG GmbH & Co. KG, Bamberg

Internet www.duden-paetec.de

Redaktion Birgit Pietsch
Gestaltungskonzept und Umschlag Simone Hoschack, Britta Scharffenberg
Layout Angela Richter
Grafik Renate Diener, Reinhild Gluszak, Wolfgang Gluszak, Christiane Gottschlich, Christiane Mitzkus, Heike Möller, Walther-Maria Scheid, Sybille Storch
Titelbild Baum und Hände, mauritius images/Artur Cupak
Druck und Bindung Těšínská tiskárna, Český Těšín

ISBN 978-3-89818-491-5   (DUDEN PAETEC Schulbuchverlag)
ISBN 978-3-7661-3310-6   (C. C. BUCHNERS VERLAG)

Inhaltsverzeichnis

1 Stoffwechsel des Menschen 6

1.1 Ernährung und Verdauung 7

- Ernährung und Stoffwechsel 8
- Bestandteile der Nahrung und ihre Funktionen 9
- **Praktikum:** Bestandteile der Nahrung........................ 13
- Verdauung der Hauptnährstoffe 14
- **Basiskonzept:** Stoffumwandlung 17
- **Methoden:** Wie führe ich ein Experiment durch?............. 18
- **Praktikum:** Experimente zur Verdauung 19
- Resorption der Grundbausteine 22
- **Basiskonzept:** Oberflächenvergrößerung..................... 23
- **gewusst · gekonnt**... 24
- **Das Wichtigste auf einen Blick**............................. 25

1.2 Blutkreislauf und Atmung 26

- Blut – der zirkulierende Lebenssaft.......................... 27
- Körperlogistik: das Blutkreislaufsystem 29
- Das Atemsystem 32
- **Methoden:** Hinweise für die Gruppenarbeit an Projekten 36
- **Praktikum:** Multitalent Blut................................ 37
- **gewusst · gekonnt**... 39
- **Das Wichtigste auf einen Blick**............................. 40

1.3 Stoffwechsel in der Zelle 41

- Der Zellstoffwechsel... 42
- Energielieferanten 43
- Die Zellatmung 46
- **Basiskonzept:** Oberflächenvergrößerung zur Erhöhung des Stoff- und Energieumsatzes 47
- Nutzung der Energie für den Stoffaufbau 48
- **Methoden:** Lernen, aber wie?................................ 50
- **Praktikum:** Nahrung und Energie 51
- **gewusst · gekonnt**... 52
- **Das Wichtigste auf einen Blick**............................. 53

2 Bau, Funktionsweise und Schädigung von inneren Organen 54

- Die Leber – ein Organ mit vielen Funktionen 56
- Ein Reparatursystem mit Pflegebedarf......................... 58
- Störungen im Herz-Kreislauf-System........................... 60
- **Praktikum:** Messung des Blutdrucks.......................... 61

56

Hinweis:
Farbig unterlegte Seitenzahlen kennzeichnen Inhalte, die nicht obligatorisch sind.

- Die Nieren – Entsorgung ist lebensnotwendig 62
- Wenn die Luft knapp wird................................. 66
- **gewusst · gekonnt**..................................... 68
- **Das Wichtigste auf einen Blick**......................... 69
- **Basiskonzepte zum Menschen**............................. 70

3 Grundlegende Wechselbeziehungen zwischen Lebewesen 72

3.1 Die Umwelt eines Lebewesens 73

- Lebewesen in ihrer Umwelt 74
- Abiotische Umweltfaktoren 75
- **Praktikum:** Durch Spross und Blatt 79
- **Basiskonzept:** Große Oberflächen helfen
  beim Stoff- und Energieaustausch 83
- Umweltfaktoren und Zeigerarten 88
- **Methoden:** Darstellung statistischer Daten 90
- Zusammenwirken abiotischer Umweltfaktoren 92
- **gewusst · gekonnt**..................................... 93
- **Das Wichtigste auf einen Blick**......................... 95

3.2 Beziehungen zwischen Lebewesen 96

- Vielfalt der Beziehungen zwischen Lebewesen 97
- Nahrungsbeziehungen 98
- Formen des Zusammenlebens von Organismen 100
- **Praktikum:** Geheimnisvolle Blattbewohner................ 105
- Innerartliche Beziehungen von Organismen.................. 106
- Konkurrenz.. 108
- Konkurrenzvermeidung und das Konzept der ökologischen
  Nische 109
- **gewusst · gekonnt**..................................... 110
- **Das Wichtigste auf einen Blick**......................... 111

3.3 Beziehungen der Lebewesen im Ökosystem Wald 112

- Der Wald – ein Ökosystem 113
- Bedeutung des Ökosystems Wald 118
- Stoffkreislauf im Ökosystem............................... 120
- Energiefluss im Ökosystem 122
- **Basiskonzept:** Energie- und Stoffumwandlung 124
- Dynamik und Stabilität in einem Ökosystem................. 125
- **Methoden:** Darstellung der Entwicklung einer Räuber-Beute-
  Beziehung am Computer 126
- Entwicklung von Ökosystemen 129
- **Basiskonzept:** Ökosysteme entwickeln und verändern sich 130
- **gewusst · gekonnt**..................................... 131
- **Das Wichtigste auf einen Blick**......................... 132

3.4 Bedeutung und Gefährdung von Ökosystemen 133

- Gefährdung unserer Umwelt 134
- **Methoden:** Expertenbefragung 137
- Natur- und Umweltschutz. 138
- Umweltschutz geht alle an! 144
- **gewusst · gekonnt** 146
- **Das Wichtigste auf einen Blick** 147

- **Methoden:** Planung und Durchführung einer Exkursion 148
- **Praktikum:** Licht und Schatten 149
- **Praktikum:** Standortklima 150
- **Praktikum:** Boden 151
- **Praktikum:** Baumzählung 153
- **Praktikum:** Tierarten 154
- **Praktikum:** Ein Tag im Forst 155
- **Basiskonzepte zu Ökosystemen** 156

4 Angewandte Biologie 158

4.1 Biotechnologie – mehr als Abwasserklärung 159

- Abwasserklärung 160
- **Praktikum:** Alles geklärt? 163
- **Praktikum:** Herstellung von Lebensmitteln 164
- **Praktikum:** Konservierungsmethoden 166

4.2 Landwirtschaft – alles Natur? 168

- **Methoden:** Podiumsdiskussion 169
- Ökobilanz eines Lebensmittels 170
- **Praktikum:** Streusalz und Düngemittel 176
- **Praktikum:** Schädlingsbekämpfung 178

4.3 Aus dem Spektrum der Medizin 180

- Sportphysiologie 181
- **Praktikum:** Energiebedarf und Energieverbrauch 185
- **Praktikum:** Nahrung und Energie 190
- **Praktikum:** Essstörungen 191
- **Praktikum:** Erste-Hilfe-Maßnahmen 192
- **Praktikum:** Rollenspiel 193
- **Methoden:** Zukunftswerkstatt 194

Register 196
Gefahrstoffzeichen 199
Bildquellenverzeichnis 200

1 Stoffwechsel des Menschen

1.1 Ernährung und Verdauung

Ohne Nährstoffe kein Leben ▶▶ Tiere und Menschen müssen Nahrung aufnehmen, sonst wären sie nicht lebensfähig. Über die Nahrung werden die Stoffe aufgenommen, die unser Körper täglich für den Bau- und Energiestoffwechsel und damit für das Wachstum und die Aufrechterhaltung aller Körperfunktionen benötigt. *Was sind die wesentlichen Nahrungsbausteine und welche Funktion haben sie?*

Hochleistungsarbeit für den Organismus ▶▶ Alle Hauptnahrungsbestandteile müssen in ihre Grundbausteine zerlegt werden, damit sie in das Blut oder die Lymphe aufgenommen werden können. Enzyme beschleunigen diesen Prozess um ein Vielfaches. *Warum müssen die Hauptnahrungsbestandteile gespalten werden? Wie wirken Enzyme? Welche besonderen Eigenschaften der Darmschleimhaut ermöglichen die Nährstoffaufnahme?*

Ernährung und Stoffwechsel

Richtige Ernährung ist Voraussetzung für Aufbau und Funktion eines jeden Organismus. Sowohl Über- als auch Unterernährung führen zu schweren körperlichen Schäden. Mit seiner Nahrung nimmt der Mensch körperfremde energiereiche organische Stoffe auf, die in körpereigene organische Stoffe umgebaut werden. Diese dienen vor allem der Neubildung von Zellsubstanz (**Baustoffwechsel**) und damit dem Wachstum.

Für den Aufbau körpereigener Stoffe und für alle Lebensvorgänge muss Energie umgesetzt werden. Im **Energiestoffwechsel** werden energiereiche Nährstoffe abgebaut. Die dabei freigesetzte Energie kann für energieintensive Stoffwechselvorgänge genutzt werden. Die wichtigsten Energielieferanten sind Fette (Lipide) und Kohlenhydrate.

Neben den organischen, energiereichen Hauptnährstoffen werden auch anorganische Stoffe (z. B. Wasser, Mineralstoffe) mit der Nahrung aufgenommen. Abfallprodukte, nicht verwendbare und viele schädliche Stoffe werden aus dem Körper wieder ausgeschieden (s. Abb. 1).

Bei allen Stoffwechselprozessen wird auch ein Teil der nutzbaren Energie in Wärme umgewandelt und steht für den Baustoffwechsel nicht mehr zur Verfügung. Deshalb muss der Mensch mehr Energie über die Nahrung aufnehmen, als für die im Körper ablaufenden Stoffwechselprozesse notwendig ist.

> **Unter Stoffwechsel versteht man Aufnahme, Transport und biochemische Umwandlung von Stoffen im Körper sowie die Abgabe von Stoffwechselendprodukten an die Umgebung. Die biochemischen Vorgänge dienen dem Aufbau, dem Umbau und der Erhaltung von Körpersubstanz (Baustoffwechsel) sowie der Energieumwandlung (Energiestoffwechsel) und damit der Aufrechterhaltung von Körperfunktionen.**

Aufgaben

1. Nennen Sie alle zum Stoffwechsel gehörenden Lebensvorgänge.
2. Nennen Sie Stoffe, die aufgenommen und solche, die abgegeben werden.
3. Erklären Sie, wie es zur Wärmeabgabe kommt.

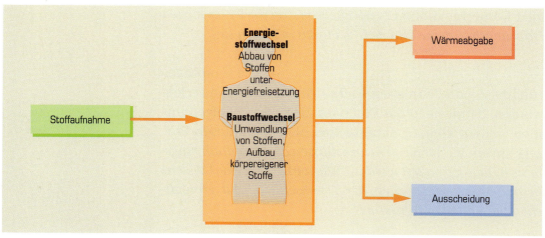

1 ▸ Energie- und Baustoffwechsel sind Grundlage des Lebens.

Bestandteile der Nahrung und ihre Funktionen

Hauptnährstoffe

Proteine bestehen aus Aminosäuren, die durch Peptidbindungen zu Ketten verknüpft sind.

Sie werden hauptsächlich für den **Baustoffwechsel** (Biosynthese körpereigener Proteine, s. S. 49) benötigt. Beispielsweise sind sie ein wichtiger Baustoff für Knochen, Zähne, Muskeln, bilden Antikörper des Immunsystems und beschleunigen als Biokatalysatoren (s. S. 14) biochemische Reaktionen.

Einige sogenannte essenzielle Aminosäuren können vom Körper nicht oder nur ungenügend aufgebaut (synthetisiert) werden. Ihre Zufuhr über die Nahrung ist daher lebensnotwendig.

Fette sind Gemische verschiedener Triglyceride. Triglyceride sind chemische Verbindungen aus Glycerol (Glycerin) und drei Fettsäuren.

Man unterscheidet zwischen gesättigten Fettsäuren (ohne Doppelbindung zwischen den C-Atomen) und ungesättigten Fettsäuren (mit Doppelbindung zwischen den C-Atomen). Einige ungesättigte Fettsäuren sind essenziell.

Fette sind entweder **Energielieferanten** oder **Energiespeicher** (Depotfett im Körpergewebe). Sie dienen aber auch als **Isolation** gegen Kälte, Schutzpolster für die inneren Organe, Bestandteil von Zellmembranen und als **Lösungsmittel**, z. B. für fettlösliche Vitamine (s. S. 10).

Kohlenhydrate bestehen aus verschiedenen Zuckern, von denen unterschiedlich viele zu Molekülen (Saccharide) verbunden sein können.

Einfachzucker, z. B. Glucose

Zweifachzucker, z. B. Lactose

Mehrfachzucker, z. B. Stärke

Sie sind sowohl wichtige **Energielieferanten** für die tägliche körperliche und geistige Arbeit, als auch wichtige **Bausteine**.

Proteine und Kohlenhydrate liefern je Gramm 17 kJ (4 kcal) und Fette etwa das Doppelte (37 kJ, enspricht 9 kcal) an Energie.

Ungefähr die Hälfte des mit der Nahrung aufgenommenen Fetts sind sogenannte sichtbare Fette (z. B. Öle, Streich- und Speisefett, Speck). Der andere Teil ist verborgenes Fett, das besonders in Fleisch, Wurst und Käse enthalten ist. Fette „verbergen" sich auch in Chips, Schokolade und Nüssen.

Glycerin ist die gebräuchliche Bezeichnung für „Propantriol". Da es sich um einen Alkohol handelt, ist die Bezeichnung Glycerol chemisch korrekter.

1 ▶ Nahrungsbestandteile und ihre Funktion

Ergänzungsstoffe

Vitamine sind organische Verbindungen. Als **Wirkstoffe** werden sie für den Ablauf lebenswichtiger Körperfunktionen benötigt. Man unterscheidet **fettlösliche** (Vitamin A, D, E, K) und **wasserlösliche** Vitamine (z. B. alle B-Vitamine, Vitamin C). Die meisten Vitamine können vom menschlichen Organismus nicht oder nur in unzureichender Menge gebildet werden und müssen daher mit der Nahrung aufgenommen werden. Ausnahmen sind beispielsweise die Vitamine K und D. Vitamin K wird im Darm synthetisiert und spielt eine wichtige Rolle bei der Blutgerinnung und im Knochenstoffwechsel. Die Bildung von Vitamin D erfolgt in der Haut unter Einfluss von UV-Licht. Vitamin D reguliert u. a. den Knochenaufbau. Im Winter kann bei geringer Sonneneinstrahlung die Eigensynthese von Vitamin D eingeschränkt sein und eine Zufuhr über die Nahrung wird notwendig.

Mineralstoffe sind nichtorganische **Bau- und Wirkstoffe** und müssen mit der Nahrung aufgenommen werden. Der Bedarf des Organismus an bestimmten Mineralstoffen ist unterschiedlich. Daher werden Mineralstoffe in **Mengenelemente** (mindestens 50 mg je kg Körpergewicht) und **Spurenelemente** (weniger als 50 mg je kg Körpergewicht) unterteilt. Die meisten Mineralstoffe sind sowohl Baustoff als auch Wirkstoff. Dazu einige Beispiele: Calcium und Phosphat sind wichtige Baustoffe für die Knochen und Zähne. Calcium ist aber auch unverzichtbar für die Muskel- und Nerventätigkeit sowie die Herzrhythmik. Phosphat spielt eine wichtige Rolle bei der Regulation des Säure-Basen-Haushaltes. Magnesium ist notwendig für die Knochenbildung und für die Funktion von Nerven und Muskeln (s. Tab. S. 11).

1 ▸ Mineralstoffe müssen mit der Nahrung aufgenommen werden.

Mineralstoffe kommen im Körper oft in gelöster Form vor, z. B. Natrium- oder Chlorid-Ionen.

Vitamine	wichtig für ...	z. B. enthalten in ...	Mangel führt zu ...
Vitamin A 0,8-1,0 mg*	Sehen, Wachstum und Erneuerung der Haut	Leber, Butter, Margarine, Eigelb, Innereien; als Vorstufe „Carotin" in Möhren, Spinat	Wachstumsstörungen, Nachtblindheit, Verhornungserscheinungen
Vitamin B_1 1,1-1,3 mg*	Zuckerabbau im Körper, Funktionieren des Nervensystems	Vollkornbrot, Haferflocken, Naturreis, Kartoffeln, Schweinefleisch, weißen Bohnen, Linsen	Nervenerkrankungen, Lähmungen, Abmagerung, Appetitlosigkeit
Vitamin B_2 1,5-2,0 mg*	Sehen, Haut und Vorgänge im Körper (z. B. Atmung)	Milch, Käse, Eiern, Kartoffeln, Getreideprodukten, Gemüse, Obst, Fleisch, Nieren, Leber, Leberwurst	Hautstörungen, Haarausfall, Bindehautentzündung
Vitamin C 75 mg*	Knochen, Zähne, Blut, Stärkung der Abwehr von Krankheitserregern	Obst, vor allem Zitrusfrüchten und Beerenobst, Kartoffeln, Kopfkohl, Paprikaschoten, Petersilie, rohem Sauerkraut	Gelenk- und Knochenschmerzen, Zahnfleischbluten, Zahnausfall
Vitamin D 0,005 mg*	Knochen und Zähne	Butter, Margarine, Milch, Käse, Fisch, Leber, Pilzen, Eigelb	Zahnschäden, Knochenverformungen (Rachitis)

* tägliche Zufuhr

Gewürze

Gewürze sind verschiedene Duft- und Aromastoffe, die den Geruch und Geschmack der Nahrung bestimmen. Sie sind nicht lebensnotwendig, verbessern aber das allgemeine Wohlbefinden und regen die Bildung der Verdauungssäfte an. Wichtigste Bestandteile der Gewürze sind ätherische Öle. Dabei handelt es sind um leicht flüchtige Verbindungen, die vielfältige physiologische Wirkungen haben. Neben der Beeinflussung des Geruchs- und Geschmacksempfindens können sie auch in der Medizin eingesetzt werden. Beispiele dafür sind Fenchel, Anis und Kümmel, die bei Darmkrämpfen und Blähungen eingesetzt werden können. Bereits im 12. Jahrhundert wies HILDEGARD VON BINGEN (1098–1179) auf die heilsame Wirkung von Gewürzen hin.

Ballaststoffe sind weder Energie- noch Baustofflieferanten. Sie sind unverdauliche Nahrungsbestandteile und werden nahezu unverändert wieder ausgeschieden.

Sie sorgen für eine ausreichende Darmfüllung, fördern die Darmbewegungen und beeinflussen über eine ausreichende Magenfüllung das Sättigungsgefühl. Sie sind somit wichtig für das Wohlbefinden.

Aufgaben

1. Nennen Sie Möglichkeiten die verhindern, dass Vitamine in Nahrungsmitteln zerstört werden.

2. Möhrensalat sollte immer mit ein paar Tropfen Öl angerichtet werden. Begründen Sie diese Aussage.

Mineralstoffe	Wirkungen im Körper	Vorkommen in Nahrungsmitteln
Natrium 2 000–3 000 mg*	Regulierung von Wasserhaushalt und Blutdruck, Schweißbildung, Vorgänge in den Nervenzellen	Hühnerei, Hering, Brötchen, Kochsalz, Wurst, Käse, Schinken
Calcium 1 200 mg*	Aufbau von Knochen, Muskeln und Zähnen, Nerventätigkeit, Blutgerinnung	Vollkornbrot, Nüsse, Fisch, Grünkohl, Spinat
Magnesium 350–400 mg*	Aufbau von Muskeln und Knochen, Herztätigkeit	Fisch, Kartoffeln, Leinsamen
Eisen 12–15 mg*	Bestandteil des roten Blutfarbstoffes (Hämoglobin), unterstützt die Sauerstoffversorgung des Körpers, Wachstum	Vollkornbrot, Haferflocken, Leber, grüne Bohnen, Kartoffeln, Fleisch, Fruchtsäfte
Iod 0,2 mg*	Aufbau des Schilddrüsenhormons, Wachstum	Meersalz, Grünkohl, Eier, Milch

*tägliche Zufuhr

Wasser

Wasser ist ein lebenswichtiger Bestandteil der Nahrung. Täglich müssen ca. 2,5 l Wasser mit der Nahrung oder Getränken aufgenommen werden, da die gleiche Wassermenge über die Haut und Lunge (Schwitzen, Atmen) und über Urin und Kot vom Körper ausgeschieden wird.

Wasser ist ein wesentlicher **Zellbestandteil**. Es ist notwendig für die Aufrechterhaltung von Strukturen sowie Baustoff in einigen Mehrfachzuckern und Proteinen (z. B. Schleim). Wasser dient auch als **Transportmittel** für Nährstoffe und Stoffwechselprodukte und als **Lösungsmittel** für verschiedene Stoffe (z. B. energieliefernde Substanzen, Salze, bestimmte Vitamine). Eine weitere wichtige Funktion übt Wasser in der **Wärmeregulation** des gesamten Organismus aus. Bei hohen Umgebungstemperaturen oder großer körperlicher Anstrengung wird über Schweißdrüsen und die Haut Wasser in Verbindung mit Mineralstoffen (z. B. Natriumchlorid) abgegeben. Durch die Wasserverdunstung an der Hautoberfläche wird der Kühlungseffekt erzielt.

> Als Bestandteile der Nahrung sind die Hauptnährstoffe (Proteine, Fette, Kohlenhydrate) wichtige Baustoff- und Energielieferanten. Vitamine und Mineralstoffe erfüllen als Bau- und Wirkstoffe wichtige Funktionen; Ballaststoffe fördern die Verdauung und Sättigung. Das Wasser erfüllt im Organismus vielfältige Funktionen (Strukturbildung, Transport- und Lösungsmittel, Wärmeregulation).

Aufgaben

1. Erstellen Sie eine Übersicht über Nahrungsmittel und ihren Ballaststoffgehalt. Nutzen Sie Nachschlagewerke und Ernährungstabellen.

2. Ermitteln Sie anhand Ihrer normalen Essgewohnheiten, wie viel Wasser Sie mit der festen Nahrung aufnehmen und wie viel Sie trinken müssen, um die täglich notwendige Menge Flüssigkeit von 2,5 l zu erreichen.

3. Stellen Sie Grundregeln für eine gesunde Ernährung auf.

Sport macht durstig

Dehydratisierung bezeichnet die starke Abnahme der Körperflüssigkeit bis hin zur Austrocknung. Starke Hitze führt zur irreversiblen Strukturänderung der Proteine und somit z. B. auch zur Schädigung des Bluteiweißes.

Unter normalen Bedingungen und in Ruhe gibt der Mensch ca. 400–600 ml Wasser/Tag über die Schweißbildung ab. Bei Hitze und körperlicher Anstrengung erhöht sich diese Menge auf mehrere Liter/Tag. Wird der Wasserverlust nicht durch Trinken ausgeglichen, kommt es zur Dehydratisierung (Dehydration). Die Schweißabgabe wird über Anpassung und Training verändert. Beim Sport gibt beispielsweise pro Stunde ein Untrainierter 0,8 l und ein Trainierter bis zu 3 l Wasser in Form von Schweiß ab. Es ist daher wichtig, sportliche Aktivitäten dem Trainingszustand anzupassen. Die mangelnde Schweißabgabe bei Untrainierten kann z. B. dazu führen, dass die Körpertemperatur bis 41 °C ansteigt und die Gefahr eines Hitzeschadens besteht.

Praktikum

Bestandteile der Nahrung und ihre Wirkung auf den menschlichen Organismus

Unsere Nahrung enthält eine Vielzahl von Stoffen, wie Nährstoffe, Ergänzungsstoffe und Lebensmittelzusatzstoffe. Zu den **Nährstoffen**, die mengenmäßig den größten Anteil einnehmen, zählen die **Kohlenhydrate, Proteine** und **Fette**. Sie werden durch biochemische Reaktionen in körpereigene Stoffe umgewandelt. Durch den späteren Abbau dieser energiereichen Stoffe (s. S. 16) gewinnt unser Organismus Energie, z. B. für sportliche Betätigung.

1. Wiederholen Sie den Prozess der Verdauung der mit der Nahrung aufgenommenen Kohlenhydrate, Fette und Proteine im Organismus.
    a) Stellen Sie den Abbau der Nährstoffe schematisch dar.
    b) Erläutern Sie anhand Ihres Schemas die Wirkung der Enzyme und zeichnen Sie diese ein.

2. a) Erstellen Sie eine tabellarische Übersicht über die o. g. Nährstoffe und ihre Funktion im menschlichen Organismus.
    b) Gehen Sie dabei auch auf Aspekte der Energiefreisetzung bei ihrem Abbau ein (s. S. 2, 46).
    c) Zeigen Sie an ausgewählten Beispielen, dass dabei Hydrolyse- und Oxidationsprozesse ablaufen.

Jeder kennt Sprüche wie „Milch macht müde Männer munter!" oder „Schokolade macht glücklich!". Die sogenannte **physiologische Wirkung** (griech.: *physis* = Natur) unserer Nahrung wird jedoch von vielen Faktoren beeinflusst. Lebensmittel sind Stoffgemische, deren einzelne Komponenten unterschiedliche Prozesse im Körper auslösen können. Die Wirkung hängt zum einen von der aufgenommenen Menge ab. Zum anderen spielt der aufnehmende Organismus eine große Rolle. Dabei können sich z. B. Alter, Geschlecht, Abstammung, Fitness und die jeweilige Alltagssituation unterschiedlich auswirken.

1. Vielen Schokoladensorten werden auch Gewürze wie Chili, Pfeffer (s. Abb.), Zimt oder Vanille beigemischt.

Informieren Sie sich über die physiologische Wirkung von Gewürzen. Beschreiben Sie dann an einem ausgewählten Beispiel dessen konkrete physiologische Wirkung.

2. Erläutern Sie anhand eines selbst gewählten Beispiels, warum Lebensmittel mehrere Prozesse im Organismus beeinflussen.

3. Informieren Sie sich über die physiologische Wirkung von Schokolade und begründen Sie, warum der Genuss nicht nur glücklich macht.

4. Zu den Lebensmitteln werden auch die Genussmittel gezählt. Informieren Sie sich, inwiefern diese sich von den Nahrungsmitteln in ihrer Wirkung auf den Organismus unterscheiden.

1 ▶ Kohlenhydrathaltige Nahrungsmittel

2 ▶ Eiweißhaltige Nahrungsmittel

3 ▶ Fetthaltige Nahrungsmittel

Verdauung der Hauptnährstoffe

Die Enzymspezifität (Schlüssel-Schloss-Prinzip) wurde von EMIL FISCHER (1852–1919) entdeckt. Für sein Lebenswerk wurde er 1902 mit dem Nobelpreis für Chemie geehrt.

Hauptnährstoffe sind hochmolekulare und meist nicht wasserlösliche Stoffe. Sie können in diesem Zustand nicht in die Zellen aufgenommen werden oder als Baustoffe zu den Organen und Geweben transportiert werden. Kohlenhydrate, Proteine und Fette müssen deshalb über chemische Prozesse in ihre niedermolekularen und wasserlöslichen Bausteine (Einfachzucker, Aminosäuren, Glycerol und Fettsäuren) gespalten werden. Dieser Vorgang wird als **Verdauung** bezeichnet. Die Verdauungsprozesse werden durch **Enzyme** vermittelt.

Enzyme als Biokatalysatoren

Enzyme sind Biokatalysatoren. Sie beschleunigen (**katalysieren**) biochemische Reaktionen und setzen die für die Reaktion erforderliche Energie zur Aktivierung der Ausgangsstoffe (**Aktivierungsenergie**, s. Abb. 2) herab. So können diese Reaktionen bei Körpertemperatur in ausreichend hoher Geschwindigkeit ablaufen. Das Enzym selbst wird bei diesen Prozessen nicht verbraucht.

Enzyme spielen eine entscheidende Rolle im Stoffwechsel aller lebenden Organismen, wie zum Beispiel bei der Verdauung oder beim Kopieren der Erbinformation.

Enzyme sind Proteine. Sie kommen als reine Protein-Enzyme vor oder können mit einem Cofaktor zusammenwirken. Organische Cofaktoren werden als **Coenzyme** bezeichnet (z. B. Adenosintriphosphat = ATP, s. S. 45).

Enzyme besitzen eine Erkennungsregion mit ganz bestimmter Form, an der der jeweilige Ausgangsstoff (**Substrat**) vorübergehend angelagert wird (**Enzym-Substrat-Komplex**). Nach Ablauf einer biochemischen Reaktion am aktiven Zentrum ist aus dem Substrat ein neues Produkt entstanden. Das Enzym geht aus dieser Reaktion jedoch unverändert hervor (s. Abb. 1) und steht wieder für Reaktionen im Bau- und Energiestoffwechsel zur Verfügung.

Enzym und Substrat müssen wie ein Schlüssel zum Schloss genau zueinander passen (**Substratspezifität**). Das Schlüssel-Schloss-Prinzip ist ein Prinzip, das auch bei der Wirkung von Hormonen und Neurotransmittern sowie bei der Antigen-Antikörperreaktion zum Tragen kommt.

Durch Enzymwirkung ist eine Erhöhung der Reaktionsgeschwindigkeit bis um das 100 000-Fache möglich.

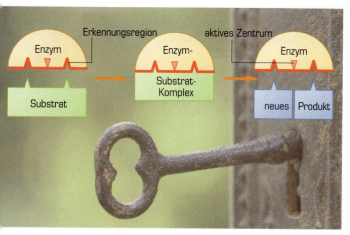

1 ▶ Bau und Funktion bedingen sich gegenseitig: Das Schlüssel-Schloss-Prinzip bei der Enzymwirkung.

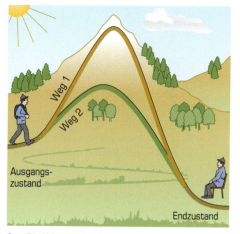

2 ▶ Die Wirkung des Enzyms lässt sich auch mit dem Einschlagen eines leichteren Weges mit geringerem Energieaufwand vergleichen.

Neben der Substratspezifität weisen Enzyme auch eine hohe **Reaktionsspezifität** auf, d. h. jedes Enzym katalysiert nur einen bestimmten Reaktionstyp. Nach der Art dieser Reaktion werden Enzyme in Gruppen eingeteilt. Eine sehr große Gruppe bilden die Hydrolasen, zu denen alle Verdauungsenzyme gehören. Hydrolasen katalysieren eine Substratspaltung durch Reaktion mit Wasser.

Enzyme benötigen für ihre Aktivität optimale Umgebungsbedingungen. Die wichtigsten Faktoren sind die **Temperatur** und der **pH-Wert.** Beispielsweise wirken Verdauungsenzyme im Magen optimal bei einem pH-Wert von 2. Das entspricht dem pH-Wert des Magensaftes.

Jede Enzymaktivität besitzt ein Temperaturoptimum. Eine Erhöhung der Temperatur über das jeweilige Optimum kann die Enzymaktivität stark beeinträchtigen. Wie alle Proteine denaturieren viele Enzyme bei Temperaturen, die über 40 °C ansteigen. Das ist auch eine Ursache dafür, dass hohes Fieber mit Körpertemperaturen über 40 °C eine große gesundheitliche Gefahr darstellt.

> **Enzyme beschleunigen biochemische Reaktionen. Sie sind Proteine, die nach Ablauf der biochemischen Reaktion wieder unverändert zur Verfügung stehen. Sie weisen eine hohe Substrat- und Reaktionsspezifität auf.**

Aufgaben

1. In einer Zelle laufen Tausende verschiedener Reaktionen ab. Erklären Sie, warum die Reaktionspartner nicht durcheinander kommen.

2. Erstellen Sie ein Energie-Zeit-Diagramm für den Verlauf einer Reaktion im Vergleich mit und ohne Enzymwirkung.

3. Begründen Sie, warum Lebensmittel im Kühlschrank länger haltbar sind.

Biotechnologischer Einsatz von Enzymen in der Industrie

Aus Organismen isolierte oder gentechnisch hergestellte Enzyme werden in verschiedenen Industriezweigen, wie z. B. in der Lebensmittel-, Pharma-, Textil- und Waschmittelindustrie, eingesetzt.

Das bekannteste Beispiel für den Einsatz von Enzymen in der **Lebensmittelindustrie** ist die Käseherstellung (s. Abb. 1). Käse wird durch Gerinnung aus dem Eiweißanteil der Milch hergestellt. Zur Milchgerinnung wurde früher ausschließlich das aus Kälbermägen gewonnene Labferment eingesetzt. Heute wird eher gentechnisch erzeugtes Enzym genutzt.

In der **Pharmaindustrie** werden viele Medikamente hergestellt, die bestimmte Enzyme hemmen oder ihre Wirkung verstärken. Damit können Krankheiten geheilt oder Schmerzen gelindert werden. Ein bekanntes Beispiel ist Acetylsalicylsäure (ASS) in einigen Schmerzmitteln.

In der **Waschmittelindustrie** werden Enzyme als Schmutzlöser eingesetzt. Waschmittel enthalten Fett-, Eiweiß- und Stärke abbauende Enzyme (s. auch Verdauung Seite 16).

1 ▶ Käseherstellung funktioniert nicht ohne Enzyme.

Die Namen von Enzymen enden in der Regel auf „-ase". Enzyme werden 1. nach ihrer Reaktionsspezifität (z. B. Spaltung von Peptidbindungen = Peptidasen) und 2. nach ihrer Substratspezifität (z. B. Wasseranlagerung = Hydrolase) benannt.

Denaturierung ist eine strukturelle Veränderung der Moleküle.

Enzymatische Spaltung der Hauptnährstoffe in den Verdauungsorganen

Am vollständigen Abbau der Hauptnährstoffe sind mehrere **Verdauungsorgane** beteiligt (s. S. 17). Die menschliche Verdauung beginnt in der Mundhöhle. Über die Speiseröhre gelangt der Nahrungsbrei in den Magen, wo er durchmischt und weiter in den Zwölffingerdarm, dem ersten Abschnitt des Dünndarms, transportiert wird. Im Dünndarm wird die Verdauung abgeschlossen.

Die wichtigsten **Verdauungsenzyme** sind im Mundspeichel, im Bauchspeichel und im Magen-/Darmsaft enthalten. Die Leber bildet den Gallensaft, der in der Gallenblase gespeichert wird.

Der erste Schritt bei der **Verdauung von Kohlenhydraten** erfolgt bereits in der Mundhöhle. Stärke wird durch Speichelenzyme, z. B. die Amylase Ptyalin, in Zweifachzucker, z. B. Maltose, gespalten. Die weitere Verdauung erfolgt dann im Dünndarm durch die Enzyme des Bauchspeichels, z. B. Amylasen, und des Darmsaftes, z. B. die Disaccharase Maltase. Im Dünndarm werden die Kohlenhydrate bis in ihre Grundbausteine, die Einfachzucker, z. B. Glucose abgebaut (s. Abb. 1 a).

Die **Proteinverdauung** beginnt im Magen durch Salzsäure und die Enzyme des Magensaftes (z. B. die Peptidase Pepsin). Salzsäure wirkt keimtötend und aktiviert das Eiweiß abbauende Enzym Pepsin.

Durch Enzyme des Bauchspeichels (z. B. die Petidase Trypsin) wird der Abbau der Proteine von kleineren Eiweißbruchstücken im Dünndarm fortgesetzt. Die Protein bruchstücke werden in ihre Grundbausteine, die verschiedenen Aminosäuren gespalten. Die Verdauung erfolgt auch mithilfe der Enzyme des Darmsaftes (Peptidasen) (s. Abb. 1 b).

Die **Fettverdauung** setzt bereits im Magen durch Enzyme des Magensaftes (Lipasen) ein, erfolgt aber dann vorrangig im Dünndarm.

Durch den Gallensaft werden die Fette zunächst in kleinere Tröpfchen umgewandelt. Die Fetttröpfchen werden anschließend durch Lipasen des Bauchspeichels und Darmsaftes in ihre Grundbausteine Glycerol und verschiedene Fettsäuren abgebaut (s. Abb. 1 c).

Der Mundspeichel wird in den Speicheldrüsen, der Bauchspeichel in der Bauchspeicheldrüse und der Magen-/Darmsaft in Drüsenzellen von Magen und Dünndarm gebildet. Die Leber produziert den Gallensaft.

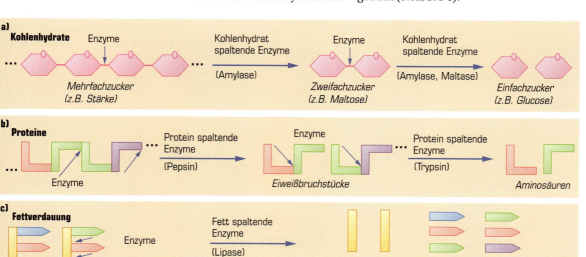

1 ▶ Enzymatische Spaltung der Hauptnährstoffe

Ernährung und Verdauung

Biologie

Basiskonzept

Stoffumwandlung

Stoffwechsel ist die Lebensgrundlage aller Organismen. Die aufgenommenen Stoffe müssen durch Stoffumwandlung für den Organismus nutzbar gemacht werden. Beim Menschen nimmt dabei die Verdauung eine Schlüsselrolle ein.

Verdauung der Hauptnährstoffe

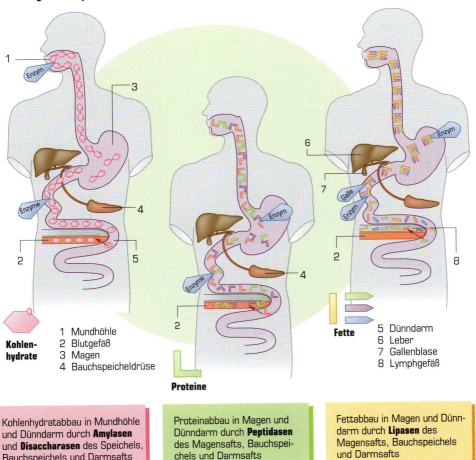

Kohlenhydrate
1 Mundhöhle
2 Blutgefäß
3 Magen
4 Bauchspeicheldrüse

Proteine

Fette
5 Dünndarm
6 Leber
7 Gallenblase
8 Lymphgefäß

Kohlenhydratabbau in Mundhöhle und Dünndarm durch **Amylasen** und **Disaccharasen** des Speichels, Bauchspeichels und Darmsafts

Proteinabbau in Magen und Dünndarm durch **Peptidasen** des Magensafts, Bauchspeichels und Darmsafts

Fettabbau in Magen und Dünndarm durch **Lipasen** des Magensafts, Bauchspeichels und Darmsafts

 Entwickeln Sie ein grafisches Modell zur Enzymwirkung bei der Spaltung von Kohlenhydraten unter Anwendung des Schlüssel-Schloss-Prinzips.

Methoden

Wie führe ich ein Experiment durch?

Das Ziel eines Experiments besteht darin, eine Antwort auf eine Frage an die Natur zu erhalten. Damit diese Antwort allgemeingültig ist, müssen die Bedingungen so gewählt werden, dass das Experiment wiederholbar ist. Beim Experimentieren geht man in der Regel in bestimmten Schritten vor. Dabei wird eine Erscheinung der Natur unter ausgewählten, kontrollierten, wiederholbaren und veränderbaren Bedingungen beobachtet, die Ergebnisse werden registriert und bewertet. Im Unterschied zur Beobachtung verändert man beim Experiment bewusst die Bedingungen. Dabei ist es notwendig, ein Protokoll anzufertigen, in dem alle Schritte des Experimentes schriftlich festgehalten werden.

Schritt ①

Erkennen und Formulieren des Problems
Zunächst ist zu überlegen, welches Problem gelöst bzw. welche Frage mithilfe des Experiments beantwortet werden soll.

Schritt ②

Aufstellen einer Vermutung
Bisherige Kenntnisse und Gesetzmäßigkeiten werden genutzt, um eine Vermutung zur Lösung des Problems aufzustellen.

Schritt ③

Ableiten einer experimentell überprüfbaren Fragestellung
Aus der Vermutung wird eine experimentell überprüfbare Fragestellung entwickelt.

Schritt ④

Planen und Durchführen des Experiments
1. Nun kann ein Experimentierplan zur Überprüfung der Vermutung entwickelt werden. Dabei ist genau zu überlegen, welche
   - Bedingungen variiert werden müssen;
   - Veränderungen zu erwarten sind (Größe, Form);
   - Objekte, Geräte oder Chemikalien eingesetzt und Sicherheitsvorkehrungen getroffen werden müssen;
   - Arbeitsschritte zur Durchführung des Planes notwendig sind.

2. Das Experiment wird genau nach den geplanten Vorgaben durchgeführt. (Je besser vorüberlegt und geplant wurde, desto genauer sind die zu erwartenden Ergebnisse.)
3. Alle zu beobachtenden Erscheinungen sind genau zu notieren!

Schritt ⑤

Auswerten und Lösen des Problems bzw. der Frage
1. Die protokollierten Messwerte und Beobachtungen werden ausgewertet. Dazu können Diagramme angefertigt, Berechnungen durchgeführt oder Aufnahmen gemacht werden.
2. Die vermutete Lösung wird mit den festgestellten Ergebnissen verglichen.
3. Aus dem Vergleich kann die Frage beantwortet bzw. das Problem gelöst werden.

Ernährung und Verdauung Biologie 19

Praktikum

Experimente zur Verdauung: Wirkung von Enzymen

1. Weisen Sie die Stärkeverdauung in der Mundhöhle nach.

a) Geschmackstest

Material:
entrindete Weißbrotstücke, Stoppuhr

Durchführung:
1. Kauen Sie ein Brotstück so lange, bis es süß schmeckt. Stoppen und notieren Sie die Zeit, die bis dahin vergangen ist.
2. Testen Sie jetzt ein zweites Brotstück und bestimmen Sie die Zeit, die normalerweise vergeht bis Sie einen solchen Bissen heruntergeschluckt haben.

Auswertung:
1. Was können Sie anhand der Ergebnisse über Ihre Essgewohnheiten sagen?
2. Vergleichen Sie Ihr Ergebnis auch mit dem der anderen Schüler.

b) Farbtest 1

Material:
2 Reagenzgläser, Schutzbrille, Bunsenbrenner, Wasser, Fehling I ❌ und II 📛, stärkehaltiges Nahrungsmittel ohne Zucker (z. B. entrindetes Weißbrot, Haferflocken), dieses ca. fünf Minuten intensiv gekaut

Durchführung:
1. Setzen Sie eine Schutzbrille auf. Mischen sie dann Fehling I ❌ und II 📛 zu gleichen Teilen.
2. Führen Sie das Experiment entsprechend der Abbildung durch.
3. Notieren Sie Ihre Ergebnisse.

Auswertung:
1. Erläutern Sie die Wirkung des Speichels auf die Stärke.
2. Versuchen Sie den Prozess modellhaft darzustellen.

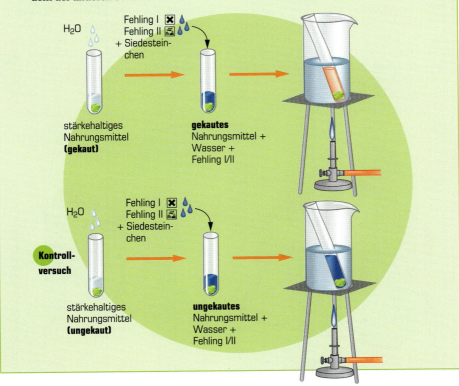

Glucose
Ringform

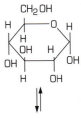

Kettenform

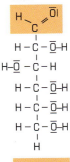

Die Aldehydgruppe der Glucose wirkt reduzierend.

Praktikum

c) Farbtest 2

Material:
entrindete Weißbrotstücke, 2 Glasschalen, Pipette, verdünnte Iod-Kaliumiodidlösung ☒

Durchführung:
Legen Sie ein Brotstück in eine Glasschale und geben Sie einige Tropfen Iod-Kaliumiodidlösung mit der Pipette darüber.
Nehmen Sie ein zweites Stück Brot und kauen Sie es fünf Minuten. Geben Sie den Brotbrei in die zweite Glasschale und geben Sie wieder einige Tropfen Iod-Kaliumiodidlösung mit der Pipette dazu.

Ist Stärke vorhanden, erfolgt eine blauviolette Färbung (Farbreaktion).

Auswertung:
1. Beschreiben Sie Ihre Beobachtungen.
2. Erklären Sie die Ergebnisse und vergleichen Sie sie mit den Resultaten des Geschmackstests.
3. Erläutern Sie die Bedeutung von Stärke für den Menschen.
4. Nennen Sie die Pflanzen, die für den Menschen die bedeutendsten Stärkelieferanten sind.
5. Überlegen Sie, ob mit der Stärke beim Backen etwas geschieht.

2. Überprüfen Sie die Wirkung von Labenzym auf die Gerinnung von Milcheiweiß.

Dieser Versuch dient als Simulation eines wichtigen enzymatischen Vorgangs bei der Käseherstellung.

Material:
Frische Kuhmilch, Labenzym-Lösung (1 %ig), Ammoniumoxalat ☒, Schutzbrille, 3 Reagenzgläser, Messpipette 1 und 10 ml, Thermostat

Durchführung:
Labenzymlösung wird aus Labpulver und destilliertem Wasser hergestellt.
3 Reagenzgläser werden in folgender Weise befüllt:
(1) 10 ml Milch + 1 ml Labenzymlösung
(2) 10 ml Milch + 1 ml Labenzymlösung, die gekocht und abgekühlt wurde
(3) 10 ml Milch + 1 ml Labenzymlösung + 1 ml gesättigte Ammoniumoxalatlösung ☒

Zuerst Schutzbrille aufsetzen und dann die Ammoniumoxalatlösung zusetzen. Kräftig das mit Stopfen verschlossene Reagenzglas schütteln, nach 3 Minuten die Labenzymlösung dazugeben.

Auswertung:
1. Beschreiben und erklären Sie die Beobachtungen.
2. Erklären Sie die Bedeutung der Temperatur bei der Wirkung der Enzyme.

*Ammoniumoxalat ☒ ist ein Nachweismittel für Calcium-Ionen. In der Reaktion entsteht ein schwer löslicher weißer Niederschlag (Calcium-Oxalat).
Das Labferment benötigt Ca-Ionen zur Ausfällung des Caseins. Casein (lat.: caseus = Käse) ist das Strukturprotein der Milch, welches dem Käse seine feste Konsistenz gibt.*

Praktikum

3. Demonstrieren Sie am Modellversuch die Verdauung von Fett im Dünndarm.

Material:
Frischmilch (ohne Konservierungsstoffe), Pankreatinlösung (1 %ig, ✖), Sodalösung (0,5 – 1 %ig, Natriumcarbonatlösung), Phenolphthaleinlösung, dest. Wasser, 2 Reagenzgläser, 2 Messzylinder, Wasserbad mit Thermometer, Schutzbrille

Durchführung:
1. Setzen Sie die Schutzbrille auf.
2. Geben Sie in 2 Reagenzgläser je 3 ml Milch und 3 ml warmes Wasser (40 °C).
3. Geben Sie in Reagenzglas 1 dazu: 1 – 2 ml Pankreatinlösung ✖ und 1 – 2 Tropfen Phenolphthaleinlösung.
   Geben Sie in Reagenzglas 2 nur 1 – 2 Tropfen Phenolphthaleinlösung dazu.
4. Tropfen Sie in beide Reagenzgläser unter kräftigem Schütteln so lange Sodalösung hinzu, bis beide Lösungen eine gleich starke Rotfärbung annehmen.
5. Lassen Sie die Reagenzgläser stehen und beobachten Sie diese nach 10, 20 und 30 Minuten.
6. Notieren Sie Ihre Ergebnisse.

Auswertung:
1. Vergleichen Sie die Ergebnisse in beiden Reagenzgläsern.
2. Erläutern Sie die Wirkung der Pankreatinlösung auf die Milch.

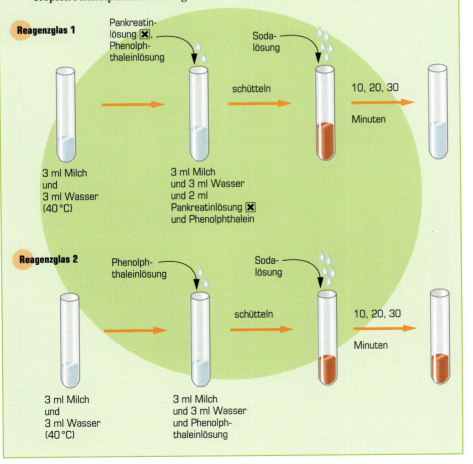

Resorption der Grundbausteine

lat.: resorbere = wieder einschlürfen, wieder aufsaugen

lat.: absorbere = einschlürfen, verschlingen, aufsaugen

Für Resorption wird international in der Verdauungsphysiologie auch der Begriff Absorption verwendet.

Durch Verdauung werden die Hauptnährstoffe in die Bausteine Einfachzucker, Aminosäuren, Glycerol und Fettsäuren zerlegt. Diese Grundbausteine werden durch die Dünndarmschleimhaut aufgenommen (**resorbiert**) und an das Blut bzw. die Lymphe (s. S. 30) weitergegeben. Auch Mineralstoffe, Vitamine und Wasser werden resorbiert. Die Resorption kann durch passive (z. B. für Fettsäuren, Glycerol) oder aktive (z. B. für Aminosäuren, Einfachzucker) Transportmechanismen erfolgen (s. Abb. 1).

Erfolgt die Resorption über ein Konzentrationsgefälle, spricht man von **passivem Transport**. Die Stoffe diffundieren von dem Ort höherer Konzentration im Dünndarm zu Orten niedrigerer Konzentration in Blut und Lymphe. Demgegenüber wird bei **aktivem Transport** Stoffwechselenergie benötigt. Dabei werden bestimmte Transportproteine eingesetzt, die mit den zu transportierenden Stoffen – ähnlich wie Enzyme – eine vorübergehende Bindung eingehen. Aktiver Transport kann auch gegen ein Konzentrationsgefälle stattfinden. Der Bereitstellung von Stoffwechselenergie dienen verschiedene Energieüberträger, vor allem **Adenosintriphosphat** (ATP, s. S. 45).

Damit in einem relativ kurzen Zeitraum möglichst viele Nahrungsbestandteile aufgenommen werden können, ist eine möglichst große Darmoberfläche notwendig. Das wird durch den besonderen Aufbau der Dünndarmschleimhaut (s. S. 23) erreicht.

> Verdauung ist der Aufschluss der Nahrung mithilfe von Enzymen. Unter Resorption der Nahrungsbestandteile versteht man die Aufnahme der Grundbausteine der Nährstoffe sowie Mineralstoffe, Vitamine und Wasser in das Blut oder die Lymphe.

Aufgabe

Entwickeln Sie ein einfaches Modell für den passiven Transport von Molekülen durch Membranen.

Im Dünndarm werden täglich ca. 9 l Flüssigkeit resorbiert. Davon stammen ca. 1,5 l aus der Nahrung und Getränken, die restlichen 7,5 l aus Verdauungssekreten.

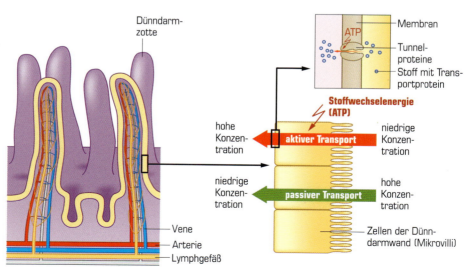

1 ▶ Die Resorption der Grundbausteine der Nahrung erfolgt über die Dünndarmschleimhaut in die Blut- oder Lymphkapillaren mittels passivem (a) und aktivem (b) Transport.

Basiskonzept

Oberflächenvergrößerung

Bei Stoff- und Energieumwandlungen sowie Transportprozessen spielen große Oberflächen eine wichtige Rolle.

Oberflächenvergrößerung im Dünndarm

	Bau	Relative Zunahme der Oberfläche (Zylinder = 1)	Gesamt-oberfläche (m²)
Darm als Zylinder		1	0,33
Falten		3	1
Zotten (Villi)		30	10
Microvilli		600	200

Demonstrieren Sie anhand eines Würfelmodells den Zusammenhang zwischen Struktur und Oberfläche. Verwenden Sie 16 kleine, gleich-große Würfel und kombinieren Sie diese zu verschiedenen Figuren (1. quadratischer Block, 2. lang gestreckter und 3. zerklüfteter Körper). Ermitteln Sie die Oberfläche der einzelnen Figuren durch Auszählen. Ordnen Sie sie nach der Größe der Oberfläche. Interpretieren Sie Ihr Ergebnis und wenden Sie es auf biologische Systeme an.

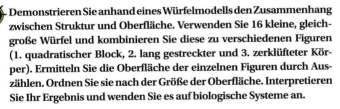

gewusst · gekonnt

1. Fertigen Sie zu den wichtigsten Begriffen ein Glossar an. Wiederholen Sie dazu die wichtigsten Merkmale eines Glossars. Beginnen Sie mit folgenden Begriffen: Baustoffwechsel, Energiestoffwechsel, Protein, Fett, Kohlenhydrat, Enzym, Verdauungsenzyme, Resorption, passiver Transport, aktiver Transport.

Glossar

Baustoffwechsel:
Energiestoffwechsel:
Enzym:

2. a) Übertragen Sie die Ziffern der Abbildung in Ihr Heft und ordnen Sie entsprechend die an der Verdauung beteiligten Organe sowie deren Funktionen tabellarisch zu.

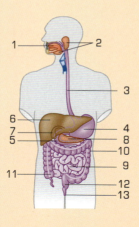

   b) Beschreiben Sie den enzymatischen Abbau der Hauptnährstoffe (Proteine, Kohlenhydrate, Fette) auf ihrem Weg durch den Verdauungstrakt. Benutzen Sie dazu die Abbildung.

3. Begründen Sie, warum die chemische Aufspaltung der Hauptnährstoffe in ihre Grundbestandteile überhaupt notwendig ist.

4. Erläutern Sie, welche Rolle Hauptnährstoffe, Ergänzungsstoffe und Wasser im Bau- und Energiestoffwechsel spielen.

5. Betrachten Sie mit dem Mikroskop einen Schnitt durch den Dünndarm (Dauerpräparat).
   a) Beschreiben Sie anhand einer grafischen Darstellung den Aufbau der Dünndarmschleimhaut.
   b) Erklären Sie den Zusammenhang von Bau und Funktion anhand der Dünndarmzotten.

6. An heißen Tagen oder bei körperlicher Anstrengung muss viel getrunken werden. Erklären Sie diesen Sachverhalt und gehen Sie dabei auf die Bedeutung von Wasser als Nahrungsbestandteil ein.

7. Überlegen Sie, welche Folgen Unterernährung im frühen Kindesalter für die spätere Entwicklung hat. Recherchieren Sie dazu auch im Internet.

8. „Frühstücken wie ein Kaiser, Mittagessen wie ein König und Abendessen wie ein Bettler" – stimmt die Regel überhaupt?

9. Setzen Sie sich mit dem derzeitigen Entwicklungsstand von Überernährung (Adipositas) bei Kindern in Deutschland und weltweit auseinander (s. S. 185). Was sind die wesentlichen Ursachen?

10. „Voller Bauch studiert nicht gern". – Hat diese Redensart einen wahren Kern? Begründen Sie Ihre Entscheidung.

11. Wenn man Obst isst und dazu große Mengen trinkt, kann dies zu Verdauungsproblemen führen. Geben Sie eine Erklärung.

12. Kartoffeln und Kartoffelgerichte werden oft als „Dickmacher" angesehen. Stimmt diese Einschätzung? Beurteilen Sie die Aussage aus ernährungsphysiologischer Sicht.

Das Wichtigste auf einen Blick

Bei der **Verdauung** werden die Hauptnährstoffe Kohlenhydrate, Proteine und Fette in ihre wasserlöslichen Bestandteile gespalten. Diese Spaltung wird durch **Enzyme** ermöglicht.

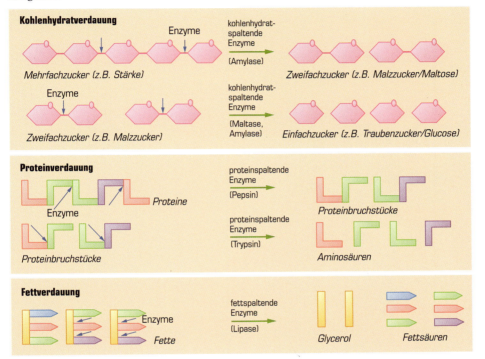

Die Grundbausteine der Nahrung und die enthaltenen Mineralstoffe, Vitamine und Wasser werden von der Darmwand **resorbiert**. Durch den Bau der Dünndarmschleimhaut mit Falten, Zotten (Villi) und Mikrovilli wird ihre **Oberfläche** um ein Vielfaches **vergrößert**. Das erleichtert die Stoffaufnahme.

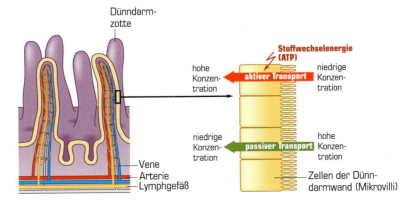

1.2 Blutkreislauf und Atmung

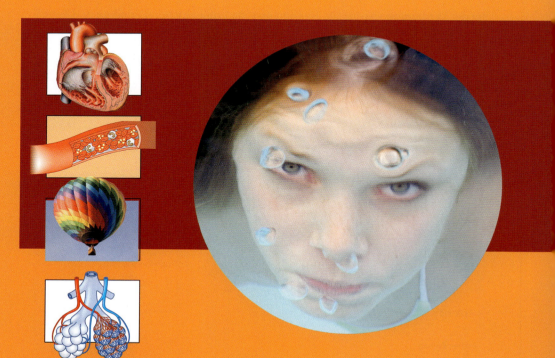

Ein komplexer Vorgang mit rekordverdächtigen Lösungen ▶▶ Über die Atmung nimmt der Körper Sauerstoff (O_2) auf und gibt Kohlenstoffdioxid (CO_2) ab. Viele Mechanismen sind an der Atmung beteiligt. *Was kann die Lunge noch?*

Transportsystem mit wechselnden Querschnitten ▶▶ Die Blutbahn verläuft im Körper durch Gefäße mit unterschiedlicher Funktion. Neben Hochdruckgefäßen gibt es ein Netzwerk kleinster Verteiler und Niederdruckbereiche. *Wie nennt man diese funktionellen Einheiten im Körper?*

Ein fließendes Organ ▶▶ Blut mit seinen Zellen, die in der Flüssigkeit schwimmen, erreicht alle Bereiche des Körpers. Es transportiert viele Substanzen, dichtet Verletzungen ab und bekämpft Infektionen. *Warum ist dieser „Lebenssaft" (blut-) rot?*

Blut – der zirkulierende Lebenssaft

Zusammensetzung

Ein erwachsener Mensch besitzt ein Blutvolumen von etwa 5–6 Litern. Als Transportorgan erfüllt das Blut im Körper vielfältige, lebensnotwendige Funktionen. Zu etwa 55 % besteht Blut aus flüssigen Bestandteilen, dem Blutplasma. Das übrige Volumen nehmen unterschiedlich spezialisierte Blutzellen ein (s. Abb.).

Das **Blutplasma** ist in das durchsichtig helle Serum und das wasserlösliche Fibrinogen unterteilbar. Das Serum enthält etwa 90 % Wasser, 8 % Proteine sowie Fette, Vitamine, Salze und Glucose (Blutzucker). Es transportiert auch Stoffwechselabfallprodukte, z.B. Milchsäure nach starker Muskeltätigkeit. Aus Fibrinogen entsteht das wasserunlösliche Protein Fibrin, das für die Blutgerinnung und beim Wundverschluss wichtig ist (s. S. 58).

Die **zellulären Anteile** im Blut (s. Tab.) haben unterschiedliche Funktionen. Sie werden passiv mit dem Blutplasma im Körper verteilt.

Die roten Blutkörperchen (*Erythrozyten*) bestehen u.a. zu einem hohen Anteil (34 %) aus dem Blutfarbstoff Hämoglobin. Dieser kann sowohl Sauerstoff (O_2) als auch Kohlenstoffdioxid (CO_2) anlagern (s. S. 34). Alternde Erythrozyten werden in der Milz abgebaut.

Zu den weißen Blutkörperchen (*Leukozyten*) gehören verschiedene Zelltypen mit unterschiedlichen Aufgaben. Als gemeinsame Aufgabe wehren sie körperfremde Substanzen und Infektionen ab. Einerseits können sie diese Fremdstoffe umschließen und verdauen (Phagozytose) oder andererseits gezielt immunologisch bekämpfen. Dazu wandern sie durch die Gefäßwände in die umliegenden Gewebe ein. Eiter enthält neben aufgelösten Gewebeteilen vor allem weiße Blutkörperchen, die während der Phagozytose zugrunde gegangen sind.

Blutplättchen (*Thrombozyten*) sind keine Zellen, sondern kernlose Abschnürungen vom Zellplasma der Riesenzellen (s. S. 28, Abb. 1). Beim Kontakt mit Verletzungen zerfallen sie. Zusammen mit Fibrinogen und Gerinnungsfaktoren im Blutplasma sind sie dann an den komplexen Vorgängen des Wundverschlusses und der Blutgerinnung beteiligt (s. S. 58).

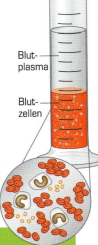
Blutplasma
Blutzellen

	Die zellulären Bestandteile des Bluts		
	Erythrozyten	**Leukozyten**	**Thrombozyten**
Aufbau/Form	kernlose Zelle mit Hämoglobin; rund, scheibenförmig	mit Zellkern; amöboide Fortbewegung möglich	kernlos, vielfältige Form
Größe (Durchmesser)	7–8 µm	10–20 µm	2–4 µm
Anzahl pro µl Blut (1 µl = 1 mm³)	Frauen: 4,2–5,4 Mill. Männer: 4,6–6,2 Mill.	Säuglinge: 9 000–19 000 Kinder: 8 000–14 000 Erwachsene: 3 000–10 000	150 000–300 000
Funktion	Sauerstoff- und Kohlenstoffdioxid-Transport	Abwehr von Infekten und Fremdkörpern; Bildung von Antikörpern	Blutgerinnung und Wundverschluss
Lebensdauer im Blut	etwa 120 Tage	etwa 10 Tage	4–10 Tage

Blutzellen

Die Anzahl der Blutzellen pro ml Blut kann je nach physiologischem Bedarf variieren. So bilden Menschen, die im Hochgebirge leben, vermehrt rote Blutkörperchen. Dies kompensiert den geringeren Sauerstoffgehalt der „dünnen" Gebirgsluft. So bleibt der Sauerstoffbedarf des Körpers trotzdem gedeckt. Diese Körperreaktion der zusätzlichen Erythrozytenbildung nutzen Leistungssportler beim Höhentraining aus. Die daraus resultierende Steigerung der Sauerstoffkapazität im Blut verbessert für einige Zeit ihre Leistungsfähigkeit und Ausdauer im Wettkampf. Dopingmittel (s. S. 189) wie Erythropoetin (EPO) wirken in dieselbe Richtung, erhöhen jedoch den Blutdruck und die Thrombosegefahr (s. S. 59).

Bei Infektionen oder Entzündungen im Körper wird die Bildung von Leukozyten angekurbelt, sodass sich ihre Zahl im Blut erhöht.

Für Säuglinge und Kinder, deren Immunsystem sich noch im Aufbau befindet, sind, im Vergleich zu Erwachsenen, höhere Leukozytenwerte normal.

Alle Blutzellen entstehen fortwährend im blutbildenden Gewebe des Knochenmarks durch die Teilung von pluripotenten und unipotenten Stammzellen (s. Abb. 1). So entstehen z. B. pro Tag etwa 200 Milliarden Erythrozyten. Während ihrer Entstehung verlieren sie den Zellkern. Damit sind sie in ihrer Form völlig flexibel und können auch durch die dünnsten Kapillaren gepresst werden. Alternde Erythrozyten werden in der Milz und der Leber abgebaut (s. S. 56).

Aufgabe
Was denken Sie, wie lange kann sich Höhentraining maximal auf die Leistungsfähigkeit eines Sportlers auswirken?

lat.: pluris = mehr; unus = eines; potens = fähig, mächtig

Hier wird der Zusammenhang von Struktur und Funktion sowie Entwicklung deutlich.

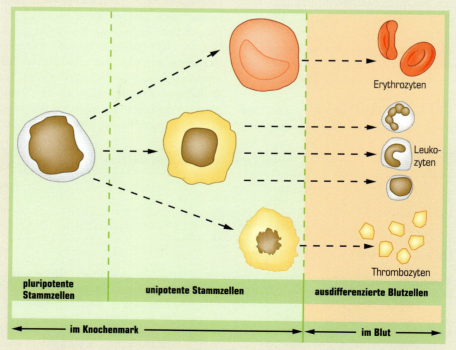

1 ▶ Pluripotente Stammzellen entwickeln sich zu verschiedenen Zelltypen. Unipotente Stammzellen sind bereits spezialisiert. Sie entwickeln sich nur zu einem Zelltyp weiter.

Körperlogistik: das Blutkreislaufsystem

Um die Verteilung des Bluts im Körper an den jeweils lokalen Bedarf anzupassen, besitzt der Mensch ein ausgeklügeltes Gefüge von Leitungsbahnen. Dieses **geschlossene Kreislaufsystem** besteht aus Körper- und Lungenkreislauf, die sich jeweils aus verschiedenen Funktionselementen zusammensetzen (s. Abb. 2).

Hauptantriebsmotor im Blutkreislauf ist das **Herz**. Es ist ein Hohlmuskel, der das Blut im Kreislaufsystem in Bewegung hält. Das Herz ist mit seinen mehr als 30 Millionen Kontraktionen pro Jahr der strapazierfähigste Muskel im Körper.

Beim Zusammenziehen des Herzmuskels (**Systole**, s. Abb. 1) presst dieser das Blut aus den Hauptkammern in die Lungen- und Körperarterien. Entspannt sich der Muskel, weitet sich das Herz und die Vorhöfe und die Herzkammern füllen sich aus dem Blutreservoir der Venen (**Diastole**). Die Herzschlag-Frequenz (Schläge pro Minute) richtet sich z. B. nach den aktuellen körperlichen Belastungen.

Passive Bewegungen der **Herzklappen** verhindern den Rückfluss des Blutstroms in die falsche Richtung. So schließen sich während der Systole die Verbindungen zu den Venen (Segelklappen) und der Weg zu den Arterien wird frei. Während der Diastole öffnet sich dagegen die Verbindung zu den Venen und die Arterienansätze (Taschenklappen) werden verschlossen.

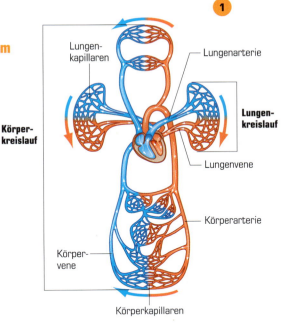

2 ▶ Das Blutgefäßsystem ist ein Kreislauf, es verteilt das Blut im gesamten Körper.

> Das Herz ist in zwei funktionale Hälften geteilt, die jeweils dem Lungen- und Körperkreislauf zugeordnet sind. Jede Hälfte besteht aus Vorhof und Hauptkammer.

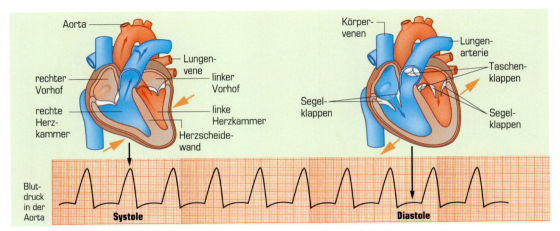

1 ▶ Im Ruhezustand wechseln Systole und Diastole etwa 60-70 mal pro Minute ab.

Im Blutkreislaufsystem finden sich über den Körper verteilt unterschiedliche Gefäße, deren Aufbau jeweils mit ihrer Funktion zusammenhängt.

Arterien sind Blutgefäße, die vom Herzen wegführen. An ihnen ist die vom Herzschlag erzeugte Druckwelle als Puls messbar. Durch ihre muskulöse Wandstruktur mildern die Arterien die Druckspitzen der Systole und bilden gleichzeitig während der Diastole ein Druckreservoir für die anschließenden Kapillaren (Druckkesselprinzip). Dies führt zu einem gleichmäßigeren Blutdurchfluss durch die Gewebe und Organe.

Kapillaren (Haargefäße) durchziehen als mikroskopisch kleine Blutgefäße feinverzweigt alle Gewebe. Dies ermöglicht einen schnellen Stoffaustausch. Zusätzlich bestehen die Kapillarenwände nur aus einer Zellschicht und sind für das Blutplasma durchlässig (permeabel). So gelangen die darin enthaltenen Nährstoffe in die umliegenden Zellzwischenräume und Stoffwechselprodukte werden leicht übernommen.

Aus den Kapillaren sammelt sich das Blut in den **Venen**. Sie leiten es zum Herzen zurück. Die Venen enthalten etwa 50 % des Blutvolumens im Körper. Sie besitzen grundsätzlich einen niedrigen Innendruck. Deshalb wird das Blut, wie z. B. beim Blutspenden, immer aus den Venen entnommen. Skelettmuskeln und Arterien, die den Venen eng anliegen, verringern streckenweise das Lumen der Venen und verschieben so das Blut. Passiv bewegliche Ventilklappen kanalisieren dabei die Fließrichtung zum Herzen (s. Abb. 1).

> Arterien, Venen und Kapillaren bilden ein geschlossenes Blutgefäßsystem. Sie haben unterschiedliche Funktionen im Kreislauf.

Im erweiterten Sinne ist auch das Lymphsystem Teil des Blutkreislaufs (s. Abb. 2), da es das Blutplasma, das aus den Kapillaren in das umliegende Gewebe dringt, zurück in die Venen führt. Darüber hinaus ist es ein wichtiger Teil des Immunsystems und z. B. an der körpereigenen Abwehr gegen Infektionen beteiligt.

Aufgabe

Nennen Sie Eigenschaften im Aufbau von Blutgefäßen, die mit ihrer jeweiligen Funktion zusammenhängen.

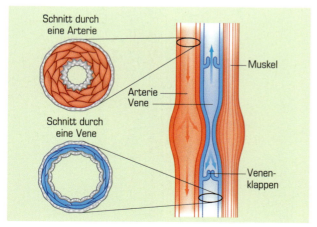

1 ▶ Benachbarte Muskeln und Arterien bewirken in den Venen den Blutfluss zum Herzen (Venenpumpe).

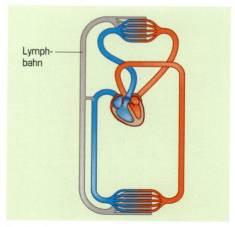

2 ▶ Das Lymphsystem ist an den Blutkreislauf angeschlossen.

Blutkreislauf und Atmung

Mit seinen Bestandteilen spielt das Blut bei vielfältigen Vorgängen im Körper eine wichtige Rolle. Es transportiert Nährstoffe, Abbauprodukte und Signalstoffe, bei gleichwarmen Tieren auch Wärme, und sorgt damit für ein inneres Gleichgewicht (Homöostase).

- Im Kapillar-Netzwerk der Darmzotten sammelt das Blut die **Grundbausteine** der im Darm verdauten Nahrung und bringt sie zur Leber. Dort dienen sie der Synthese neuer, körpereigener Substanzen (s. S. 56). Außerdem versorgt das Blut alle Zellen, Gewebe und Organe mit diesen Bausteinen. So sichert es im gesamten Körper den jeweiligen Grundbedarf in den Zellen und bringt Nachschub bei verstärkter Belastung.
- Das Blut nimmt in den Lungen den für den Stoffwechsel notwendigen **Sauerstoff** auf und versorgt damit alle Körperzellen. Schlecht durchblutete Organe (z. B. lokale Erfrierungen, Raucherbein) verlieren ihre Funktion und sterben letztendlich ab (s. S. 58, Thrombose).
- Auch die **Hormone** werden vom Blut im Körper verteilt. Es befördert sie von ihrem Produktionsort (Drüsengewebe, neurosekretorische Zellen) zum jeweiligen Zielorgan. Durch verschiedene Rückkoppelungssysteme werden der Blutzuckerspiegel, der Salzgehalt und die Bluttemperatur geregelt. Dafür gibt es im Körper an vielen Stellen entsprechende Messpunkte.
- In der Leber übernimmt das Blut die entgifteten **Abbauprodukte** von Stickstoffverbindungen und sonstigen Schadstoffen (z. B. Alkohol, Pharmaka). Diese befördert es, ebenso wie die im gesamten Körper angefallenen Endprodukte des Stoffwechsels (Kohlenstoffdioxid, Harnstoff) zu den Lungen und Nieren, wo sie ausgeschieden werden.
- Der Blutstrom hat großen Einfluss auf unsere konstante **Körpertemperatur**. Er verteilt die durch biochemische Prozesse des Stoffwechsels oder durch Muskelbewegungen örtlich entstandene Wärme im ganzen Körper und gleicht somit Unterschiede aus. Bei Bedarf wird der Blutdurchfluss in der Haut erhöht oder reduziert. Wärmeveränderungen der Umwelt werden durch aktives Erweitern bzw. Verengen der Hautkapillaren gegengeregelt.

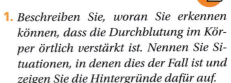

Die Fähigkeit der Organismen, ihr inneres Milieu auch gegen eine wechselhafte oder extreme Umgebung innerhalb enger Grenzen aufrecht zu halten, nennt man **Homöostase.**

Aufgaben

1. Beschreiben Sie, woran Sie erkennen können, dass die Durchblutung im Körper örtlich verstärkt ist. Nennen Sie Situationen, in denen dies der Fall ist und zeigen Sie die Hintergründe dafür auf.

2. Wiederholen Sie den Aufbau eines Regelkreises und geben Sie ein Beispiel, bei dem das Blut eine Rolle spielt.

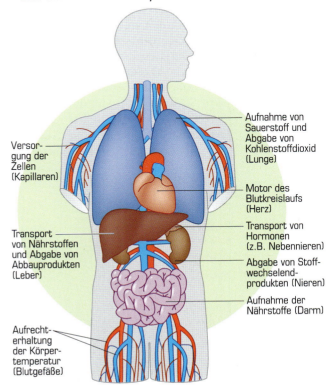

1 ▸ Die Funktionen des Blutes sind sehr vielfältig und komplex.

Das Atemsystem

Die äußere Atmung

Die uns umgebende Luft besteht zu 21 % aus Sauerstoff (O_2). Diesen nimmt unser Körper über die Lungen auf. Gleichzeitig wird Kohlenstoffdioxid (CO_2) wieder abgegeben.

Diese **äußere Atmung** ist Voraussetzung für die Zellatmung (innere Atmung, s. S. 46). Die äußere Atmung wird automatisch vom Atemzentrum im verlängerten Rückenmark (Nachhirn) gesteuert. Die Atemfrequenz ist von den jeweiligen Körperaktivitäten abhängig (z. B. Ruhe, Sport). Bei Bedarf kann sie jedoch auch bewusst beeinflusst werden.

Normalerweise atmet man durch die Nase. Die Schleimhäute der Nasenhöhle feuchten die eingesogene Luft an, reinigen und temperieren sie. Gleichzeitig prüft der Geruchssinn mögliche Inhaltsstoffe. Die Luftröhre mit Kehlkopf und Bronchien schließt an den Rachenraum an (s. Abb. 1). Der Kehldeckel verschließt beim Schlucken die Luftröhre oberhalb des Kehlkopfes. Gelangen trotzdem Fremdstoffe hinein (z. B. beim „Verschlucken"), löst dies einen Hustenreiz aus.

Die atmungsaktive Oberfläche der Alveolen beträgt beim Menschen zwischen 50 und 100 m². Das entspricht in etwa der Fläche eines Tennisfeldes. Die Gesamtlänge des Kapillarnetzes in der Lunge wird auf über 2 000 km geschätzt, vergleichbar mit der Entfernung von München nach Antalya in der Türkei.

Die Luftröhre teilt sich in zwei Bronchienstämme, die jeweils in einen Lungenflügel hineinführen. Luftröhre und Bronchien werden durch Knorpelspangen offen gehalten, sodass die Luft ungehindert ein- und ausströmen kann.

Die **Lunge** ist ein schwammartiges, stark durchblutetes Organ, dessen Hohlräume mit Luft gefüllt sind. Innerhalb der Lungenflügel verästeln sich die Bronchien zunehmend und werden immer dünner. An den kleinen Endbronchiolen befinden sich dünnwandige, sackförmige Ausstülpungen. Diese Lungenbläschen (Alveolen) nehmen beim Menschen etwa 85 % des Lungenvolumens ein. Sie sind von einem dichten Kapillarnetz umgeben. Hier läuft der Gasaustausch zwischen der atmosphärischen Luft und dem Blut ab (s. S. 34). Somit ist die Lunge ein Bindeglied zwischen dem Körper und der Außenwelt.

Aufgabe

Informieren Sie sich über Bau und Funktion des Kehlkopfs. Inwiefern ist er im Atmungssystem funktionell eingebunden?

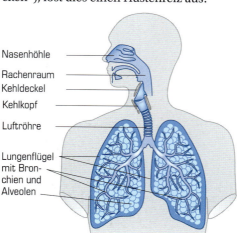

1 ▸ An der äußeren Atmung sind neben der Lunge auch die luftleitenden Organe beteiligt.

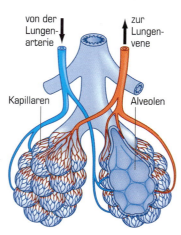

2 ▸ Zwischen dem Luftraum der Alveolen und den Kapillaren findet der Gasaustausch statt.

Die Motoren der Atmung

Da die Alveolen sackförmig sind, ist kein „Durchzug" möglich. Zu ihrer Be- und Entlüftung sind deshalb alternierende Atembewegungen notwendig.

Der Brustraum, in dem die Lungen liegen, ist nach außen luftdicht abgeschlossen. Wird er vergrößert, weitet sich auch das elastische Lungengewebe. Durch den entstehenden Unterdruck wird Luft eingesogen (**Einatmen**). Wird der Brustraum eingeengt, werden die Lungen komprimiert, die Luft wird hinaus gedrückt (**Ausatmen**). Glatte Muskelzellen im Lungengewebe entlüften die Alveolen zusätzlich.

Es gibt zwei zusammenwirkende Atemmechanismen:

1. Das Zwerchfell ist ein Muskel, der sich in den Brustraum wölbt. Beim Kontrahieren verringert sich die Wölbung und der Brustraum wird erweitert. Beim Ausatmen unterstützt die Bauchmuskulatur die Entspannung des Zwerchfells. Diese **Bauchatmung** (Zwerchfellatmung) wenden z. B. Sänger an. Sie ermöglicht ein feindosiertes Ausatmen und damit ein verfeinertes Ansprechen der Stimmbänder.
2. Schräg zwischen den Rippen ansetzende Muskeln heben den Brustkorb vorne an und senken ihn wieder. Dies erweitert und verkleinert den Brustraum abwechselnd (**Brustatmung**).

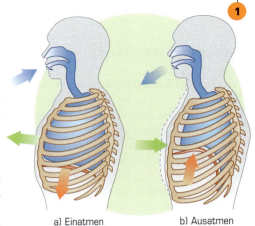

a) Einatmen   b) Ausatmen

1 ▸ Brust- (➡) und Zwerchfellatmung (➡)

Kleine Kinder nutzen v. a die Bauchatmung, mit steigendem Alter tritt die Brustatmung in den Vordergrund. Das merken wir, wenn wir uns anstrengen. Dann hebt und senkt sich v. a. der Brustkorb.

Oberflächenvergrößerung steigert die Effizienz der Lungen bei den Wirbeltieren

Entwicklungsgeschichtlich ist die Wirbeltierlunge eine sackförmige Ausstülpung des Magen-Darmkanals. Sie entwickelte sich im Verlauf der Stammesgeschichte zu einem zunehmend komplexen Organ und wurde damit immer effizienter.

Einfache Formen der Wirbeltierlunge finden sich bei den wechselwarmen **Amphibien**. Sie könnten ihren Sauerstoffbedarf ohne Weiteres auch über die feuchte Körperhaut decken. Ihre Lungen sind einfache sackförmige Organe (bei Molchen) oder besitzen wie bei den Fröschen Wandleisten. Diese vergrößern die atemaktive Innenfläche geringfügig, stabilisieren aber vor allem die Form wie ein Gewölbe.

Auch **Reptilien** sind wechselwarm, sodass ihr Energiestoffwechsel und somit ihr Sauerstoffbedarf relativ niedrig bleibt. Da die Haut der Reptilien jedoch verhornt und trocken ist, wird die Sauerstoffaufnahme vor allem über die Lungen abgedeckt. Deren atmungsaktive Oberfläche ist durch seitliche Erweiterungen der verlängerten Bronchien vervielfacht.

Säugetiere besitzen aufgrund ihrer konstanten Körpertemperatur einen hohen Grundstoffwechsel. Der entsprechend hohe Sauerstoffbedarf kann durch die enorm vergrößerte innere Lungenoberfläche gedeckt werden. Diese Oberflächenvergrößerung wird dadurch erreicht, dass die Bronchienbäume stark verzweigt sind und in eine sehr große Zahl von Alveolen münden. Die Körperhaut (Fläche beim Menschen etwa 2 m^2) ist nur mit ca. 1 % beteiligt und damit vernachlässigbar.

Amphibienlunge

Reptilienlunge

Menschenlunge

Gasaustausch in der Lunge

Der Gasaustausch in den Alveolen wird durch eine geringe Oberflächenspannung des Schleims verstärkt.

Ein Teil des in der Luft enthaltenen Sauerstoffs wird von einer dünnen Schleimschicht an der Alveolenwand gebunden. Von dort diffundiert der Sauerstoff durch die Wände der Alveolen und Kapillaren in das Blutplasma und weiter zu den Erythrozyten (s. Abb. 1). Gleichzeitig wandert das Kohlenstoffdioxid in umgekehrter Richtung und wird beim Ausatmen aus dem Körper entfernt.

Affinität beschreibt das Bestreben, eine Bindung einzugehen.

Die Intensität des Gasaustauschs in den Alveolen ist u. a. von der Fließgeschwindigkeit des Blutes durch die Lungenkapillaren abhängig. Denn nur wenn ständig neues sauerstoffarmes und kohlenstoffdioxidreiches Blut herangeführt wird, bleiben die jeweiligen Konzentrationsgefälle in der Alveolenwand und somit der Antrieb für eine hohe Diffusionsrate erhalten (s. S. 35).

Die große Innenfläche der Alveolen und die kurzen Diffusionswege zum Kapillarnetz ermöglichen einen effizienten Gasaustausch.

Jedoch ist der Blutdruck im Lungenkreislauf, der über die rechte Seite des Herzens entsteht, geringer als im übrigen Körper. Deshalb sickert das Blutplasma – anders als im Körperkreislauf (s. S. 30) – aus den Kapillaren kaum in das umgebende Gewebe. Es bleibt dem Blutstrom erhalten und macht so den Gasaustausch effizienter.

Hämoglobin – der Sauerstofftransporter

Der für die Atmung wichtigste Bestandteil im Blut ist das Hämoglobin (s. Abb. 2). Es befindet sich in den Erythrozyten und bindet bis zu 98,5 % des transportierten Sauerstoffs (O_2). Über vier ringförmige Häm-Moleküle mit dem zentralen Eisen(II)-Ion kann es bis zu vier O_2-Moleküle binden. Dabei bestimmt seine Sauerstoffsättigung die Farbe des Blutes: O_2-haltiges Hämoglobin ist hellrot, O_2-armes dunkelrot.

Hämoglobin besitzt eine variable Affinität zu Sauerstoff. Ist bereits ein Sauerstoffmolekül gebunden, fördert dies die Anlagerung der weiteren. Dagegen reduziert ein verringerter pH-Wert die Sauerstoffaffinität des Hämoglobins. Deshalb gibt es den angelagerten Sauerstoff vor allem in stoffwechselaktiven Geweben ab, wo Kohlenstoffdioxid (CO_2) und damit Kohlensäure oder Milchsäure entsteht. Bei Abgabe des CO_2 in der Lunge erhöht sich der pH-Wert im Blut wieder und das Hämoglobin kann verstärkt Sauerstoff aufnehmen.

Die Affinität von Hämoglobin gegenüber Kohlenstoffmonooxid (CO) ist 200-fach höher als zu Sauerstoff. Deshalb wird in Anwesenheit von Kohlenstoffmonooxid weniger Sauerstoff gebunden. Dies reduziert die Leistungsfähigkeit des Körpers stark und führt im Extremfall zum Ersticken.

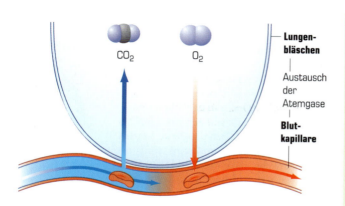

1 ▸ Der Transfer zwischen Alveolarluft und Blutkapillare ist sehr effizient.

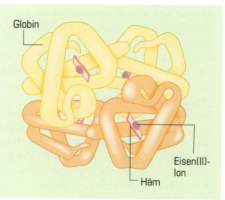

2 ▸ Der Blutfarbstoff Hämoglobin besteht aus vier Proteinketten (Globin) mit je einer Häm-Gruppe.

Das Atemsystem im Dienst der Abwehr

Die Lunge gehört zur Grenzschicht des Körpers zu seiner Außenwelt. Dadurch ist sie den Verunreinigungen der Atemluft stark ausgesetzt. Denn im Gegensatz zur Körperoberfläche, die durch eine verhornte Haut abgedeckt ist, sind die Alveolenwände eher ungeschützt. Dies und ihre starke Durchblutung macht die Lunge zu einem verletzlichen Organ. Deshalb benötigt das Atemsystem vielfältige **Abwehrmechanismen**.

Beim Einatmen bindet die feuchte Nasenschleimhaut bereits Kleinpartikel und Staub. Sie werden z. B. durch Niesen, Naseschnäuzen wieder ausgeschieden.

Fremdkörper, die die oberen Teile von Luftröhre und Bronchien reizen, führen zu einem reflexartigen, kräftigen Ausatmen (Husten). Sie werden so mit dem Luftstrom aus dem Atemsystem herausgeschleudert. Ätzende Stoffe z. B. können die relativ schutzlosen Oberflächen des Atemsystems leicht angreifen. Auf das Eindringen von Fremdstoffen reagiert das System vor allem mit verstärkter Schleimabsonderung.

In den Zellzwischenräumen der Alveolenwände bewegen sich außerdem wandernde Fresszellen. Sie umschließen die vom Immunsystem markierten Krankheitserreger sowie andere Fremdstoffe. Abgestorbene Fresszellen werden in Richtung Bronchien transportiert.

Die Innenwände von Luftröhre, Bronchien und den kleinen Bronchiolen sind mit beweglichen Flimmerhärchen (Zilien) ausgekleidet. Ihr synchroner Wimpernschlag transportiert Fremd- und körpereigene Abfallstoffe nach oben. Diese Selbstreinigung wird durch schleimbildende Drüsenzellen in den oberen Luftwegen unterstützt, deren Sekret die Partikel umschließt. Gemeinsam werden sie durch Husten aus der Luftröhre entfernt.

Das Zusammenspiel dieser vielseitigen Schutzmechanismen im Atemsystem wird durch vorsätzlich eingebrachte Fremdstoffe wie Teer beim Rauchen stark gestört (s. S. 67).

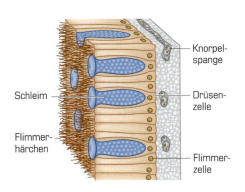

1 ▶ Schnitt durch die Bronchienwand: der Aufbau spiegelt ihre Funktionen wider.

Diffusion ist der Motor des Gasaustauschs in den Alveolen der Lunge

Konzentrationsunterschiede von Stoffen gleichen sich in Gasen und Flüssigkeiten über Diffusion aus. So werden Distanzen von Zellgröße im Sekundenbereich überbrückt. Je stärker das Konzentrationsgefälle und je größer die Fläche des Austausches ist, desto mehr Teilchen diffundieren. Diese Faktoren sind in den Alveolenwänden der Lunge und dem sie umgebenden, dichten Kapillarnetzwerk verwirklicht.

Diffusion ist eine selbsttätige Vermischung von Stoffen aufgrund von molekularen (brownschen) Bewegungen.

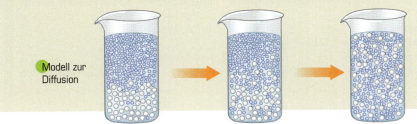

Modell zur Diffusion

Methoden

Hinweise für die Gruppenarbeit an Projekten

Charakteristisch für eine Projektarbeit ist die Selbstständigkeit der Arbeitsgruppe, das heißt, der Arbeitsablauf wird nicht von außen vorgegeben. Konkret bedeutet das:
- eigene Ideen zum Thema entwickeln und
- Aufgaben stellen, die in Gruppen möglichst selbstständig bearbeitet werden können, sowie
- das Thema von unterschiedlichen Seiten zu betrachten.

Damit das Projekt auch ein Erfolg wird, geht man am besten schrittweise vor.

Schritt ①

Ideenmarkt
Alles, was zum Thema passt, wird „auf den Tisch gepackt". Aus der Fülle der Ideen werden die bearbeitbaren Themenbereiche ausgewählt und der jeweiligen Gruppe zugeteilt.

Schritt ②

Arbeitsplan
Jede Gruppe stellt für sich einen Arbeitsplan auf. Er sollte folgende Punkte unbedingt enthalten:
- Welche Fragen sollen in der Gruppe zum ausgewählten Themenbereich beantwortet werden?
- Welche Materialien/Medien sollen genutzt werden?
- Welche Methoden sollen bei der Informationsbeschaffung angewendet werden?
- Welche Experimente gibt es, die von der Gruppe durchgeführt werden können?
- Wer ist für welchen Bereich bzw. für welche Frage zuständig?
- Welcher zeitliche Rahmen steht zur Verfügung?
- Wie sollen die Ergebnisse dargestellt werden?

Schritt ③

Arbeit am Projekt
Wenn Probleme oder Fragen auftreten, sollten diese im Kreis der Mitschüler diskutiert und anhand von möglichen Quellen gelöst werden. Auch der Lehrer kann dazu befragt werden.

Schritt ④

Ergebnispräsentation vor den Mitschülern
Hierbei muss man beachten, dass sich die Mitschüler mit anderen Fragestellungen beschäftigt haben. Deshalb sollte die Darstellung in kurzer und logischer Form erfolgen. Nur so können die anderen Mitschüler die Versuche und Ergebnisse verstehen und die gewonnenen Erkenntnisse nachvollziehen.

Schritt ⑤

Ergebnispräsentation im Schulhaus
Zum Abschluss des Projekts kann z. B. ein Poster angefertigt werden. Die anderen Schüler können dann sehen, womit sich die Klasse beschäftigt hat und zu welchen Ergebnissen sie gekommen ist.

Projektstruktur

Projektidee
z. B. Blut, der zentrale Mittler im Körper

Projektplan
Erarbeiten der Arbeitsschwerpunkte; Festlegen der Thematik (z. B. Sauerstoffversorgung unter verschiedenen Bedingungen)

Projektdurchführung
Aufteilung der Klasse in Gruppen; Bestimmen der Vorgehensweise, die erarbeitet werden soll, z. B. auch Heraussuchen von Materialien, Kontaktieren von Experten

Projektpräsentation
Vortrag, Poster, Powerpoint-Präsentation

Praktikum

Blut, der zentrale Mittler im Körper

Vielfältige Prozesse im Körper laufen mit funktioneller Beteiligung des Bluts ab.

1. Bearbeiten Sie ausgewählte Funktionen des menschlichen Körpers und stellen Sie fest, welche Aufgabe dabei das Blut einnimmt (z. B. Regelung der Körpertemperatur, Hormone, Stoffwechsel, Wundverschluss, Fehlregulationen, Wirkungen von Medikamenten oder Drogen).
2. Wählen Sie ein Thema und gestalten Sie es in Arbeitsgruppen als **Projektarbeit**. Nutzen Sie dazu die Hinweise und Projektstruktur auf Seite 36.

Die Bildung der roten Blutkörperchen im Knochenmark wird durch das Hormon Erythropoetin (EPO) stimuliert. Es ist seit 1907 als Hormon der Nieren bekannt und kann seit 1983 auch künstlich hergestellt werden. Es wurde für Patienten entwickelt, die aus verschiedenen Gründen unter Blutarmut leiden. Im Zusammenhang mit Doping erlangte es eine zweifelhafte Popularität (s. S. 189).

3. Planen Sie ein **Projekt** zum Thema Erythropoetin.

Durchblutung peripherer Körperteile

Material:
Tisch und Stuhl, Stoppuhr

Durchführung:
1. Setzen Sie sich entspannt auf einen Stuhl, strecken Sie einen Arm senkrecht nach oben und lassen Sie den anderen locker herunter hängen.
2. Legen Sie nach einer Minute beide Hände vor sich auf den Tisch und betrachten Sie die Handrücken.
3. Wiederholen Sie anschließend den Versuch mit gewechselten Seiten.

Auswertung:
1. Vergleichen Sie beide Handrücken. Wie unterscheiden sie sich?
2. Leiten Sie aus Ihren Beobachtungen eine Vermutung für die Unterschiede ab.
3. Überlegen Sie, wie Sie ihre Vermutung überprüfen können. Planen Sie dazu einen Versuch.
4. Begründen Sie, weshalb eine Wiederholung mit gewechselten Seiten wichtig ist.

1 ▸ Zur Planung eines gemeinsamen Projekts ist Ideenreichtum gefragt.

Praktikum

Nachweis von Kohlenstoffdioxid in der Atemluft

Der unterschiedliche Kohlenstoffdioxid-Gehalt der ein- und ausgeatmeten Luft kann in einem einfachen Experiment sichtbar gemacht werden. Als Nachweis benutzt man Kalkwasser (Calciumhydroxidlösung 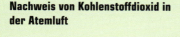). Kommt Kohlenstoffdioxid (CO_2) mit dieser Lösung zusammen, entsteht ein weißer Niederschlag aus Calciumcarbonat.

$$Ca(OH)_2 + CO_2 \longrightarrow H_2O + CaCO_3\downarrow$$

Material:
3 Waschflaschen, 3 Stopfen mit Glasröhren, Drei-Wege-Hahn, 3 Schläuche, Mundstücke; Kalkwasser, Schutzbrille

Durchführung:
1. Überlegen Sie, welches Ergebnis zu erwarten ist.
2. Setzen Sie die Schutzbrille auf und bauen Sie entsprechend der Abbildung unten die Versuchsanordnung zusammen.
3. Während der Versuchsdurchführung atmen Sie langsam und vorsichtig durch das Mundstück ein und aus. Achten Sie dabei auf die richtige Stellung des Drei-Wege-Hahns (s. Abb links).

Auswertung:
1. Warum ist es wichtig, den Versuch mit dem Einatmen zu beginnen?
2. Vergleichen Sie die Veränderungen in den einzelnen Waschflaschen. Begründen Sie die Unterschiede.
3. Vergleichen Sie das Ergebnis mit Ihrer Überlegung.
4. Fertigen Sie ein Protokoll an.

Achtung! Kalkwasser ist schwach ätzend, vermeide deshalb den Kontakt mit Schleimhäuten und Wunden!

Versuch zur Diffusion

Material:
2 gleich große Bechergläser, Glasstab, Zucker, Salz, 2 verschiedene Nahrungsmittelfarben, Digitalkamera

Durchführung:
1. Setzen Sie eine konzentrierte Kochsalz- (ca. 33 %ig) und eine Zuckerlösung (ca. 10 %ig) an. Färben Sie beide unterschiedlich an.
2. Füllen Sie die Kochsalzlösung in ein Becherglas und schichten Sie die Zuckerlösung vorsichtig darüber (s. Abb.).
3. Decken Sie das Becherglas ab und lassen Sie es an einem ruhigen Ort stehen. Beobachten Sie über mehrere Tage die Veränderungen.
4. Testen Sie auch in Abständen den Geschmack der oberen Zuckerlösung, indem Sie mit einem Glasstab vorsichtig die Oberfläche berühren und einen Tropfen entnehmen.
5. Führen Sie diese Versuchsreihe in einem Gefäß mit kleinerem bzw. größerem Durchmesser durch. Achten Sie dabei auf konstante Flüssigkeitsmengen.

Auswertung:
1. Dokumentieren Sie die Farbveränderungen mit einer Kamera. Begründen Sie, weshalb beim Fotografieren gleiche Lichtbedingungen wichtig sind.
2. Vergleichen Sie die zeitabhängig erstellten Fotos mit den Geschmacksproben.
3. Notieren Sie Ihre Beobachtungen in einem Protokoll.
4. Voraussetzung für die Diffusion ist die brownsche Teilchenbewegung. Nennen Sie Versuchsbedingungen, die sich darauf auswirken.
5. Planen Sie Versuche, mit denen Sie weitere Einflussfaktoren überprüfen können.

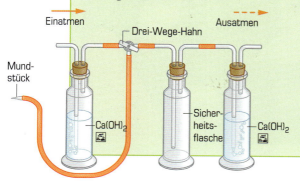

Blutkreislauf und Atmung — Biologie

gewusst · gekonnt

1. Notieren Sie in Ihrem Glossar folgende Begriffe: Alveole, äußere Atmung, Arterie, Vene, Kapillare, Blutplasma, Hämoglobin, Erythrozyten, Leukozythen, Thrombozyten, Diffusion, Systole, Diastole, Blutkreislaufsystem.

   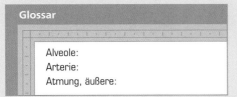

   Glossar
   - Alveole:
   - Arterie:
   - Atmung, äußere:

2. Vereinfachend wird vielfach gesagt, dass arterielles Blut sauerstoffreich und venöses Blut sauerstoffarm sei. Setzen Sie sich mit diesen Formulierungen auseinander, differenzieren Sie diese bzw. stellen Sie sie richtig.

3. Im Rauch von Zigaretten befindet sich Kohlenstoffmonooxid (CO).
   a) Erläutern Sie, welche physiologischen Folgen CO im Körper hervorruft.
   b) 98 % aller Herzinfarktpatienten unter 40 Jahren sind Raucher. Erörtern Sie dafür die physiologischen Hintergründe.

4. Alkohol erweitert v. a. die peripheren Blutgefäße (die Haut rötet sich). Stellen Sie einen Zusammenhang zu den Unterkühlungen von alkoholkranken Obdachlosen her, die nicht selten tödlich enden.

5. Gibt es „blaues Blut"? Recherchieren Sie, welche weiteren Atempigmente es im Tierreich gibt. Stellen Sie in einer Tabelle zusammen, in welchen Tiergruppen sie jeweils zu finden sind.

6. Erstellen Sie eine Grafik zum Blutkreislauf der Wirbeltiere, beschriften Sie sie und gehen Sie auch auf die Teile des Herzens ein.

7. Die atmosphärische Luft enthält 78 % Stickstoff (N_2), 21 % Sauerstoff (O_2), 0,97 % Edelgase [v. a. Argon (Ar, 0,93 %), Neon (Ne, 0,018 %), Helium (He, 0,0005 %)] sowie 0,03 % Kohlenstoffdioxid (CO_2). Ausgeatmete Luft zeigt veränderte Werte nur für O_2 mit 17 % und CO_2 mit 4 %. Erklären Sie diesen Sachverhalt.

8. Beobachten Sie einen schreienden Säugling und berichten Sie darüber in der Klasse. Welchen Atemmechanismus setzt er beim Schreien vor allem ein?

9. Begründen Sie, warum es aus gesundheitlichen Gründen wenig sinnvoll ist, neben einer Hauptverkehrsstraße zu joggen.

10. Überlegen Sie, warum sich der im Vergleich zu den Körperarterien niedrigere Blutdruck in den Lungenarterien positiv auf den Gasaustausch in der Lunge auswirkt.

11. Formulieren Sie das zugrundeliegende chemische Gleichgewicht für die Änderung des pH-Werts durch den Kohlenstoffdioxidtransport im Blut.

12. Erklären Sie die Gefährlichkeit des Aufenthaltes in geschlossenen Garagen während der Motor läuft.

13. Das Ausspucken auf Straßen wird zunehmend zu einer allgemeinen (Un-)Sitte. Diskutieren Sie in der Klasse, v. a. in Hinblick auf die Selbstreinigungsfunktion der Lunge, welche Gefahren damit verbunden sind.

Das Wichtigste auf einen Blick

Im Körper des Menschen fließt das Blut wie bei allen Wirbeltieren durch ein **geschlossenes Kreislaufsystem.** Dieses besteht aus Arterien, Venen und Kapillaren. In Bewegung gehalten wird das Blut durch das Herz und die Venenpumpen.

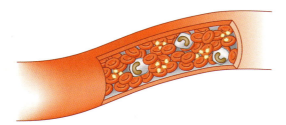

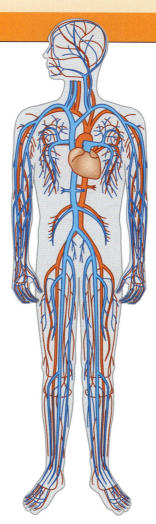

Das **Blut** versorgt jeden Körperbereich mit Sauerstoff, Nähr- und Abwehrstoffen. Es verteilt die Hormone und ist an der Regulierung der Körpertemperatur beteiligt. Gleichzeitig schafft das Blut die Abbauprodukte des Stoffwechsels zu den Organen, über die sie aus dem Körper entfernt werden. Transporteur von Sauerstoff und Kohlenstoffdioxid im Blut sind die Erythrozyten.

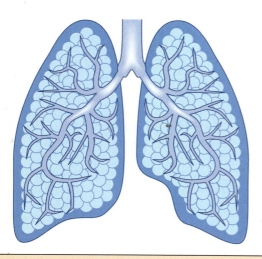

Die **Lungen** sind das zentrale Atemorgan des Menschen. Über die Wände ihrer Alveolen diffundiert Sauerstoff (O_2) aus der atmosphärischen Luft in das Kapillarblut. Umgekehrt tritt Kohlenstoffdioxid (CO_2) aus und gelangt über die Atemwege nach außen. Grundlage für diese gerichtete Molekülwanderung ist u. a. der in beide Richtungen aufrecht erhaltene Konzentrationsgradient.
Neben der Funktion des **Gasaustauschs** (äußere Atmung) besitzt das Atemsystem auch wichtige **Abwehrmechanismen** gegenüber eingedrungenen Fremdstoffen.

1.3 Stoffwechsel in der Zelle

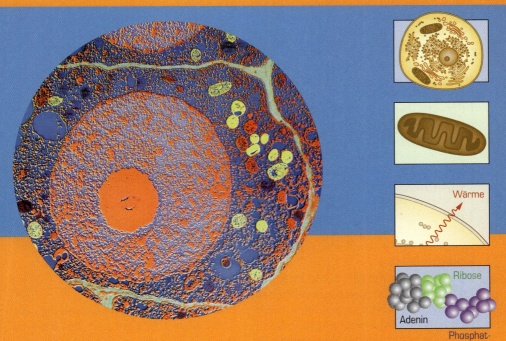

Mitochondrien – Kraftwerke der Zelle? ▶▶ Oft werden Mitochondrien als „Kraftwerke der Zelle" bezeichnet. Denn auch in den Mitochondrien werden energiereiche Stoffe unter Freisetzung von Energie abgebaut. *Inwiefern unterscheidet sich die Energieumsetzung im Mitochondrium von der in einem Kraftwerk?*

Kein Leben ohne Energie ▶▶ Mitochondrien produzieren bei einem erwachsenen Menschen zwischen 40 und 60 kg ATP pro Tag. Das ergibt im Laufe eines Lebens von 70 Jahren etwa tausend Tonnen ATP und damit ausreichend Energie, um ein mittelgroßes Frachtschiff zu beladen. *Wie sind die Mitochondrien aufgebaut, damit sie diese Leistung erbringen können? ATP, der universelle Energieträger der Zelle, wie wird er gebildet? Was ist unter Zellatmung zu verstehen? In welchen Schritten läuft sie ab?*

Der Zellstoffwechsel

Als Oxidation wurden früher chemische Reaktionen bezeichnet, bei denen Stoffe mit Sauerstoff reagieren.

Betriebsstoffe liefern im Stoffwechsel die notwendige Energie (Energiestoffwechsel).

Alle Lebewesen benötigen Energie. Bei Mensch und Tier ist der erste Schritt der Energiebereitstellung die Verdauung der Nährstoffe und ihre Resorption im Dünndarm (s. S. 16, 22). Vor allem Kohlenhydrate, aber auch Fette dienen als Betriebsstoffe. Bei ihrem Abbau in den Zellen (**biologische Oxidation**) wird Energie freigesetzt. Für den vollständigen Abbau der Grundbausteine der Nahrung ist Sauerstoff notwendig.

Stoffwechselprozesse, die dem Energiegewinn der Zellen dienen (s. Abb. 1), werden auch als **Zellatmung** bzw. **innere Atmung** bezeichnet. Dagegen liefert die äußere Atmung (s. S. 32) den für die Oxidation der Betriebsstoffe notwendigen Sauerstoff und entsorgt das entstehende Kohlenstoffdioxid.

Die Oxidation der Glucose ist im Ergebnis mit einer Verbrennung zu vergleichen. Es entstehen Wasser und Kohlenstoffdioxid und es wird Energie freigesetzt. Im Unterschied zur Verbrennung erfolgt die biologische Oxidation jedoch in mehreren Schritten. Dabei kann ein Teil der freigesetzten Energie als chemische Energie (ATP, s. S. 45) gespeichert werden, die z. B. für folgende Prozesse eingesetzt wird:
- aktiver Transport von Molekülen durch Zellmembranen
- mechanische Arbeit (z. B. Muskelkontraktionen)
- Biosynthese (Aufbau von körpereigenen Stoffen, v. a. Proteine, DNA, Fette, Kohlenhydrate).

> Die in der Nahrung enthaltenen Nährstoffe versorgen den Organismus mit Energie, die bei der Zellatmung in ausreichender Menge für alle Lebensprozesse bereitgestellt wird.

Aufgabe

Erläutern Sie, warum die Zellatmung – die Reaktion von Glucose und Sauerstoff zu Wasser und Kohlenstoffdioxid – oft auch als „stille Verbrennung" bezeichnet wird.

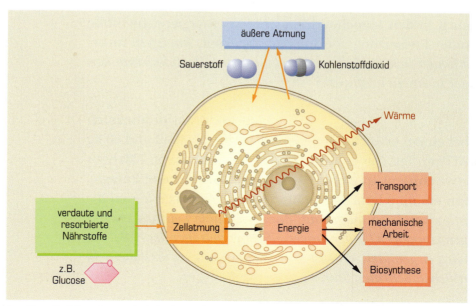

1 ▶ Ohne die äußere Atmung ist keine innere Atmung möglich.

Energielieferanten

Glucose

Der wichtigste Betriebsstoff der Zellen ist der Einfachzucker Glucose. Er entsteht z. B. durch Abbau des Mehrfachzuckers Stärke (s. S. 16). Aber auch andere Nährstoffe können im Zellstoffwechsel in Glucose umgewandelt werden (s. S. 44).

Der vollständige Abbau von Glucose zu Kohlenstoffdioxid und Wasser kann nur in Anwesenheit von Sauerstoff erfolgen (**aerober Glucoseabbau**). Die Glucose wird stufenweise über verschiedene, nacheinander ablaufende Stoffwechselreaktionen abgebaut. In den einzelnen Schritten des Glucoseabbaus werden Zwischenprodukte mit jeweils geringerem Energiegehalt gebildet.

Die frei werdende chemische Energie wird etwa zur Hälfte zur Synthese des **universellen Energieträgers ATP** (s. S. 45) eingesetzt. Der andere Teil der Energie wird als Wärme abgegeben.

Die in ATP gebundene chemische Energie wird bei Bedarf für zahlreiche zelluläre Prozesse (s. S. 48) zur Verfügung gestellt.

Der Abbau von Glucose ohne Sauerstoff (**anaerober Glucoseabbau**) wird als **Gärung** bezeichnet. Vor allem Mikroorganismen nutzen die Gärung zur Energiegewinnung. Aber auch in der Muskulatur der Wirbeltiere kann Energie über Milchsäuregärung bereitgestellt werden, wenn das Gewebe nicht ausreichend mit Sauerstoff versorgt wird. Dabei wird Glucose zu Milchsäure abgebaut.

Aufgabe

Informieren Sie sich, bei welchen biologischen und biotechnologischen Vorgängen die Milchsäuregärung eine Rolle spielt.

Chemische Grundlagen: Oxidation, Reduktion

Oxidation und Reduktion sind Reaktionen, bei denen Elektronen von einem Teilchen auf ein anderes übertragen werden. Oxidation ist die Abgabe und Reduktion die Aufnahme von Elektronen.
Biochemische Oxidationsreaktionen sind exotherm, d. h. es wird dabei Energie freigesetzt. Oxidation und Reduktion laufen immer gekoppelt als Teilprozesse einer **Redoxreaktion** ab. Die von einem Reaktionspartner abgegebenen Elektronen werden von dem anderen Reaktionspartner aufgenommen.

Die Zellen decken ihren Energiebedarf durch Oxidation energiereicher Stoffe, insbesondere der Glucose. Bei der Oxidation eines Glucosemoleküls werden u. a. Wasserstoffatome abgespalten. Daraus entstehen Wasserstoff-Ionen und Elektronen. Diese werden auf einen Überträger weitergegeben, der dadurch reduziert wird. Das zweite Wasserstoff-Ion wird an das umgebende Medium abgegeben.
Der Überträger kann in anderen Redoxreaktionen Wasserstoff-Ionen und Elektronen wieder abgeben.

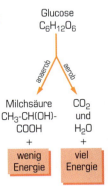

1 ▶ Aerober und anaerober Glucoseabbau

Oxidation
$A \longrightarrow A^+ + e^-$
Stoff A gibt ein Elektron ab.

Reduktion
$B + e^- \longrightarrow B^-$
Das Elektron wird von Stoff B aufgenommen.

Redoxreaktion
$A + B \rightleftarrows A^+ + B^-$
Stoff A gibt ein Elektron an Stoff B ab.

Glucosespeicher und weitere Energielieferanten

Der tägliche Glucosebedarf eines erwachsenen Menschen liegt etwa bei 160 g. Davon benötigt allein das Gehirn 75 %. Eine wichtige Glucosequelle, auf die der Körper schnell zurückgreifen kann, ist der **Blutzucker** („Freie Glucose"). Etwa 1 g Glucose ist in einem Liter Blut vorhanden. Jede Körperzelle kann bei Bedarf diesen Glucosepool nutzen.

Glykogen ist ein Mehrfachzucker aus Glucosebausteinen.

Glucose kann im Körper auch in Form von **Glykogen** gespeichert werden. Jede Körperzelle besitzt einen kleinen Vorrat an Glykogen. Zellen, die sich durch einen besonders hohen Stoffwechsel auszeichnen, können auf einen größeren Vorrat an Glykogen zurückgreifen. So weisen Skelettmuskelzellen und Leberzellen den höchsten Anteil an Glykogen auf.

Insgesamt kann der menschliche Organismus 300–500 g Glykogen als Energiereserve bereitstellen. Das hängt von seinem Trainingszustand ab. Ein trainierter Körper kann deutlich mehr Glykogen speichern (s. S. 188).

Eine hohe Aufnahme von Kohlenhydraten bei vollem Glykogenspeicher führt dazu, dass die überschüssige Glucose in **Fett** umgewandelt wird und in der Leber oder im Fettgewebe gespeichert (Depotfett) wird. Auch Muskelzellen können neben Glykogen Fette (Triglyceride) speichern. Fette sind langfristige Energiespeicher.

Zur Deckung des Energiebedarfs greift der Körper bei hoher Belastung zunächst auf Glucosespeicher zurück. Sind diese erschöpft, wird zur Energiegewinnung Depotfett abgebaut. Auf Fette wird jedoch auch bei Ausdauerbelastung, die auf einem relativ niedrigen Niveau geschieht, zurückgegriffen. Das ist bei Sporttherapien zur Verringerung des Körpergewichtes (Abbau von Fettpolstern) zu berücksichtigen.

Proteine tragen zur Energiegewinnung normalerweise nur in einem sehr geringen Maße bei (ca. 10 %).

> Glucose ist ein wichtiger Energieträger, auf den der Körper schnell zurückgreifen kann. Depotfett dient demgegenüber als langfristiger Energiespeicher.

Aufgabe

Überlegen Sie, ob Sie aus Ihrem Wissen zur Energieverwertung von Hauptnährstoffen Rückschlüsse auf Ihre eigene Ernährung ziehen können. Führen Sie zur Überprüfung eine Woche lang ein Ernährungstagebuch.

1 ▶ Regelmäßiger Sport vergrößert die Fähigkeit zur Glykogenspeicherung.

Stoffwechsel in der Zelle

ATP als Energieträger

ATP (Adenosintriphosphat) wird von allen Organismen als Energieträger genutzt. Bei Bedarf ist die im ATP gebundene Energie schnell freigesetzt. Daher wird ATP auch als **universeller Energieträger** der Zelle bezeichnet. ATP ist ein Nucleotid und wird aus der Base Adenin, dem Zuckermolekül Ribose und drei Phosphatgruppen aufgebaut. Die endständige energiereiche Phosphatgruppe kann unter Mitwirkung von Wasser, d. h. durch Hydrolyse, leicht abgestoßen werden. Aus dem energiereichen ATP entsteht unter Abspaltung einer Phosphatgruppe das energieärmere ADP (Adenosindiphosphat):

$$\text{ATP} \xrightleftharpoons{H_2O} \text{ADP} + \text{\textcircled{P}} + H^+$$

Die frei werdende Energie kann für verschiedene Prozesse genutzt werden. Andererseits wird die durch den Abbau der Nährstoffe, vor allem der Kohlenhydrate, frei werdende Energie dafür verwendet, wieder eine dritte Phosphatgruppe an ADP zu binden. Die hierfür aufgebrachte Energie ist jetzt in dem energiereichen ATP enthalten. Jede Zelle ist bestrebt, ein Energiegleichgewicht aufrecht zu erhalten. Verbrauch und Produktion chemischer Energie werden angepasst. Stoffe werden ständig zugeführt und abgeführt (**Fließgleichgewicht**).

2 ▶ Strukturformel von ATP

> **ATP ist ein universeller Energieträger.**

Neu gebildetes ATP wird in der Zelle im Durchschnitt innerhalb einer Minute verbraucht.

Mitochondrien – Orte der Energieumsetzung

In diesem, nur wenige Tausendstel Millimeter kleinen Zellorganell (s. Abb.) wird der größte Teil der in der Nahrung vorhandenen Energie in die für die Zelle verwertbare Form, das ATP, umgewandelt. Mitochondrien sind die Hauptorte der Zellatmung. An der Zellatmung sind zahlreiche Enzyme beteiligt. Diese sind hauptsächlich an der inneren Mitochondrienmembran zu finden (s. S. 47).

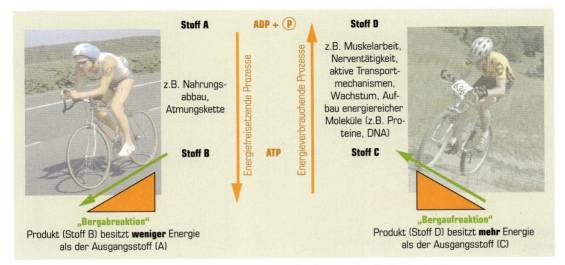

1 ▶ Die zentrale Rolle des ATPs bei energiefreisetzenden und energieverbrauchenden Stoffwechselreaktionen

Die Zellatmung

KREBS wurde 1953 mit dem Nobelpreis für Medizin oder Physiologie geehrt.

Eine große Energiemenge, wie sie z. B. bei der Knallgasreaktion in einem Schritt freigesetzt wird, ist für die Lebenserhaltung von Organismen unbrauchbar. Deshalb weisen alle Zellen Mechanismen auf, die die Freisetzung vergleichbarer Energiemengen in mehreren Schritten ermöglichen. Das erfolgt durch die Zellatmung über folgende Zwischenreaktionen:
- die Glykolyse (im Zellplasma),
- den Citratzyklus (bzw. Citronensäurezyklus) und die Atmungskette (im Mitochondrium).

Dabei wird die sechs C-Atome enthaltene Glucose mithilfe von Enzymsystemen über einen C_3-Körper zu Kohlenstoffdioxid abgebaut. Der dabei freiwerdende Wasserstoff wird in den Mitochondrien zu Wasser oxidiert (s. Abb. 1).

Letztendlich mündet neben dem oxidativen Abbau der Kohlenhydrate auch der Abbau der Fette und Proteine in den Mitochondrien.

Energiebilanz der Zellatmung

Beim vollständigen Abbau von einem Mol Glucose werden 34 bis maximal 36 Mol ATP gewonnen (s. Abb. 2). Das ist mit einem Energiebetrag von etwa 1 000 kJ gleichzusetzen. Insgesamt werden bei der Verbrennung von einem Mol Glucose 2 880 kJ freigesetzt. Der Wirkungsgrad der Zellatmung entspricht demzufolge ca. 38 %.

Beim anaeroben Zellstoffwechsel, bei dem der Glucoseabbau hauptsächlich durch die Glykolyse erfolgt, ist der Energiegewinn bedeutend geringer. Er beläuft sich auf etwa 208 kJ. Es werden nur 2 Mol ATP gebildet.

Der Citratzyklus wurde 1937 von dem Biochemiker Sir HANS ADOLF KREBS (1900–1981) und seinem damaligen Studenten KURT HENSELEIT (1907–1973) entdeckt. Er wird daher auch als Krebs-Henseleit-Zyklus bezeichnet.

> **Die wichtigsten Schritte der Zellatmung finden in den Mitochondrien statt. Über Enzymsysteme erfolgt in kleinen Reaktionsschritten (Redoxreaktionen) die Freisetzung großer Energiemengen.**

Aufgaben

1. Überlegen Sie, wozu Energie im Körper notwendig ist.

2. Auch im Alltag spielen Redoxreaktionen eine Rolle. Nennen Sie einige Beispiele und beschreiben Sie diese unter Verwendung eines Redoxschemas.

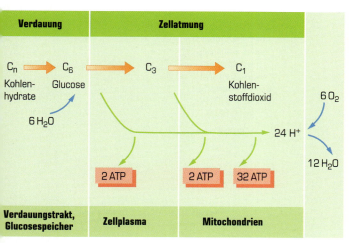

1 ▸ Stoffumwandlung und Energiegewinn

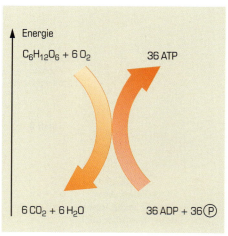

2 ▸ Stoff- und Energiebilanz

Biologie

Basiskonzept

Oberflächenvergrößerung zur Erhöhung des Stoff- und Energieumsatzes

Besonders für Abbau- und Syntheseleistungen spielt der Bau von Zellorganellen eine zentrale Rolle. Auf geringstem Raum müssen in kurzer Zeit vielfältige biochemische Reaktionen, z. B. Stoff- und Energieumwandlungen, stattfinden. Große Oberflächen bieten mehr Raum für diese Reaktionen. In den Mitochondrien wird die Oberflächenvergrößerung durch Faltung der inneren Membran erreicht.

Das Mitochondrium wird auch als „Kraftwerk" der Zelle bezeichnet.
griech.: mitos = Faden und chondros = Korn

Stoff- und Energieumwandlung in Mitochondrien

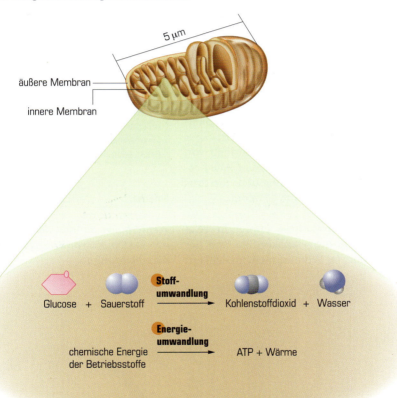

Bei welchen anderen Strukturen oder Organen wird durch einen besonderen Bauplan eine Oberflächenvergrößerung erzielt? Beschreiben und erklären Sie den Zusammenhang von Bau und Funktion an einem Beispiel.

Nutzung der Energie für den Stoffaufbau

Ähnlich wie in einer Chemiefabrik werden in unseren Körperzellen in molekularem Maßstab ständig eine Vielzahl von Stoffen aufgebaut. Die Energie für diesen Aufbau liefert der Abbau von energiereichen Verbindungen wie Kohlenhydraten und Fetten. Der wichtigste **Energieträger** ist das **ATP.**

Besonders wichtige Aufbauprodukte des Zellstoffwechsels sind die Proteine, die als Bausteine und Werkzeuge der Zellen vielfältige Funktionen erfüllen. Sie sind z. B. als Strukturproteine (Körperaufbau), Enzyme (Biokatalyse, s. S. 14), Antikörper (Infektionsabwehr), Transportproteine (aktiver Transport von Molekülen durch Membranen, s. S. 22) und Hormone (Steuerung von Körperfunktionen) aktiv.

Sie können bei Bedarf innerhalb von Sekunden bereitgestellt werden. Alle Körperzellen können Proteine über die **Proteinbiosynthese** (s. Abb. 1) bilden.

Die Proteinbiosynthese erfolgt in zwei Teilschritten, der Transkription und der Translation. Da Proteine nicht im Zellkern gebildet werden, muss der DNA-Abschnitt abgeschrieben werden. Das erfolgt auf ein DNA ähnliches Molekül, die mRNA (messenger-RNA). Diese verlässt den Zellkern durch die Kernporen und transportiert die Information zu den Ribosomen.

Die für die Proteinbiosynthese notwendigen Aminosäuren liegen im Zellplasma vor. Sie werden durch ATP aktiviert und – an Trägermoleküle (tRNA) gebunden – zu den Ribosomen transportiert. Hier erfolgt die Übersetzung des genetischen Codes in die Aminosäuresequenz der Proteine.

> Die Proteinbiosynthese dient der Herstellung zelleigener Proteine aus Aminosäuren. Sie läuft in zwei Schritten (Transkription und Translation) unter Energieverbrauch (ATP) ab.

Aufgabe

Wiederholen Sie den detaillierten Ablauf der Proteinbiosynthese. Nutzen Sie dazu die Abbildung 1.

Die Anleitung zum Bau der Proteine ist in den DNA-Molekülen jedes Zellkerns als Erbgut gespeichert.

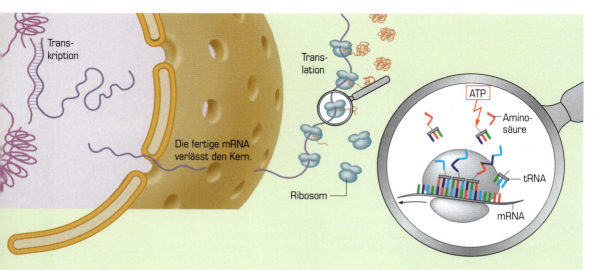

1 ▸ Aktivierung durch ATP während der Proteinbiosynthese

Strukturänderungen während und nach der Proteinbiosynthese

Während der Proteinbiosynthese wird die Reihenfolge und Zahl der Aminosäuren festgelegt. Das ergibt die **Primärstruktur** der Proteine (s. Abb. 1).

Für die Funktion der Proteine ist außerdem aber auch die richtige Raumstruktur wichtig. Bereits während der Proteinbiosynthese beginnt sich die Aminosäurekette in einer schraubigen (α-Helix) oder faltblattartigen Struktur (β-Faltblatt) anzuordnen. Das wird als **Sekundärstruktur** bezeichnet. Die Windungen und Faltungen basieren auf chemischen Bindungen (Wasserstoffbrücken), die sich zwischen den Aminosäuren ausbilden.

Faltblätter und Schrauben verbinden sich weiter zu vielfach gefalteten und aufgeknäulten **Tertiärstrukturen**. Sie beruhen ebenfalls auf Wechselwirkungen zwischen den Aminosäuren (z. B. Wasserstoffbrückenbindungen, Ionenverbindungen zwischen sauren und basischen Aminosäuren). Auf diese Weise können kugelige Strukturen, die sogenannten globulären Proteine, entstehen. Auch lang gestreckte Strukturen, wie z. B. Faserproteine werden gebildet. Zum Teil kommt es bei einer Verbindung mehrerer Proteinketten zu einer übergeordneten Einheit, der **Quartärstruktur**.

„Helferproteine" überwachen diese Prozesse. Falsch gefaltete Proteine werden wieder entfaltet. Es wird erneut versucht, die richtige Struktur zu bilden. Gelingt das nicht, wird das Protein abgebaut.

Umgebungsbedingungen, wie z. B. Temperatur, pH-Wert und Ionenkonzentration, beeinflussen die Raumstruktur und Funktion der Proteine. Sie können dazu führen, dass Proteine je nach Gegebenheit biologisch aktiv oder inaktiv sind. Extreme Umgebungsbedingungen (z. B. Hitze, Schwermetallionen) können die Raumstruktur des Proteins vollständig zerstören (irreversible Denaturierung).

2 ▶ Globuläre Proteine (z. B. Hämoglobin) spielen eine große Rolle im Stoffwechsel.

3 ▶ Kollagen – ein Faserprotein – ist mit 25–30 % das häufigste Protein im Körper und kommt in Bindegewebe, Knochen, Zähnen, Knorpel, Haut und Sehnen vor.

Dehnbare Proteine besitzen eine Helixstruktur (z. B. in Wolle, Kollagen), die Faltblattstruktur ist nicht dehnbar (z. B. in Seide).

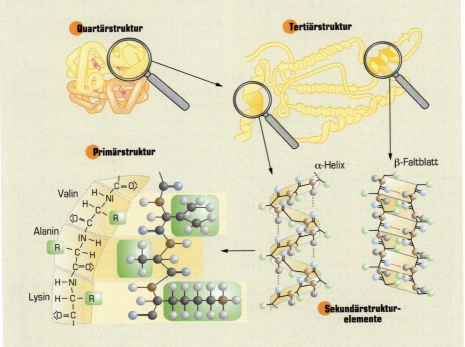

1 ▶ Struktur von Proteinen (R ● C ● H ● O ● N)

Methoden

Lernen, aber wie?

Die Basis für eine Wiederholung und Systematisierung, z. B. in Vorbereitung auf einen Test oder eine Prüfung, sind Informationen und Fakten. Wie behält man die Fülle der Fakten und ihre Zusammenhänge im Gedächtnis?

Die Qualität des Gedächtnisses, die **Merkfähigkeit**, hängt z. B. von der Anzahl der Wiederholungen, vom Zeitabstand, von der Konzentrationsfähigkeit und auch vom Interesse am Thema ab.

Die Fähigkeit zum **Lernen** ist angeboren. Allerdings gibt es individuelle Unterschiede. Man unterscheidet verschiedene **Lerntypen**. Manche Menschen behalten am besten, was sie lesen *(Lesetyp, optischer Typ)* bzw. hören *(Hörtyp, akustischer Lerntyp)*, und wieder andere, was sie selbst tun *(Anfasstyp, haptischer Lerntyp)*.

Wenn man seinen Lerntyp kennt, kann man das beim Üben ausnutzen.

Das Lernen lernen – die 10 wichtigsten Lernregeln

Zum Planen gehört ein Zeitplan und die Einteilung in leichte und schwere Aufgaben.

Schritt ①

Planen Sie Ihr Lernen.
Sie sparen sich damit Zeit, denn gut geplant ist halb gelernt.

Schritt ②

Beginnen Sie jeden Tag zur gleichen Zeit mit dem Lernen.
Ihr Gehirn gewöhnt sich daran und schaltet leichter auf konzentriertes Arbeiten um.

Schritt ③

Beginnen Sie mit leichten Aufgaben.
Wie ein Motor braucht auch Ihr Gehirn eine Aufwärmphase bis es Höchstleistungen bringt.

Schritt ④

Vermeiden Sie, ähnliche Inhalte hintereinander zu lernen.
Dadurch verhindern Sie, dass Sie viel und schnell vergessen.

Schritt ⑤

Verwenden Sie unterschiedliche Lernwege.
Je häufiger Sie beim Lernen zwischen Sehen, Hören und Lesen wechseln, desto weniger ermüden Sie.
Wenn Sie alle Lernwege einsetzen, trainieren Sie Ihr Gedächtnis am besten.

Schritt ⑥

Wechseln Sie zwischen schriftlicher und mündlicher Arbeit ab.
So können Sie noch länger konzentriert arbeiten.

Schritt ⑦

Vermeiden Sie, zu viel auf einmal zu lernen.
Wenn Sie zu viel auf einmal lernen, vergessen Sie doppelt so schnell.

Schritt ⑧

Wiederholen Sie am Anfang in kurzen Zeitabständen. Vergrößern Sie die Zeitabstände dann zunehmend.
Dadurch prägt sich das Gelernte besser und schneller ein, vor allem bleibt es länger im Gedächtnis.

Schritt ⑨

Prägen Sie sich den Lernstoff sinnvoll ein.
Bringen Sie die Lerninhalte in Zusammenhänge. So lernen Sie diese leichter. Ist das nicht möglich, so gebrauchen Sie Gedächtnisstützen.

Schritt ⑩

Vergessen Sie die Pausen nicht.
Sie sind zur Erholung wichtig. Für die erste Stunde reichen zweimal fünf Minuten, damit Sie auch wieder den Einstieg finden.

Praktikum

Nahrung und Energie

Der Energiebedarf von Menschen ist sehr unterschiedlich und kann zwischen etwa 8 000 kJ und 25 000 kJ pro Tag liegen. Er hängt nicht nur vom Körpergewicht und vom Alter ab, sondern wird vor allem von der körperlichen Aktivität und der Art der Tätigkeit bestimmt. So benötigen z. B. Hochleistungssportler oder Personen, die körperlich schwer arbeiten, wesentlich mehr Energie als Personen, die vorwiegend am Schreibtisch sitzen.
Folgende Richtwerte werden in Abhängigkeit vom Alter empfohlen. Mit zunehmendem Alter sinkt der Energiebedarf bei Erwachsenen.

Alter	Richtwert in kJ/Tag	
	männlich	weiblich
10–12	9 650	9 250
13–14	11 350	10 500
15–18	12 600	10 100
19–35	10 900	9 250

1. Auf Verpackungen von Lebensmitteln sind häufig „Nährwertangaben pro 100 g" angegeben. Der Brennwert von Nahrungsmitteln (Energiegehalt) entspricht der Energie, die bei der Zellatmung freigesetzt wird.

   Für den Brennwert (= Energiegehalt) gilt:
   1 g Eiweiß: 17 kJ
   1 g Kohlenhydrate 17 kJ
   1 g Fett   37 kJ

   a) Stellen Sie in einer Übersicht für verschiedene Lebensmittel die Nährwertangaben pro 100 g zusammen. Notieren Sie auch jeweils den Gehalt an Protein, Kohlenhydraten und Fett.
   b) Berechnen Sie jeweils den Energiegehalt aus den Angaben für Protein, Kohlenhydraten und Fett. Nutzen Sie dazu die obigen Angaben.

2. Ermitteln Sie, wie hoch der Energiegehalt der Nahrungsmittel ist, die Sie innerhalb von 24 Stunden zu sich nehmen. Vergleichen Sie diesen mit den in der Tabelle angegebenen Richtwerten. Was stellen Sie fest?

3. Einige Schüler und Schülerinnen nehmen mit den Nahrungsmitteln mehr Energie zu sich, als sie für die Aufrechterhaltung der Lebensfunktionen und der von ihnen durchgeführten Tätigkeiten benötigen.
   a) Erläutern Sie, was mit dieser überschüssigen Energie geschieht.
   b) Wie müsste die Energiebilanz bei einer Person aussehen, die abnehmen will? Begründen Sie ihre Antwort.

Tätigkeit	Energiebedarf in kJ/h
Badminton	95
Basketball	135
Radfahren (15 km/h)	98
Tanzen	50
Judo	191
Squash	207
Schwimmen	158
Kochen	44
Rasen mähen	105
Sitzen (z. B. Fernsehen)	21
Arbeit am PC	27

Der angegebene Energiebedarf bezieht sich auf ein Körpergewicht von etwa 65 kg.

c) Birgit (50 kg) und Klaus (70 kg) fahren mit dem Fahrrad vier Stunden am See entlang. Wie viel Energie benötigen die beiden jeweils? Nutzen Sie für die Berechnung die obere Tabelle.

gewusst · gekonnt

1. Ergänzen Sie Ihr Glossar um folgende Begriffe: Zellatmung, Oxidation, Reduktion, Gärung, Mitochondrien, ATP, Proteinbiosynthese.

   Glossar

   ATP:
   Gärung:

2. Vergleichen Sie Zellatmung und Gärung miteinander. Stellen Sie in einer Übersicht die Bedingungen, unter denen beide Prozesse ablaufen, die Energiebilanz und die Endprodukte gegenüber.
   a) Wählen Sie zum einen eine tabellarische Übersicht.
   b) Gestalten Sie zum anderen die Übersicht als Abbildung.
   c) Welche Übersichtsdarstellung erleichtert Ihnen das Lernen?

3. Begründen Sie, warum der aerobe Glucoseabbau in der Zelle in mehreren Teilschritten erfolgt.

4. Informieren Sie sich, unter welchen Bedingungen Aminosäuren als wichtige Energiequelle für den Organismus dienen können.

5. Stellen Sie die vielfältige Bedeutung des ATP für den Organismus in einer Übersicht dar. Beschreiben Sie die Beispiele.

6. Ausdauertraining verbessert die Energieversorgung des Organismus. Erläutern Sie, wodurch das bewirkt wird. Nutzen Sie zur Beantwortung auch das Internet.

7. Erklären Sie den Zusammenhang zwischen Bau und Funktion am Beispiel der Mitochondrien.

8. Stellen Sie zur Stoffumwandlung auf Seite 47 die Reaktionsgleichung auf.

9. Mangelernährung ist ein großes Problem in der Welt.
   a) Recherchieren Sie, in welchen Regionen unserer Erde und unter welchen Bedingungen Mangelernährung am häufigsten auftritt.
   b) Erklären Sie, warum sich stark unterernährte Kinder kaum bewegen.

10. Rühren Sie Eiklar einmal in kaltes und einmal in heißes Wasser ein.
    Schildern Sie Ihre Beobachtungen und erklären Sie diese.

11. Probieren Sie zur Wiederholung eines selbstgewählten Themas (z. B. Proteinbiosynthese) die Methode von S. 50 aus.

12. Überlegen Sie, ob über die Ernährung die körpereigene Proteinbiosynthese beeinflusst werden kann. Begründen Sie Ihre Aussage.

13. Die Struktur eines Proteins bestimmt seine Funktion. Erklären Sie modellhaft am Beispiel von Proteinen, die als Enzyme wirksam sind, dieses Prinzip.

14. Die Sichelzellenanämie ist eine Erbkrankheit des Menschen. Sie beruht auf Strukturänderungen des Hämoglobins.
    a) Informieren Sie sich, um welche Strukturänderung es sich dabei handelt.
    b) Beschreiben Sie, welche Auswirkungen die Sichelzellenanämie auf den menschlichen Organismus hat. Nutzen Sie dazu auch Fachliteratur und das Internet.

Das Wichtigste auf einen Blick

Zellatmung

Die Energiebereitstellung durch die Stoffwechselprozesse der Zellatmung erfolgt in mehreren Schritten, hauptsächlich durch aeroben Glucoseabbau. Die frei werdende chemische Energie wird auch zur Synthese des universellen Energieträgers ATP verwendet. Diese an ATP gebundene Energie kann für zahlreiche zelluläre Prozesse (z. B. aktiver Transport von Molekülen, mechanische Arbeit, Biosynthese) eingesetzt werden.

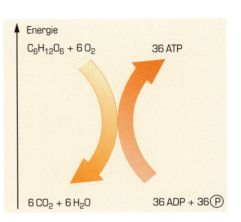

Mitochondrien

Mitochondrien sind Zellorganellen, die sich durch eine sehr große innere Oberfläche und zahlreiche Enzyme auszeichnen. Die Mitochondrien sind die Hauptorte der Zellatmung. In ihnen wird der größte Teil der in der Nahrung vorhandenen Energie in die für die Zelle verwertbare Form, das ATP, umgewandelt.

Stoffaufbau

Besonders wichtige Aufbauprodukte des Zellstoffwechsels sind Proteine. Sie erfüllen z. B. als Strukturproteine, Enzyme, Antikörper, Transportproteine und Hormone vielfältige Funktionen. Alle Körperzellen können Proteine über die Proteinbiosynthese unter Einsatz von ATP bilden.
Die während der Proteinbiosynthese festgelegte Reihenfolge und Zahl der Aminosäuren ergibt die Primärstruktur der Proteine. Für die Funktion der Proteine ist die richtige Raumstruktur (Primär-, Tertiär-, Quartärstruktur) wichtig. Funktion und Raumstruktur der Proteine werden außerdem durch die Umgebungsbedingungen beeinflusst.

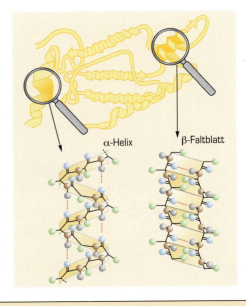

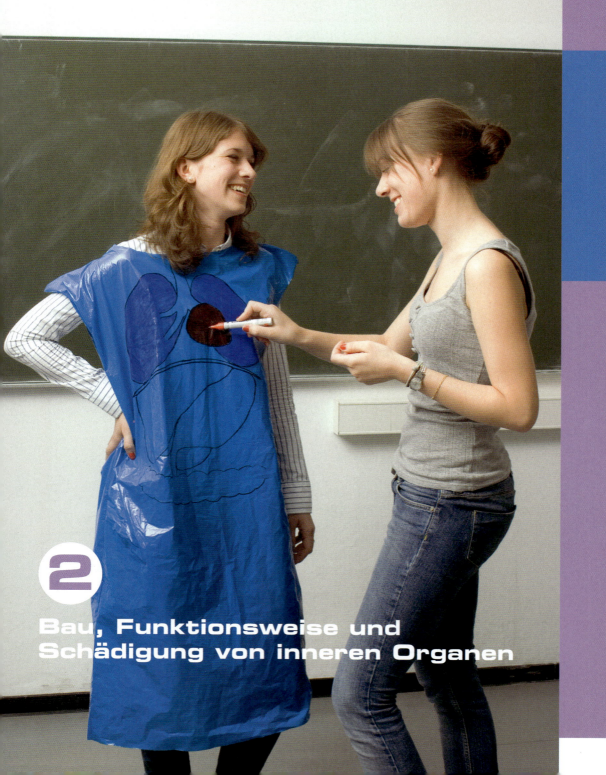

2
Bau, Funktionsweise und Schädigung von inneren Organen

Bau, Funktionsweise und Schädigung von inneren Organen

Biologie 55

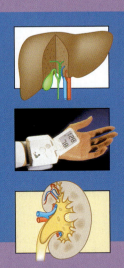

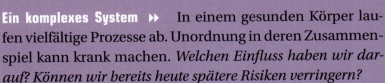

Ein komplexes System ▶▶ In einem gesunden Körper laufen vielfältige Prozesse ab. Unordnung in deren Zusammenspiel kann krank machen. *Welchen Einfluss haben wir darauf? Können wir bereits heute spätere Risiken verringern?*

Auf- und Abbau ▶▶ Viele Nährstoffe, die wir zu uns nehmen, werden zu körpereigenen Substanzen weiterverarbeitet. Das zentrale Organ dafür ist die Leber. *Ist sie Ihnen schon einmal aufgefallen? An welcher Stelle im Körper liegt sie?*

Transport und Entsorgung ▶▶ Substanzen, die für den Organismus und seine Funktionen wichtig sind, stehen zu jeder Zeit am rechten Ort zur Verfügung. Gleichzeitig werden Abfallstoffe beseitigt. *Was geschieht, wenn diese Abläufe gestört sind? Wie wirkt sich das auf unser Leben aus?*

Die Leber – ein Organ mit vielen Funktionen

Mit 1,5 bis 2 kg ist die Leber das größte Stoffwechselorgan des Menschen.

Die Gallenflüssigkeit wird in der Gallenblase gespeichert, bevor sie in den Zwölffingerdarm geleitet wird.

Das Pfortadersystem ist neben Arterien und Venen ein Gefäßsystem, das nährstoffreiches Blut und Abbauprodukte zur Leber transportiert.

Das zentrale Stoffwechselorgan der Säugetiere ist die **Leber**. Sie ist braun gefärbt und besteht aus zwei Leberlappen. Diese sind sehr homogen aufgebaut. Zwischen feinsten Netzen von Ein- und Ausfuhrgängen lagern die Leberzellen. Das gesamte Organ ist von einer Hülle aus Bindegewebe umgeben.

An der Unterseite der Leber liegt die Leberpforte. Dort führen die Leberarterie und die Pfortader hinein sowie die Gallengänge und die Lebervene hinaus (s. Abb. 1). Die Arterie versorgt die Leber mit sauerstoffreichem Blut.

Über die **Pfortader** ist die Leber direkt mit verschiedenen Organen verbunden. So gelangen Nährstoffe vor allem aus dem Dünndarm, Abbauprodukte aus der Milz sowie Hormone aus der Bauchspeicheldrüse in die Leber. Abgegeben werden die Leberprodukte über die Gallengänge in den Darm und über die Lebervene in das Blutkreislaufsystem.

Durch ihre vernetzende Struktur und Verbindung zu vielen anderen Organen erfüllt die Leber eine Vielzahl von unterschiedlichen Funktionen:
- Umwandlung und Freisetzung von Kohlenhydraten und Fetten (Zucker-, Fettstoffwechsel)
- Beteiligung an der Regulation der Körpertemperatur (Stoffwechselwärme)
- Bildung von körpereigenen Proteinen (auch Blutproteine, z. B. Gerinnungsfaktoren)
- Produktion der Gallenflüssigkeit
- Abbau körpereigener und aufgenommener Giftstoffe

Pro Minute erreichen etwa 1,1 Liter Pfortaderblut die Leber. Im Verdauungstrakt wurde dieses Blut mit Nährstoffen wie Glucose, Fett- und Aminosäuren angereichert. Enthält es mehr Glucose als der Körper momentan benötigt, bildet die Leber wasserunlösliches **Glykogen** und speichert es. Erst bei Bedarf entsteht wieder Glucose, die dann vom Körper als Energielieferant genutzt wird (s. S. 44). Geregelt wird dies über die Hormone Insulin und Glukagon aus der Bauchspeicheldrüse.

Außerdem synthetisiert die Leber **körpereigene Proteine** aus Aminosäuren und wandelt giftiges Ammoniak aus dem Eiweißstoffwechsel in ungiftigen Harnstoff um. Erst dieser gelangt über die Blutbahn in die Nieren und wird ausgeschieden.

Neben der Stoffsynthese ist die Leber auch am **Abbau** des Hämoglobins von absterbenden Erythrozyten beteiligt. Daraus entsteht Bilirubin, der gelbgrüne Farbstoff der Gallenflüssigkeit. Ebenso zersetzt die Leber Fremd- und Giftstoffe, die mit der Nahrung aufgenommen wurden. Durch das Pfortadersystem geschieht dies, bevor sich die Stoffe im Körper verteilen und dort Schäden verursachen können.

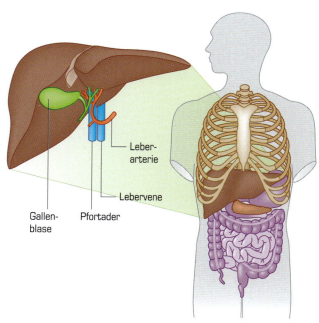

1 ▶ Die Leber liegt, geschützt von den unteren Rippenbögen, im rechten Oberbauch.

Beeinträchtigungen der Leber

Erkrankungen der Leber haben vielfältige Ursachen. Neben (zu) hohen Schadstoffbelastungen, die die Leberzellen schädigen, gibt es auch andere Gründe (z. B. Infektionen).

Das offensichtlichste Symptom bei Leberproblemen ist die **Gelbsucht**, bei der sich Augäpfel und Haut gelblich verfärben (s. Abb. 1). Ursache kann eine entzündliche Lebererkrankung, ein erhöhter Zerfall von roten Blutkörperchen, eine Störung im Hämoglobinabbau oder auch ein verstopfter Gallenabfluss zum Zwölffingerdarm (z. B. durch Gallensteine) sein.

Medikamente, Überernährung oder zu viel Alkohol können zur **Fettleber** führen. Ihre Funktion ist durch Fetteinlagerungen reduziert. Meidet man die auslösenden Ursachen, sind die Schädigungen meist reversibel.

Entzündliche Leber-Erkrankungen bezeichnet man als **Hepatitis**. Sie entstehen vor allem durch verschiedene Virusinfektionen. Gegen einige Virus-Typen kann man sich impfen lassen. Aber auch Medikamente und Alkohol können die Ursache für eine Leberentzündung sein.

Einige Hepatitis-Typen treten nicht nur akut auf, sie können auch chronisch werden. Nicht selten ist Leberkrebs die Folge einer Hepatitis.

Fast alle chronischen Lebererkrankungen führen irreversibel zur tödlichen **Leberzirrhose** (Schrumpfleber). Dabei sterben zunehmend Zellbereiche der Leber ab und werden durch Bindegewebe ersetzt.

Grundsätzlich ist die Leber stark regenerationsfähig. Wurde sie nur teilweise geschädigt und blieben die Leberfunktionen bis zu einem gewissen Grade erhalten, kann sie sich wieder vollständig erholen. Allerdings muss die Ursache der Störung (z. B. Infektion, Ess- oder Trinkgewohnheiten) ausgeräumt werden.

Aufgrund ihrer Regenerationsfähigkeit ist es möglich, der gesunden Leber eines Spenders Gewebeteile zu entnehmen und einem passenden Empfänger als Lebendtransplantat einzusetzen.

> Übersteigt die Konzentration von aufgenommenen Fremdstoffen die Abbaukapazität der Leber, bricht ihre Schutzfunktion zusammen.

Aufgaben

1. Stellen Sie ein Mind-Map mit den Funktionen der Leber zusammen. Nutzen Sie dazu weitere Informationsquellen. Gehen Sie dabei auf folgende Punkte ein: Welche Stoffe werden im Blut (Pfortader und Leberarterie) herangeschafft? Was geschieht mit den Stoffen in der Leber? Was gibt die Leber wieder ab? Welche Ausgänge werden dabei genutzt?

2. Wiederholen und erklären Sie die Funktion der Leber bei der Regulation des Blutzuckerspiegels. Nutzen Sie dabei das Ihnen bekannte Regelkreisschema.

Alkoholmissbrauch zählt mit 50 % der Erkrankungen neben der Virushepatitis in Europa zu den Hauptursachen für Lebererkrankungen.

Durch Leberzirrhose sterben pro Jahr in Deutschland etwa 40 000 Menschen.

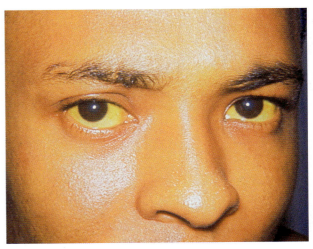

1 ▶ Viele Leber-Erkrankungen sind lange Zeit unauffällig; Gelbsucht dagegen ist offensichtlich.

Ein Reparatursystem mit Pflegebedarf

Örtliche Infektionen werden durch eine mobile Immunabwehr im Blut erfolgreich bekämpft.

Bei Gefahr ermöglicht die Ausschüttung von Adrenalin und seine Verteilung über das Blut im gesamten Körper ein breites Spektrum an Reaktionen.

griech.: thrombos = geronnene Masse, Klumpen, dicker Tropfen

Das Blut und sein Kreislaufsystem gewährleisten neben der bedarfsgerechten Versorgung des gesamten Körpers (s. S. 31) auch die Abwehr und Reparatur möglicher Störungen.

Wird z. B. ein Blutgefäß verletzt (s. Abb. 1a), sorgt eine Reihe von Mechanismen dafür, dass der Blutverlust möglichst gering bleibt. Als Erstes kontrahieren sich reflexartig die Muskeln der lokalen Gefäßwände. Dies reduziert kurzfristig den Blutzustrom. Anschließende Reaktionen der Blutzellen und komplexe Abläufe im Blutplasma bewirken dann die Gerinnung (**Koagulation**) des Blutes. So heften sich die **Thrombozyten** in der Wunde fest, verändern ihre Form (s. Abb. 1b) und verkleben zum Thrombus (s. Abb. 1c). Schließlich vernetzen sie mit Fibrinogen-Molekülen zum wasserunlöslichen Fibrin (s. Abb. 1d). In diesem Fibrin-Netz verfangen sich zusätzlich Blutzellen. Der anfänglich gallertige Wundverschluss trocknet zu einem krustigen Schorf ein. Dieser Vorgang verläuft in einer Reaktionskette mit mehr als zehn Gerinnungsfaktoren. Starke Blutungen erfordern darüber hinaus zusätzliche Maßnahmen (z. B. ein Druckverband s. Abb. 2).

2 ▶ Ein Druckverband verringert bei einer Arterienverletzung den Blutverlust.

Würde das Blut nicht kurzfristig gerinnen, wäre auch die kleinste Verletzung lebensgefährlich. Damit jedoch nicht das gesamte Kreislaufsystem verstopft, muss die **Blutgerinnung** auf den Verletzungsort begrenzt bleiben. Dies geschieht über Hemmstoffe (Inhibitoren), die in die Reaktionskette der Gerinnungsfaktoren eingreifen und so die Gerinnung blockieren.

Dennoch können sich, v. a. im Bereich der Venen, Blutgerinnsel (**Thrombosen**) bilden. Löst sich der sogenannte Thrombus und wird vom Blutstrom weiter geschwemmt, führt das oft zur Verstopfung eines anderen Gefäßes (Embolie). Die Folge ist eine schwere Beeinträchtigung eines Organs oder sogar der Tod. Besonders betroffen sind die Lungen (Lungenembolie), die Herzkranzgefäße (Herzinfarkt) und das Gehirn (Schlaganfall).

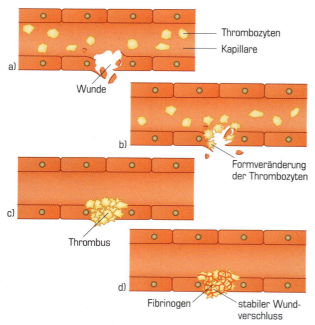

1 ▶ Wundverschluss in einer Kapillare

Aufgaben

1. *Informieren Sie sich über die Ursachen der Bluterkrankheit.*

2. *Wiederholen und üben Sie das Anlegen eines Druckverbands.*

Das Auftreten von **Thrombosen** hat vielfältige **Ursachen,** die sich einzeln oder kumulativ auswirken.
- Gerinnungsstörungen können erblich bedingt sein, entstehen z. B. auch durch Nahrungsmittel oder Medikamente.
- Grundsätzlich steigern alle Faktoren, die den Blutfluss verlangsamen oder die Gefäßinnenwände schädigen, das Thromboserisiko. Diese können krankheitsbedingt sein (z. B. bei Diabetes, Bluthochdruck) und durch Verletzungen der Gefäße (z. B. nach Operationen, Quetschungen) hervorgerufen werden.
- Auch Krampfadern oder Arteriosklerose (s. S. 60) sowie Einschränkungen der Beweglichkeit (z. B. bei Schwangerschaft, Bettlägrigkeit oder eingeengtem Sitzen auf langen Reisen) erhöhen das Thromboserisiko. Es wird noch verstärkt, wenn das Blut, z. B. durch Schwitzen, Alkoholkonsum oder unzureichende Flüssigkeitsaufnahme, zu dickflüssig ist.

Jeder kann die **Risikofaktoren** durch seine Lebensweise individuell beeinflussen:
- Raucher sind einer Thrombosegefahr stärker ausgesetzt als Nichtraucher, denn Nikotin verengt die Blutgefäße.
- Körperliche Betätigung ist vorteilhaft, da Muskeltätigkeit das venöse Blut zum Herzen drückt (s. S. 30).
- Sport und gesunde Ernährung wirken Übergewicht sowie hohen Blutdruck- und Cholesterinwerten entgegen, das beugt Schädigungen der Blutgefäße vor.
Gerinnungshemmende Medikamente verringern eine akute Thrombosegefahr. Kompressionstrümpfe unterstützen den Blutrückfluss in den Beinvenen, indem sie den umgebenden Gewebedruck erhöhen.

Die Blutgerinnung ist ein wichtiger Schutzmechanismus, bringt aber unter Umständen Probleme mit sich.

Bluthochdruck

Beim Blutdruck unterscheidet man entsprechend dem Herzschlag (s. S. 26) zwischen systolischem und diastolischem Druck. Altersabhängig liegen die Werte durchschnittlich bis 130 mm Hg (Systole) bzw. bis 85 mm Hg (Diastole). Ab 140 bzw. 90 mm Hg spricht man von erhöhtem Blutdruck.
In Stresssituationen oder bei starker körperlicher Belastung treten auch beim gesunden Menschen kurzzeitig erhöhte Blutdruckwerte auf. Das ist jedoch als Anpassung des Körpers an den gesteigerten Versorgungsbedarf zu verstehen.
Liegen die Werte jedoch auch ohne Belastung wiederholt oberhalb des Grenzbereichs, sind ärztliche Kontrollen zu empfehlen. Denn ständiger Bluthochdruck überstrapaziert das Herz und verhärtet die Gefäßwände. Dies macht die Adern enger und brüchiger, wodurch Blutdruck und Thromboserisiko weiter steigen. Platzen hochdruckgeschädigte Adern, wirken sich die Blutungen besonders schwerwiegend im Gehirn, in den Augen oder den Nieren aus.
Rechtzeitig erkannt, kann Bluthochdruck auch ohne Medikamente durch eine bewusste Lebensführung abgewendet werden. Dazu zählen vor allem eine ausgewogene Ernährung mit Vermeidung von Übergewicht, ohne Alkohol, wenig Salz und kein Rauchen.

Aufgabe

Überprüfen Sie Ihren eigenen Blutdruck mithilfe eines herkömmlichen Blutdruckgeräts (s. S. 61).

Der Blutdruck wird traditionell in „mm Hg" (Millimeter Quecksilbersäule) gemessen. Gemeint ist der Druck, der notwendig ist, um Quecksilber in einer dünnen Röhre gegen die Schwerkraft hochzudrücken. Die Höhe der Quecksilbersäule (gemessen in mm) ist proportional zum Druck.

Thrombosen nach langen Bus- oder Flugreisen werden auch Touristenklasse-Syndrom genannt.

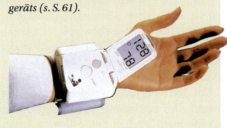

Störungen im Herz-Kreislauf-System

Erkrankungen des Blutkreislaufsystems können ganz verschiedene Ursachen haben und beeinträchtigen meist den gesamten Körper.

Krampfadern sind oberflächliche Venen mit knotigen Erweiterungen. Sie entstehen v. a. in den Beinen (s. Abb.). Ihr Auftreten kann genetisch bedingt sein, wird jedoch durch Bewegungsmangel, langes Stehen und Sitzen, Schwangerschaft oder zu enge Kleidung gefördert.

Krampfadern sind mehr als ein kosmetisches Problem. Durch die Gefäßerweiterung schließen die Venenklappen nicht vollständig, der Blutrückfluss zum Herzen (s. S. 30) ist gestört: das Blut „versackt" in den Beinen. Die Füße werden dick, es kann zu Venenentzündungen, schlecht heilenden Wunden („offenes Bein") und Thrombosen (s. S. 58) kommen.

Vorbeugend und lindernd wirken das Anlegen von Stützstrümpfen oder medikamentöse Therapien. Das Ziehen oder Veröden von Krampfadern sind chirurgische Maßnahmen.

Venen der Beine

mit Erweiterungen

Bei der **Arterienverkalkung (Arteriosklerose)** verringern Ablagerungen an den Innenwänden den Gefäßquerschnitt (s. Abb. 1). Dabei verlieren die Gefäßwände zunehmend ihre Elastizität. Dies ist ein natürlicher Alterungsprozess, wird jedoch durch verschiedene Risikofaktoren verstärkt. Arteriosklerose lässt sich nicht rückgängig machen, kann aber vermieden oder verzögert werden.

An den Ablagerungen auf der Arterienwand sind bestimmte Formen des Lipids **Cholesterin** beteiligt. Seine Blutkonzentration zählt deshalb zu den Risikofaktoren.

Cholesterin (griech.: chole = Galle, stereos = fest) erhöht die Stabilität der Membranen und ist u. a. die Vorstufe der Gallensäure. Die notwendige Menge an Cholesterin produziert der menschliche Körper zu 90 % selbst.

Die meisten Risikofaktoren kann man durch seine Lebensweise beeinflussen. Übergewicht und erhöhte Cholesterinwerte gehören dazu: eine gesunde Ernährung und viel Bewegung verhindern sie. Bluthochdruck und Diabetes müssen vom Arzt behandelt werden. Auch das Rauchen ist ein wesentlicher Risikofaktor (s. S. 67).

Die Arteriosklerose selbst merkt man nicht. Beschwerden treten erst in den Organen auf, die durch den reduzierten Blutfluss unterversorgt sind. Auch steigert sich durch den verringerten Gefäßquerschnitt die Gefahr einer Verstopfung (Embolie, s. S. 58).

In lebensbedrohlichen Situationen wird Arteriosklerose chirurgisch behandelt. So werden verengte Gefäße durch eingeführte Ballonkateter geweitet und Herzkranzgefäße, die den Herzmuskel nur noch ungenügend versorgen, in Bypass-Operationen ersetzt.

Herzrhythmusstörungen entstehen, wenn sich die Herzmuskelzellen nicht koordiniert zusammenziehen bzw. entspannen. Das reduziert die Pumpleistung des Herzens und damit die Sauerstoffversorgung des Körpers. Im Extremfall führt dies zum Herztod. Zum Synchronisieren der Herzmuskelzellen wird häufig ein Herzschrittmacher implantiert.

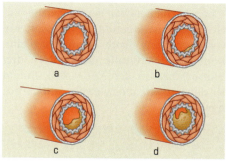

1 ▶ Arterie (a) mit zunehmender Verkalkung (b - d, Arteriosklerose)

Auch die **Herzschwäche** (Herzinsuffizienz) verringert die Pumpleistung des Herzens. Tritt sie akut und heftig auf, führt sie zum plötzlichen Herzversagen. Das ist im Alter eine häufige Todesursache.

Herzinsuffizienz entsteht z. B. durch unvollständig schließende Herzklappen oder durch zu großen Widerstand in verengten Arterien. Meist ist jedoch eine Störung im Herzmuskel selbst der Grund (z. B. Herzrhythmusstörung) oder eine Unterversorgung durch **verengte Herzkranzgefäße** (s. Abb.).

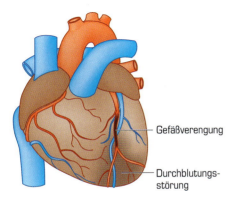

Gefäßverengung

Durchblutungsstörung

Angina pectoris (Brustenge) tritt auf, wenn die Herzkranzgefäße von Arteriosklerose betroffen sind. Häufig sind damit auch Herzinsuffizienz, Herzrhythmusstörungen, sowie **Herzinfarkte** verbunden. *Angina pectoris* geht mit dumpf drückenden Schmerzen im Brustraum einher.

Viele angeborene oder erworbene **Herzfehler**, wie z. B. eine nicht völlig geschlossene Herzscheidewand oder undichte Herzklappen können heute erkannt und in spezialisierten Kliniken durch chirurgische Eingriffe behoben werden.

M Störungen im Herz-Kreislauf-System führen zu Beeinträchtigungen im gesamten Körper. Viel Bewegung und eine bewusste Ernährung unterstützen die Gesunderhaltung des Systems.

Praktikum

Messung des Blutdrucks

Material:
Blutdruckmessgerät, Zettel und Stift

Durchführung:
1. Ermitteln Sie Ihren Blutdruck mit einem Messgerät entsprechend der Gebrauchsanweisung. Schauen Sie während der Messung nicht auf die Anzeige.
2. Wählen Sie ruhige, entspannte Situationen für die Ermittlung Ihres Normbereichs aus (Kontrollversuch).
3. Belasten Sie sich gezielt und messen Sie vorher und nachher in sinnvollen Zeitabständen Ihren Blutdruck. Nutzen Sie körperliche Betätigungen (z. B. schnelles Treppensteigen, Liegestütz, Kniebeugen) oder erzeugen Sie Stress durch Zeitdruck beim Lösen von kniffligen Aufgaben.
4. Tragen Sie die Messwerte in eine Tabelle ein, die Spalten für Datum/Uhrzeit, Systole/Diastole sowie Bemerkungen (Stichpunkte zur Situationsbeschreibung) enthält.

Auswertung:
1. Überlegen Sie, warum es sinnvoll ist, während der Messung nicht auf die Anzeige zu schauen.
2. Beschreiben Sie die Messdaten in Abhängigkeit von der jeweiligen Situation und vergleichen Sie diese.
3. Fassen Sie die Daten in sinnvollen Kategorien zusammen (z. B. Ruhe, Art der Belastung, Zeitabstand vorher/nachher). Berechnen Sie die Mittelwerte und stellen Sie diese in Blockdiagrammen dar. Überlegen Sie, warum bei der Darstellung des Blockdiagramms auf eine durchgezogene x-Achse verzichtet werden sollte.
4. Wiederholen Sie den Versuch „Durchblutung peripherer Körperteile" (s. S. 37).
Vergleichen Sie die gemessenen Blutdruckwerte am hoch gestreckten und herunterhängenden Arm.

Die Nieren – Entsorgung ist lebensnotwendig

*Die wichtigsten Elektrolyte (Mineralsalz-Ionen) im Blutplasma sind:
Natrium (Na^+), Chlorid (Cl^-), Kalium (K^+), Calcium (Ca^{2+}), Phosphat (PO_4^{3-}), Magnesium (Mg^{2+}).
Sie müssen jeweils in bestimmten Konzentrationen im Körper vorliegen. Unstimmigkeiten in diesem Gleichgewicht führen zu gesundheitlichen Störungen.*

Um Vergiftungen zu verhindern, werden die Abbauprodukte der unterschiedlichen Lebensvorgänge aus dem Körper entfernt. Der Enddarm führt unverdauliche Nahrungsreste ab, die Lunge scheidet Kohlenstoffdioxid und einige Schadstoffe aus und die Haut sondert Wasser sowie in geringem Maße auch Salze und Harnstoff ab.

Die **Nieren** (s. Abb. 1) sind die Hauptorgane der Ausscheidung von Abbauprodukten des Stoffwechsels (**Exkretion**). Die etwa faustgroßen und bohnenförmigen Nieren liegen in der hinteren Bauchhöhle rechts und links der Wirbelsäule (s. S. 31, Abb. 1).

Bei einem Gewicht von nur 150 Gramm verbrauchen sie immerhin 1/8 der Gesamtenergie des Körpers. Nieren gehören zu den am besten durchbluteten Organen des Körpers

Urin – Abfall oder Wertstoff?

Insbesondere „gefaulter" Urin wurde bereits bei den Römern als Reinigungsmittel benutzt. In der Schafswoll-Produktion, dem Gerberhandwerk und der Färberei fand er bis ins 20. Jahrhundert Verwendung. Bei der Herstellung von medizinisch wirksamen Substanzen wird tierischer oder menschlicher Urin z. T. bis heute als Grundstoff eingesetzt.

Auf jeder Niere befindet sich eine Nebenniere. Sie ist nicht an der Exkretion beteiligt, sondern produziert lebenswichtige Hormone (z. B. Cortikoide, Noradrenalin, Adrenalin).

Neben überschüssigem **Wasser** filtern die Nieren auch **Mineralstoffe** sowie für den Körper **giftige Substanzen** aus dem Blut heraus. Letztere sind Abbauprodukte der Leber. Gemeinsam werden sie im Urin (Harn) über Harnleiter, Harnblase und Harnröhre nach außen entsorgt. Ein Erwachsener scheidet pro Tag etwa 1,5 bis 2 Liter Urin aus. Die gelbe Farbe des Harns wird durch Urochrome (griech.: *chroma* = Farbe) bestimmt. Als Endprodukte im **Hämoglobinabbau** entstehen sie aus Bilirubin (s. S. 56).

Die Inhaltsstoffe im Urin bzw. deren Konzentrationen können auch Gesundheitsveränderungen anzeigen. Bestimmte Krankheiten verändern z. B. den Geruch des Harns in typischer Weise. Stoffwechselerkrankungen (z. B. Diabetes), Krankheiten der Nieren, der Leber oder des Bluts sind an Inhaltsstoffen des Urins zu erkennen. Auch eine Schwangerschaft oder die Einnahme von Medikamenten, Drogen oder Dopingsubstanzen sind durch entsprechende **Harnuntersuchungen** nachweisbar.

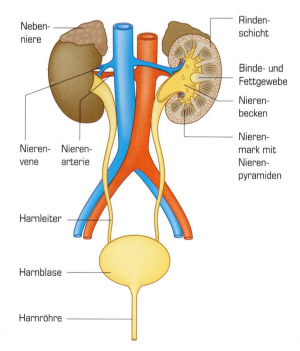

1 ▸ Die Organe, die den Harn produzieren und entsorgen (schematisch).

Das Filtersystem

An der Innenseite der Niere setzen in einer Einbuchtung die Nierenarterie und die Nierenvene an (s. S. 62, Abb. 1). Sie leiten das Blut in die Niere und von dort zurück in den Körperkreislauf. Auch der etwa 30 cm lange Harnleiter, der zur Blase führt, beginnt hier. Im Innern der Nieren liegt das **Nierenmark** umgeben von der hellen **Rindenschicht**. Das Nierenmark ist in pyramidenförmige Komplexe (Nierenpyramiden) aufgegliedert, deren Spitze jeweils zu einem Ausläufer des Nierenbeckens weist. Dessen Hohlraum mündet in den Harnleiter.

Neben dem Herausfiltern der Giftstoffe regulieren die Nieren auch das **Elektrolytgleichgewicht** im Blutplasma. Verändert sich dieses z. B. beim Schwitzen, stellen die Nieren nach erneuter Flüssigkeits- und Elektrolytzufuhr den physiologischen Normalzustand im Blut wieder her.

Die Niere arbeitet nach den Prinzipien der Druckfiltration und der selektiven Rückgewinnung von Stoffen aus dem Filtrat. Dazu besitzt sie über eine Million Filterelemente (Nephron, s. Abb. 1). Diese beginnen in der Nierenrinde mit den **Nierenkörperchen**. Dort wird das Blut durch den Arteriendruck über ein Netzwerk feinster Kapillaren durch Mikroporen in den umgebenden Hohlraum der Bowman-Kapsel gepresst. Nur größere Partikel wie Blutkörperchen oder große Proteinmoleküle bleiben zurück.

In den **Bowman-Kapseln** entstehen so etwa 200 Liter Ultrafiltrat pro Tag. Dieser **Primärharn** besteht wie das Blutplasma hauptsächlich aus Wasser und darin gelösten Mineralstoffen, Glucose und Harnstoff. Auf seinem weiteren Weg durch Nierenkanälchen und die Henle-Schleife werden die Glucose, die meisten Salze und vor allem 99 % des Wassers dem Primärharn wieder entzogen und zurück ins Blut gebracht.

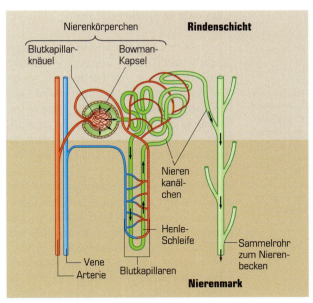

1 ▶ Das Nephron – ein höchst effektives Filtersystem

Diese **Rückresorption** (lat.: *resorbere* = aufsaugen) geschieht einerseits über Diffusionsvorgänge, andererseits durch aktiven, Energie verbrauchenden Transport. Unterstützt wird dies durch das Gegenstromprinzip (s. S. 65). So bleiben in der Flüssigkeit neben geringen Mengen an Elektrolyten v. a. Harnstoff und Abbauprodukte der Leber zurück.

Der konzentrierte **Sekundärharn** (Endharn, Urin) fließt über die Sammelröhre in das Nierenbecken. Über den Harnleiter erreicht er die Blase und wird von dort über die Harnröhre ausgeschieden.

Bei ca. 50 % der Bevölkerung verändert sich der Geruch des Harns nach dem Verzehr von Spargel. Dafür verantwortlich sind schwefelhaltige Spargelinhaltsstoffe. Ihre Umwandlung in Duftstoffe ist an eine genetische Veranlagung geknüpft.

Aufgabe

Durch die Nieren strömt pro Minute etwa 1 Liter Blut.
a) *Errechnen Sie die Dauer der einmaligen Reinigung der gesamten Blutmenge des Körpers durch die Nieren.*
b) *Berechnen Sie die Blutmenge, die in 24 Stunden durch die Niere fließt und dort gereinigt wird.*

„Das geht an die Nieren"

So heißt es im allgemeinen Sprachgebrauch, wenn etwas besonders schlimm ist. Es drückt aus, wie wichtig und sensibel die Nieren sind. Ihre periphere Lage im Körper und die relativ instabile Befestigung in der Bauchhöhle macht sie empfindlich gegen Schläge und mechanische Belastungen (s. Abb. 2).

Wegen ihrer starken Durchblutung und aufgrund ihrer lebenswichtigen Funktionen sind Verletzungen der Nieren immer schwerwiegend.

Entzündungen des Nierenbeckens sind relativ selten. Sie entstehen durch Infektionen, die aus dem Blut stammen oder den Harnweg aufsteigen. Keime, die von außen in die Harnröhre einwandern, werden meist durch den Urin hinausgespült oder vom Immunsystem abgewehrt. Ist dieses geschwächt (z. B. durch Unterkühlung), können die Keime im Harnsystem zu Erkrankungen führen.

Obwohl bei der Bildung des Endharns fast die gesamte Flüssigkeit des Primärharns zurückgewonnen wird, verliert der Körper durch die Urinabgabe 1,5 bis 2 Liter Wasser pro Tag. Dieser Wasserverlust muss regelmäßig über Nahrung und Getränke ersetzt werden.

Bei verstärkter Salzaufnahme steigt dieser Flüssigkeitsbedarf, um die Elektrolytkonzentration im Blut wieder einzustellen. Dabei wird durch die regulierende Filtertätigkeit der Nieren dem Blutplasma überschüssiges Salz bzw. Wasser entzogen und so der Normzustand wiederhergestellt.

Treten gelöste Bestandteile des Urins (z. B. verschiedene Calciumsalze oder Harnsäure) in solchen Konzentrationen auf, dass sie auskristallisieren, entstehen Nieren- oder Harnsteine. Sie können den Harnleiter verstopfen und zu schmerzhaften Koliken führen. Mit erhöhten Trinkmengen und körperlicher Bewegung oder über einen operativen Eingriff können sie hinausgeschwemmt bzw. entfernt werden. Große Steine werden auch mit Ultraschall zertrümmert.

Substanzen wie Koffein oder Alkohol haben harntreibende Wirkung. Sie hemmen die Rückresorption des Wassers aus dem Primärharn. Dadurch bleibt der Sekundärharn stärker verdünnt und der Wasserverlust des Körpers steigt. Erst durch zusätzliches Trinken („Nachdurst") gleicht sich dies wieder aus (s. Abb. 1).

1 ▶ Am nächsten Tag ist nicht nur der Durst sehr groß.

2 ▶ Nierengurte dienen v. a. der mechanischen Fixierung der Nieren gegen Erschütterungen.

Bau, Funktionsweise und Schädigung von inneren Organen

Biologie

Nierenversagen und Dialyse

Vor allem hoher Blutdruck- und erhöhte Blutzuckerwerte oder Infektionen können neben genetischen Faktoren zu Defekten an den Nieren führen. Jedoch bleiben Funktionseinschränkungen meist über lange Zeit unbemerkt. Fällt eine Niere aus, übernimmt die andere die Aufgabe. Versagen beide Nieren zu mehr als 80 %, entsteht schnell eine lebensbedrohliche Situation. Patienten benötigen dann in der Regel dreimal pro Woche eine vier- bis fünfstündige Blutwäsche (**Dialyse**). Dabei werden die giftigen Substanzen über eine Dialyseapparatur aus dem Blut entfernt (s. Abb. 1). Da dies die Nierenfunktionen jedoch nicht völlig ersetzen kann, entstehen langfristig häufig Komplikationen, größere Moleküle werden z. B. nicht ausreichend entfernt.

Die noch von der gesunden Niere produzierten Hormone werden zwar zusätzlich verabreicht (Hormonsubstitution). Aber es kann auch hier zu Problemen führen, denn die natürliche Hormonausschüttung der Niere ist in komplexe Regelkreise eingebunden. Ein künstlicher Ersatz kann dies nur grob simulieren.

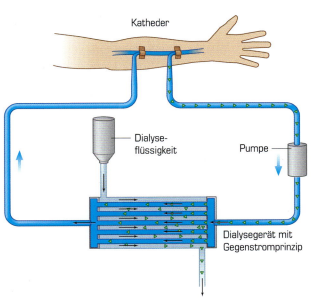

1 ▶ Etwa 40 000 Menschen überleben in Deutschland nur durch Dialyse-Behandlung.

Die Nieren regeln den Wasserhaushalt und entsorgen über den Urin die aus dem Blutplasma gefilterten Schadstoffe. Die Funktion der Nieren ist an komplexe Regelkreise gebunden.

Unabhängig von den Nebennieren produzieren auch die Nieren selbst Hormone, z. B. Renin, Erythropoetin, Prostaglandin.

30 % der Dialyse-Patienten benötigen eine Nierentransplantation. Nur wenn diese erfolgreich ist, kann eine weitgehende Besserung eintreten.

Das Gegenstromprinzip

Die Effektivität von Diffusionsvorgängen wird durch das Gegenstromprinzip stark erhöht (s. Abb). Ist die Fließrichtung in beiden Gefäßen dieselbe (unten) verringert sich der Stoffaustausch (⟶) bis sich die Konzentrationen angeglichen haben (⟷).
Ist die Fließrichtung entgegengesetzt (oben), bleibt trotz der sinkenden Konzentration im unteren Gefäß immer ein Gradient zum oberen erhalten. Der Stoffaustausch reißt auf der gesamten Strecke nicht ab und führt am Ende zu einer erhöhten Konzentration im oberen Gefäß.
Das Gegenstromprinzip existiert in der Niere, gilt aber auch für den Wärmeaustausch. So wird dadurch z. B. der Wärmeverlust über die Blutgefäße in den dünnen Füßen von Entenvögeln reduziert.

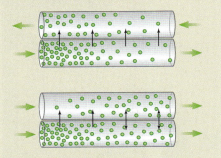

2 ▶ Gegenstromprinzip

Wenn die Luft knapp wird

Stärker als andere Organe sind die **Atemwege** vielen Umwelteinflüssen direkt ausgesetzt. Das macht sie trotz ihrer Abwehrmechanismen (s. S. 35) sehr anfällig.

Die **Bronchitis** ist eine virale oder bakterielle Infektion der unteren Atemwege. Symptome sind z. B. Schleimbildung, Husten und Fieber. Schädigungen der Bronchienschleimhaut behindern dabei die Selbstreinigung der Atemwege, was häufig Neuinfektionen verursacht.

griech.: asthma = Atemnot

Wiederholte und andauernde Infekte führen zu einer chronischen Bronchitis. Sie ist bei uns inzwischen eine der wichtigsten Ursachen für Arbeitsunfähigkeit. Auslöser sind meist ständige Reizungen der Bronchien, z. B. durch Staubbelastung, Gase, Dämpfe oder Zigarettenrauch.

Hört man heute mit Rauchen auf, entspricht in 15 Jahren das Lungenkrebs-Risiko wieder dem eines Nichtrauchers.

Im Zigarettenrauch enthalten ist u. a. Kohlenstoffmonooxid (CO), ein Atemgift, das die Sauerstoffanlagerung am Hämoglobin verhindert (s. S. 34). Der dabei ebenfalls anfallende Teer (s. Abb. 1a, b) belastet die Atmung zusätzlich.

Für viele **Krebserkrankungen** im Bereich der Atmungsorgane ist das Rauchen ein sehr ernst zu nehmender Risikofaktor (s. Abb. 1). 90 % aller Lungenkrebsfälle sind darauf zurückzuführen.

Lungenentzündungen werden v. a. über das Einatmen von Bakterien (z. B. Pneumokokken) ausgelöst. Weltweit zählen Lungenentzündungen zu den am häufigsten zum Tode führenden Infektionskrankheiten. Sie treten v. a. bei allgemeiner Abwehrschwäche, bei Kleinkindern und im höheren Alter auf. Lungenentzündungen werden meist im Krankenhaus mit Antibiotika behandelt.

Bei **Bronchial-Asthma** verkrampft sich die Muskulatur der Bronchienwand, die Bronchien verengen sich. Zusätzlich schwellen die Schleimhäute an und sondern einen zähen Schleim ab. Weil die Sekrete nicht abfließen können, treten pfeifende Atemgeräusche („Giemen") und Hustenanfälle auf. Das erschwerte Atmen und die Luftnot führen leicht zu Angstgefühlen. Außerhalb dieser akuten Anfälle sind Asthmatiker meist symptomfrei.

Auslöser der Asthma-Schübe können z. B. Allergien oder sonstige Unverträglichkeiten, Infektionen oder körperliche Anstrengung sein. Medikamente wirken vorbeugend oder schaffen Erleichterung im Notfall.

Lungentuberkulose (Schwindsucht) entsteht durch die Infektion mit Tuberkelbazillen. Hauptinfektionsquelle ist der abgehustete Auswurf tuberkulöser Menschen. Auch mit modernen Antibiotika ist die Behandlung sehr langwierig. Wegen ihrer Gefährlichkeit ist Tuberkulose meldepflichtig.

Aufgaben

1. Erläutern Sie die Aufschrift bezüglich der Inhaltsstoffe auf einer Zigarettenschachtel. Diskutieren Sie diesen Sachverhalt.

2. Erläutern Sie die Wirkung des Nikotins auf die Blutgefäße.

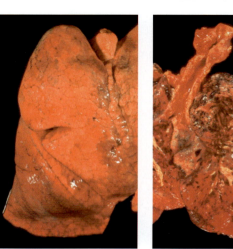

1 ▶ Gesunde Lunge   2 ▶ Raucherlunge

Nur was man schätzt, schützt man auch

Viele Prozesse im menschlichen Organismus lassen sich isoliert betrachten. Doch ihre wirkliche Bedeutung klärt sich häufig erst, wenn man das Ganze im Blick hat. Die Beschäftigung mit dieser Komplexität, den faszinierenden Einzelheiten und Zusammenhängen ermöglicht es, einzuschätzen, was dem Körper nützt oder schadet.

Geht man in diesem Sinne mit dem eigenen Körper um, spielen biologische und physiologische Kenntnisse, aber auch kulturelle Einflüsse eine Rolle. So wird Körperlichkeit heute durch modische Akzente verstärkt zur Schau getragen, während sie früher eher bedeckt wurde.

Trotzdem sind die Akzeptanz und die Wertschätzung des Körpers auch heute offensichtlich nicht sehr groß. Das zeigt sich zum einen an den unerschöpflichen Angeboten, ihn zu verändern, und zum anderen an unserem Umgang mit ihm – häufig wider besseres Wissen (s. S. 191).

Gesundheit ist nicht nur eine vorgegebene Körperfunktion, sie läßt sich durch bewußtes Handeln und Verhalten beeinflussen. Hier eine eigene positive Position und Lebensweise zu finden, ist nicht immer leicht, lohnt aber den Aufwand.

„Nachdenk-Zettel"

Rauchen ...

... macht süchtig.
... belastet Lunge und den gesamten Körper durch Ruß, Teer und Gifte, wie Benzen, Nitrosamin, Formaldehyd, Hydrogencyanid.
... verringert die Leistungsfähigkeit, denn das im Rauch enthaltene CO blockiert im Hämoglobin die Anlagerung von O_2.
... verringert kognitive Fähigkeiten mittel- bis langfristig durch Gehirnschrumpfung.
... erhöht den Blutdruck, steigert die Thrombosegefahr und fördert Herzinfarkte sowie Schlaganfälle.
... verengt die peripheren Blutgefäße und lässt die Haut vorzeitig altern.
... kann Durchblutungsstörungen verursachen, die Fruchtbarkeit reduzieren und zu Impotenz führen.
... vervielfacht die Gefahr, an Lungen-, Kehlkopf- oder anderen Krebsformen zu erkranken.
... von Wasserpfeifen reduziert die Gefahren nicht, da man den kühleren Rauch tiefer inhaliert.
... eines Joints belastet die Lunge wie fünf auf einmal gerauchte Zigaretten.
... schädigt Frauen noch stärker als Männer.

Eine gute Nachricht für Qualmer, Schluckspechte, Chipsvertilger und Sofahocker:

Jeder kann seine Gesundheit positiv beeinflussen, indem er Risikofaktoren wie Bewegungsmangel, Tabak, Alkohol, fettes oder salzreiches Essen vermeidet.

Die schlechte Nachricht:

Viele Menschen nutzen ihre Möglichkeiten der Einflussnahme nicht.

Eigenverantwortlichkeit des Erwachsenen („ich weiß, was ich tue") tritt an die Stelle des kindlichen Vertrauens („für mich wird gesorgt").

1 ▶ Eine positive Einstellung zum Körper beginnt damit, ihn zu akzeptieren wie er ist.

gewusst · gekonnt

1. Ergänzen Sie Ihr Glossar durch folgende Begriffe: Blutgerinnung (Koagulation), Glykogen, Thrombose, Elektrolyt, Dialyse, Leber, Pfortader, Niere, Exkretion.

2. Was sind isotonische Getränke?
   a) Informieren Sie sich über ihre Inhaltsstoffe und ihre Wirkung im Körper.
   b) In welchen Situationen ist es sinnvoll, isotonische Sportgetränke zu sich zu nehmen, in welchen weniger?

3. In der Regel benötigt der Mensch pro Tag 3 - 4 Gramm Kochsalz. Darin sind auch die Mengen enthalten, die man mit Speisen und Getränken (z. B. Mineralwasser) zu sich nimmt. Begründen Sie, warum bei außergewöhnlichen Belastungen der Bedarf entsprechend angepasst werden muss.

4. Es dauert etwa 2 Minuten bis Alkohol über die Schleimhäute, den Dünndarm und die Blutbahn das Gehirn erreicht. Dort verändert er die Erregungsübertragung zwischen den Nervenzellen. Das wirkt sich auf fast alle Körperfunktionen und das Verhalten aus. Überlegen Sie, wie lange die Wirkungen anhalten und welches Organ dafür verantwortlich ist, dass sie mit der Zeit wieder nachlassen.

5. Kaufen Sie sich beim Metzger eine Schweine-Niere, spülen Sie sie gut ab und legen sie vor sich auf eine feste Unterlage.
   a) Identifizieren Sie die äußeren Kennzeichen (Form, Ansätze der Zu- und Ableitungen).
   b) Schneiden Sie die Niere vorsichtig mit einem scharfen Messer parallel zur Unterlage in zwei Hälften. Untersuchen Sie die Schnittflächen und benennen Sie die inneren Strukturen (s. S. 62, Abb. 1).

6. Recherchieren Sie, wie und nach welchen Kriterien die Messwerte entstehen, die auf den Zigarettenpackungen angegeben sind.

7. Neben dem individuellen Leiden, das mit Krebs oder Herz-Kreislauferkrankung verbunden ist, entstehen für die Krankenkassen hohe Kosten. So wird der volkswirtschaftliche Schaden durch das Rauchen auf 40 Milliarden Euro pro Jahr beziffert. Interpretieren Sie diese Aussage.

8. Was hat die Gänseleberpastete mit einer Fettleber zu tun?

9. Begründen Sie, warum man auf langen Flug- und Busreisen Alkohol meiden sollte.

10. Überlegen Sie, warum Wüstentiere besonders lange henlesche Schleifen im Nierenmark besitzen (s. S. 80).

11. Wenn man beim Skifahren durchgefroren ist, „wärmt" in der Pause auch ein kalter Schnaps. Wodurch entsteht dieser Eindruck?

12. Befragen Sie Ihre Freundin bzw. Ihren Freund, wie sie oder er zum eigenen Körper steht.
    a) Planen Sie in der Gruppe ein Projekt zu Körpergefühl und Selbstbewusstsein.
    b) Entwickeln Sie dazu einen anonymen Fragebogen, in dem ganz unterschiedliche Aspekte (s. S. 67) angesprochen werden.

Bau, Funktionsweise und Schädigung von inneren Organen

Das Wichtigste auf einen Blick

Die **Leber** ist unser zentrales Stoffwechselorgan. Sie wandelt u. a. aufgenommene Nährstoffe in körpereigene Substanzen (Zucker, Fette, Eiweiße) um, speichert Glykogen und gibt es in Form von Glucose an den Blutkreislauf wieder ab. Neben dem Abbau von Giftstoffen produziert sie auch die für die Fettverdauung wichtige Gallenflüssigkeit.

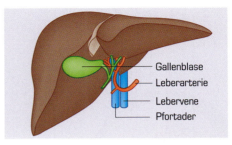

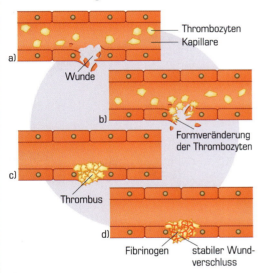

Die **Blutgerinnung** (Koagulation) ist eine lebensnotwendige Reaktion, die bei einer Aderverletzung den Blutverlust begrenzt. Auch im Zusammenhang mit verschiedenen Risikofaktoren kann das Blut gerinnen: es bilden sich als Fehlfunktion Thromben, die zu Gefäßverschlüssen führen.

Lungenembolie, Herzinfarkt oder Schlaganfall (Hirnschlag) sind Erkrankungen des Blutkreislaufsystems. Dabei setzt sich ein Thrombus in einem Gefäß fest. So werden dahinter liegende Bereiche nicht oder nur unzureichend durchblutet und geschädigt.

Die **Niere** filtert aus dem Blutplasma die Stoffwechsel-Abbauprodukte der Leber und der anderen Organe sowie überflüssige Mineralstoffe und Giftstoffe heraus. Sie werden mit dem Harn aus dem Körper transportiert.
Eine regelmäßige Dialyse-Behandlung kann es Patienten, deren Nierenfunktion zusammengebrochen ist, ermöglichen über viele Jahre zu überleben. Vielfach ist jedoch eine Nieren-Transplantation notwendig.

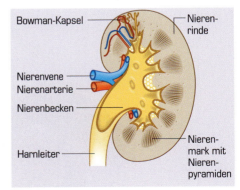

Gesundheit ist nicht nur eine Sache des Körpers, sie will auch gelebt sein. Hier eine eigene positive Position und Lebensweise zu finden, ist nicht immer leicht, lohnt aber den Aufwand.

Biologie
Bau, Funktionsweise und Schädigung von inneren Organen

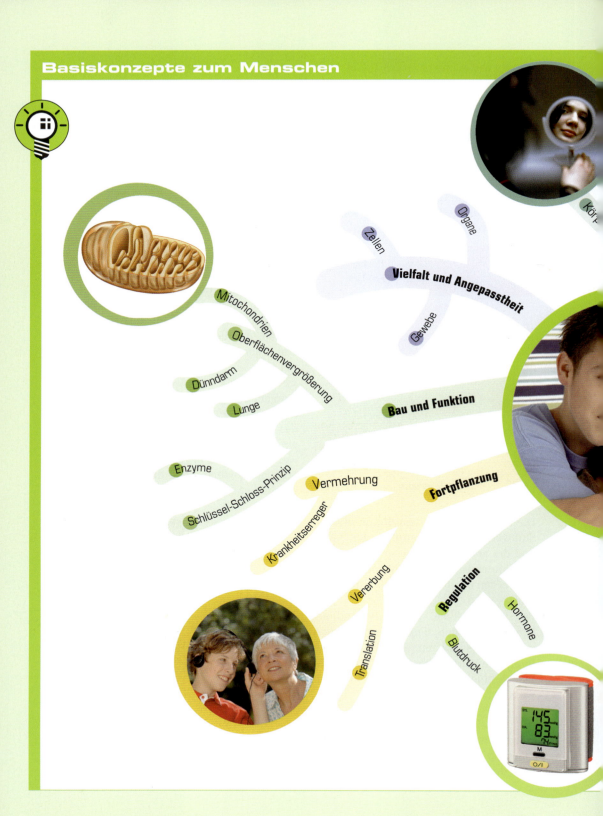

Basiskonzepte zum Menschen

Bau, Funktionsweise und Schädigung von inneren Organen — Biologie

Basiskonzepte zum Menschen

3
Grundlegende Wechselbeziehungen zwischen Lebewesen

3.1 Die Umwelt eines Lebewesens

Natürliche Einflüsse ▶▶ Lebewesen stehen mit ihrer Umgebung in ständigem Stoff- und Energieaustausch. Dabei können die unterschiedlichsten Umweltfaktoren eine große Wirkung haben. *Wie beeinflussen Faktoren wie Wasser, Licht oder Temperatur die Entwicklung und Vermehrung der einzelnen Tier- und Pflanzenarten?*

Natürliche Konkurrenz ▶▶ Manche Arten dienen anderen als Nahrung, sie konkurrieren aber auch mit anderen Arten um dieselben Ressourcen. Dieses Beziehungsgefüge ist sehr komplex. *Welche Bedeutung haben die verschiedenen Beziehungen für die einzelnen Lebewesen? Wie lässt sich das komplizierte Miteinander zwischen den verschiedenen Lebewesen eines Lebensraumes erforschen und verstehen?*

Lebewesen in ihrer Umwelt

Lebewesen stehen mit ihrer Umgebung in ständiger Wechselbeziehung. Sie tauschen Stoffe und Energie aus, nehmen Reize auf und reagieren darauf. So sind Lebewesen von den unterschiedlichsten Umweltfaktoren abhängig. Um eine Übersicht über diese Abhängigkeiten zu erlangen, teilt man die Umweltfaktoren zunächst in abiotische und biotische Faktoren ein. Zu den **abiotischen Faktoren** zählen Licht, Wasser, Temperatur und chemische Faktoren, z. B. die chemische Zusammensetzung des Bodens oder der Luft. Zu den **biotischen Faktoren** zählen alle Einflüsse, die von anderen Lebewesen der Umgebung ausgehen. Dabei ist eine Trennung manchmal schwierig, weil sich die Beschattung durch einen Baum auf den abiotischen Faktor Licht oder der Dung von Pflanzenfressern auf die chemische Zusammensetzung des Bodens auswirken.

Biotische Faktoren sind Einflüsse der belebten Umwelt, wie z. B. das Verhalten von Artgenossen, Feinden, Konkurrenten, Parasiten, Symbionten, Krankheitserregern, Nahrungspflanzen und Beutetieren.

Abiotische und biotische Umweltfaktoren sind dafür verantwortlich, ob ein einzelnes Lebewesen, ein Individuum einer Art, gut gedeiht und sich fortpflanzen oder auf Dauer nicht überleben kann.

Da diese Umweltfaktoren von Ort zu Ort stark variieren, können an einem bestimmten Standort, einem Lebensraum oder **Biotop**, auch nur ganz bestimmte Arten vorkommen. Diese Lebensgemeinschaft wird **Biozönose** genannt. Biotop und Biozönose bilden ein **Ökosystem.**

Durch den Begriff „System" soll deutlich werden, dass die verschiedenen Bestandteile dieses Gefüges in sehr vielseitigen Wechselwirkungen miteinander stehen. Die verschiedenen Klimafaktoren, der Kalkgehalt des Bodens, die Konkurrenz um bestimmte Nahrungspflanzen, die Blüten bestäubenden Insekten oder die verschiedenen Nistmöglichkeiten, die ein alter Eichenbaum bietet, können Kennzeichen eines solchen Beziehungsnetzes sein.

Für den Stoffkreislauf und den Energiefluss in einem Ökosystem sind die Nahrungsbeziehungen von besonderer Bedeutung (s. S. 98).

1 ▸ Feuchtwiese, Nadelwald und Hochgebirge – verschiedene Biotope auf einen Blick.

> **An einem bestimmten Standort wirken ganz bestimmte abiotische und biotische Umweltfaktoren auf ein Lebewesen. Die abiotischen Umweltfaktoren kennzeichnen den Lebensraum (Biotop), die biotischen Umweltfaktoren sind für die Lebensgemeinschaft (Biozönose) charakteristisch.**

Aufgabe

Geben Sie für ein bestimmtes Lebewesen einige Beispiele an, wie es mit seiner Umwelt in Wechselbeziehungen steht.

Abiotische Umweltfaktoren

Obwohl Lebewesen sich deutlich von unbelebten Systemen unterscheiden, unterliegen beide denselben physikalisch-chemischen Gesetzmäßigkeiten.

Das Besondere der lebenden Systeme ist jedoch, dass sie immer weit von einem statischen Gleichgewicht entfernt sind. Sie sind auf einen ständigen Stoff- und Energiewechsel angewiesen. So müssen sie Ausgangsstoffe aus ihrer Umgebung aufnehmen, sie umwandeln und andere Stoffe wieder an die Umgebung abgeben. Dabei wird Energie umgewandelt. Diese dynamischen Prozesse gewährleisten aber auch, dass der innere Zustand eines Lebewesens so gut wie unverändert bleibt.

Alle Lebewesen sind eng mit den Faktoren ihrer unbelebten Umwelt verbunden (s. Abb. 1). Zum einen beziehen alle lebenden Systeme Energie von außen, zum anderen müssen sie z. B. Schwankungen der Temperatur, der Feuchtigkeit, des Salzgehaltes und anderer chemischer und physikalischer Faktoren ertragen.

Die Hitze und Trockenheit einer Wüste ist ebenso wie die bittere Kälte der Polarregionen für die meisten Lebewesen unerträglich. Dabei darf man allerdings nicht übersehen, dass Lebewesen auf lange Sicht in der Lage sind,
1. sich an Umweltbedingungen anzupassen und
2. die Umwelt im Sinne ihrer Bedürfnisse umzugestalten.

Physikalisch-chemische Gesetzmäßigkeiten, die in lebenden Systemen wirken, sind z. B. Diffusion und Osmose.

> Abiotische Faktoren eines Lebensraumes, wie Feuchtigkeit, Temperatur, Licht oder chemische Bodenbestandteile, entscheiden darüber, ob ein Lebewesen an diesem Standort gedeihen kann.

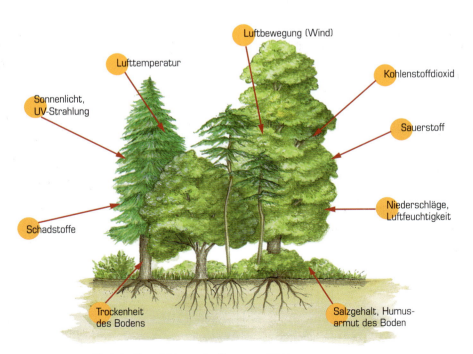

1 ▸ Ausgewählte abiotische Umweltfaktoren im Ökosystem Wald

Umweltfaktor Wasser

1 ▶ Bärtierchen (0,5–1,5 mm)

Ein ausreichender Wassergehalt der Zellen ist normalerweise Voraussetzung für die im Plasma ablaufenden Lebensvorgänge. Die meisten Lebewesen bestehen sogar zum größten Teil aus Wasser. Es ist deshalb nahe liegend, dass die Verfügbarkeit von Wasser von besonderer Wichtigkeit ist.

Der hohe Wassergehalt der Organismen war in der Evolution solange kein Problem, wie der Lebensraum das Wasser war. Erst die Eroberung der Landlebensräume vor gut 400 Millionen Jahren machte spezielle Einrichtungen zur Aufrechterhaltung der Wasserversorgung erforderlich.
Dazu entwickelten sich Einrichtungen zur
- Wasserabgabe,
- Wasseraufnahme,
- Wasserspeicherung.

Einige niedrig organisierte Lebewesen können zeitweilig austrocknen ohne abzusterben. Dazu gehören viele einzellige Bakterien und Archäen, aber auch Luftalgen, Flechten und Moose sowie viele Sporen und Samen. Unter den Tieren sind die Bärtierchen (Tardigrada, s. Abb.) besonders unempfindlich gegen Austrocknung.

> Ob ein Organismus auf Dauer mit dem Wasserangebot in seinem Lebensraum auskommen kann, hängt davon ab, ob Wasseraufnahme und Wasserabgabe sich die Waage halten.

Der Wasserhaushalt der Pflanzen

Für die Wasserversorgung eines Ökosystems ist die Wasserbilanz der Pflanzen von entscheidender Bedeutung. Sie sorgen durch einen Transport des Wassers entgegen der Schwerkraft für eine Zirkulation und damit für eine mehrfache **Verfügbarkeit des Wassers** im System. Die Vernichtung der Pflanzendecke, insbesondere die Entwaldung, kann z. B. dazu führen, dass das Klima einer gesamten Region trockener wird.

Pflanzen sind zwischen dem meist geringen Wassergehalt der Luft und dem hohen Wassergehalt im Boden eingespannt. Je größer dieser Unterschied ist, desto mehr Wasser kann in der Pflanze transportiert werden. In diesem Fall gibt die Pflanze viel Wasser als Wasserdampf an die Umwelt ab, benötigt aber auch viel Wasser, welches sie aufnehmen kann (s. Abb. 1). Beides muss in einem ausgewogenen Verhältnis stehen.

2 ▶ Aufnahme und Leitung von Wasser sowie Abgabe von Wasser

Um dieses Gleichgewicht zu erhalten, können Pflanzen durch verschiedene Einrichtungen die **Abgabe von Wasser** regulieren.
- Öffnen und Schließen der Spaltöffnungen
- Einrollen und Aufrollen von Blättern
- Periodischer Abwurf von Blättern über Zeitperioden, in denen besonders wenig Wasser zur Verfügung steht (s. Abb. 1).

Viele Pflanzen trockener Standorte (**Trockenpflanzen, Xerophyten**), sind dauerhaft an den geringen Wasserverbrauch angepasst. Sie haben besondere Einrichtungen zur Verminderung der Wasserabgabe, Einrichtungen zur verbesserten Wasseraufnahme sowie Einrichtungen zur Wasserspeicherung.

Eine geringere Wasserabgabe, also eine geringere **Transpiration,** kann z. B. durch eine besondere Blattoberfläche geschaffen werden. Dazu zählen Schichten aus Wachs und Cutin (erhärtete wachsartige Substanz) auf der Epidermis, tief eingesenkte Spaltöffnungen, abgestorbene Haare, die über der Blattoberfläche Räume unbewegter Luft schaffen, aus denen Wassermoleküle nicht so schnell hinaus diffundieren. Auch die Verkleinerung und Einrollbarkeit der Blätter, wie z. B. bei Heidekraut, Rosmarin oder Federgras (s. Abb. 2c), der völlige Verlust der Blätter (z. B. bestimmte Ginster- und Wolfsmilcharten mit grünen Zweigen) oder auch verdickte Blätter (s. Abb. 2d) verringern die Transpiration.

Im Extremfall können die Pflanzen eine kugelige Gestalt annehmen, wie viele Kakteen (s. Abb. 2a), Wolfsmilcharten oder lebende Steine. Diese dickfleischigen Pflanzen (Sukkulente) können in gewissem Umfang in den großen Vakuolen Wasser speichern.

Aufgabe

Stellen Sie in einer Tabelle die typischen Merkmale für eine geringe Wasserabgabe (Transpiration) zusammen.

1 ▶ Da Pflanzen gefrorenes Wasser nicht aufnehmen können, werfen sie bei uns im Winter das Laub ab.

2 ▶ Verschiedene Anpassungen an trockene Standorte:
a Kugelförmige Kaktee (Stammsukkulente)
b Euphorbie mit sukkulenten Sprossachsen ohne Blätter
c Einrollen der Blätter bei der Rasenschmiele
d verdickte Blätter der Lebenden Steine

Bei feuchtem, warmem Boden und hoher Luftfeuchtigkeit kann Wasser nicht von den Blättern verdunsten. Daher pressen Pflanzen dann überschüssiges Wasser durch besondere Wasserspalten nach außen (Guttation).

Wadi ist das arabische Wort für ein ausgetrocknetes Tal eines Wüstengebietes, das nur sehr selten Wasser führt.

Die **Aufnahmefähigkeit für Wasser** kann durch eine starke Vergrößerung des Wurzelsystems oder durch ein sehr tief reichendes Wurzelsystem, das Grundwasserbereiche erreicht (Tamarisken, Akazien, s. Abb. 1), verbessert werden.

Für Pflanzen zeitweilig trockener Standorte kommt es schließlich darauf an, Wasser über einen Zeitraum speichern zu können. Solche **Wasserspeichereinrichtungen** in Wurzeln kennt man von Aufsitzerpflanzen tropischer und subtropischer Regenwälder. So können z. B. die dicklichen, weißlich aussehenden Luftwurzeln von Orchideen schwammartig Wasser aufnehmen. Dabei nehmen sie wegen ihres Chlorophyllgehaltes eine grünliche Farbe an.

> **Trockenpflanzen haben besondere Einrichtungen zur sparsamen Wasserabgabe, zur wirkungsvollen Wasseraufnahme aus dem Boden und zur Wasserspeicherung.**

Auch Pflanzen sehr feuchter Standorte (**Feuchtpflanzen, Hygrophyten**) benötigen besondere Einrichtungen für ihren Wasserhaushalt. Ein Zuviel an Wasser ist zwar nicht so lebensbedrohend wie ein Zuwenig. Dennoch kann ein Problem entstehen, wenn der Transpirationsstrom ganz aufhört. Denn mit diesem Wasserstrom durch die Pflanzen werden auch andere Stoffe, insbesondere Nitrate, Phosphate u. a. Mineralstoffe transportiert. Viele Feuchtpflanzen können deshalb aktiv Wasser abscheiden (**Guttation**, s. Abb. 2).

Schließlich kann eine Folge hohen Wassergehaltes im Boden eine schlechte Bodendurchlüftung und damit Sauerstoffmangel sein. Viele Sumpfpflanzen besitzen deshalb für ihre unterirdischen Teile spezielle Durchlüftungsgewebe.

> **Feuchtpflanzen haben Einrichtungen, die die Transpiration erleichtern. Oft können sie aktiv Wasser abscheiden.**

1 ▶ Akazien stehen am Rand des Wadi, wo sich das von den Berghängen abfließende Wasser sammelt.

2 ▶ Aktive Wasserabgabe (Guttation) an den Blättern der Erdbeerpflanze

Praktikum

1. Untersuchen Sie die Transpirationswirkung an Blättern.

Materialien:
Transpirationswaage, zwei frische Zweige bzw. Blätter verschiedener Bäume (z. B. Stechpalme, Hängebirke)

Durchführung:
Befestigen Sie zwei Zweige oder Blätter an der Transpirationswaage (s. Abb. 1). Achten Sie darauf, dass sie ein gleiches Gewicht besitzen. Dazu können Sie einzelne Blätter eines Zweiges oder Blattteile entfernen.

Auswertung:
1. Lesen Sie nach einigen Stunden die Stellung der Waage ab.
2. Beschreiben Sie, wie sich das Gewicht verändert hat.
3. Erklären Sie die Gewichtsunterschiede.

2. Untersuchen Sie den Sprossaufbau von Lianen.

Als Lianen bezeichnet man verholzte Pflanzen, die keine eigenen Stämme ausbilden. Sie benutzen andere Sträucher und Bäume, um mit ihren dünnen Sprossen an ihnen empor ranken zu können. In unseren heimischen Wäldern ist dies z. B. das Wald-Geißblatt und die Waldrebe. Die Clematis, eine Waldrebe, ist als Gartenpflanze bekannt.

Material:
ein mindestens 1 m langer (abgestorbener) Sprossabschnitt einer Liane (z. B. Waldrebe)

Durchführung:
1. Blasen Sie durch die Sprossachse (s. Abb. 3).
2. Stellen Sie einen glatten Querschnitt durch den Lianenspross her und betrachten ihn mit einer Lupe (s. Abb. 2).
3. Vergleichen Sie ihn mit einem Querschnitt durch einen Buchen- oder Lindenzweig.

Auswertung:
1. Beschreiben Sie ihre Beobachtungen.
2. Erklären Sie, warum der besondere Aufbau der Sprossachse für die Waldrebe von Vorteil ist.

1 ▶ Transpirationswaage — Blätter oder Zweige mit gleichem Ausgangsgewicht

2 ▶ Querschnitt durch einen Lianenspross

3 ▶ Durch einen Waldrebenspross kann man blasen.

Wasserhaushalt bei Tieren

Tiere versorgen sich normalerweise durch **Trinken** mit Wasser. Im Gegensatz zu den Pflanzen können Tiere aktiv feuchtere Zonen und Tränken aufsuchen. Sie sind deshalb etwas flexibler als Pflanzen.

Tiere sehr trockener Lebensräume (**Trockenlufttiere**) sind jedoch ebenfalls auf einen sehr sparsamen Wasserverbrauch angewiesen. So gibt es Wüstentiere, die ohne Aufnahme flüssigen Wassers auskommen. Bei der Kängururatte (s. Abb. 1) und bei verschiedenen anderen Wüsten bewohnenden Kleinsäugern wird alles notwendige Wasser aus der Nahrung gewonnen. Dabei wird auch das Wasser genutzt, das bei der Zellatmung durch die Oxidation der Nährstoffe entsteht.

Manche Tiere sind auf hohe Luftfeuchtigkeit angewiesen (**Feuchtlufttiere**). Sie haben in der Regel eine dünne, feuchte Haut, die kaum vor Wasserverdunstung schützt. Dazu gehören mit wenigen Ausnahmen die Amphibien, die als Larven ganz auf den Lebensraum Wasser angewiesen sind, aber auch Regenwürmer, manche bodenlebende Insekten und Schnecken.

Die Kängururatte (Ordnung: Nagetiere, Gattung: Taschenmäuse) kommt v. a. in den Wüsten- und Halbwüstengebieten der südwestlichen USA und Mexikos vor. Ihren Namen verdankt sie ihrer Fortbewegungsweise auf zwei Beinen, die den Kängurus gleicht.

Auch Tiere sind an die Wasserverhältnisse ihres Lebensraumes durch unterschiedliche Mechanismen angepasst.

Aufgaben

1. *Auch in unserer heimischen Fauna gibt es Trockenlufttiere. Nennen Sie einige Beispiele und erklären Sie, welche Eigenschaften sie als Trockenlufttiere kennzeichnen.*

2. a) *Beschreiben Sie einige einheimische Feuchtlufttiere.*
   b) *Begründen Sie, warum Lebensräume von Feuchtlufttieren (Moore, Sümpfe, Auen) bei uns oftmals geschützt sind.*

3. *Vergleichen Sie den Wasserhaushalt von Kängururatte und Mensch miteinander. Erklären Sie, wie beide an ihre Lebensbedingungen im Bezug auf den Faktor Wasser angepasst sind.*

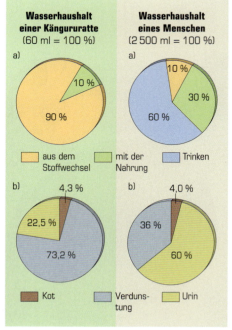

Wasserhaushalt einer Kängururatte (60 ml = 100 %)
a) 10 % aus dem Stoffwechsel / 90 % mit der Nahrung
b) 4,3 % Kot / 22,5 % / 73,2 % Verdunstung

Wasserhaushalt eines Menschen (2 500 ml = 100 %)
a) 10 % / 30 % / 60 % Trinken
b) 4,0 % / 36 % / 60 % Urin

2 ▶ Wasseraufnahme (a) und -abgabe (b) bei Kängururatte und Mensch im Vergleich

1 ▶ Wasserkonservierende Strategien der Kängururatte

Das Tier hält sich tagsüber im kühlen Bau auf.
Die Feuchtigkeit der Atemluft kondensiert während der Passage durch die Nase.
In den extrem langen henleschen Schleifen wird der Harn stark konzentriert.
Aus trockenen, aber fettreichen Samen wird im Stoffwechsel Wasser gewonnen.
Auch dem Kot wird nahezu sämtliches Wasser entzogen.

Umweltfaktor Licht

Für die Pflanzen hat das Licht eine besondere Bedeutung, da es über die **Fotosynthese** ihrer direkten Energieversorgung dient. Aber auch viele pflanzliche und tierische Entwicklungsvorgänge werden durch Licht gesteuert und geregelt.

Für die Zusammensetzung einer Pflanzengemeinschaft ist die gegenseitige **Lichtkonkurrenz** von entscheidender Bedeutung.

Man kann die Pflanzen nach ihrem Lichtbedarf in drei Gruppen einteilen:
- Pflanzen, die ausschließlich in vollem Tageslicht gedeihen (z. B. Wüsten-, Steppen- und Hochgebirgspflanzen)
- Pflanzen, die eine gewisse Beschattung vertragen (z. B. viele Wiesenpflanzen und Pflanzen offener, baumarmer Standorte)
- Pflanzen, die niemals dem vollen Tageslicht ausgesetzt sind (z. B. Waldbodenpflanzen, Pflanzen an Höhleneingängen).

Sonnenpflanzen haben meist dicke, sehr chlorophyllreiche Assimilationsgewebe. Sie brauchen einen Schutz vor zu starker Sonneneinstrahlung, da sonst die Chloroplasten zerstört werden könnten. An sehr hellen Standorten weisen die Blätter oft mit der Schmalseite zum Licht. Teilweise können sie auch gedreht werden (z. B. Kompass-Lattich, s. Abb. 1). Hohe Lichtintensität kann verkürztes Streckungswachstum und Zwergwuchs bewirken. Das kann man bei vielen Hochgebirgspflanzen beobachten. Im Tal bilden sie längere Sprossachsen (z. B. Edelweiß). Weißfilzige Blattoberflächen und die Ausbildung von rötlichen Farbstoffen in den Blättern dienen dem Schutz vor übermäßiger Strahlung.

Schattenpflanzen haben dem gegenüber dünne, nur aus wenigen Zellschichten bestehende Blätter mit relativ wenig Chlorophyllkörnern pro Zelle. Zur besseren Lichtaufnahme sind die Epidermiszellen z. T. etwas vorgewölbt, was der Blattoberfläche ein samtartiges Aussehen verleiht.

Aufgabe

Nennen Sie einige Beispiele von Sonnen- und Schattenpflanzen unserer heimischen Flora und erklären Sie, welche Eigenschaften sie auszeichnen.

Licht: für das menschliche Auge sichtbarer Teil des elektromagnetischen Spektrums von violett (Wellenlänge 380 nm) bis rot (Wellenlänge 750 nm)

Bei der globalen Verteilung und Gliederung der Vegetation spielt Licht keine so große Rolle, da es relativ gleichmäßig über die verschiedenen Zonen der Erde verteilt ist.

1 ▸ Der Kompass-Lattich dreht seine Blätter mit der Schmalseite zum Licht.

2 ▸ Das Edelweiß als Gebirgspflanze hat kurze Stängel und weißfilzige Blätter.

3 ▸ Der Waldsauerklee wächst in schattigen Wäldern.

Fiedern nennt man die Teilflächen einer aufgeteilten Blattfläche.

Der Steinadler z. B. hat einen sehr stark ausgeprägten Sehsinn. Verschiedene Insekten orientieren sich nach dem UV-Licht.

Einem starken Wechsel der Sonneneinstrahlung (z. B. im Wald) haben sich viele Moose dadurch angepasst, dass sie die Lage ihrer Chloroplasten innerhalb der Zellen verändern können. So liegen diese z. B. bei stärkerer Lichtintensität an den inneren Wänden. Der Waldsauerklee schützt seine Blattfiedern vor einer schädigenden Lichteinstrahlung, in dem er sie nach unten klappt (s. S. 81, Abb. 3). Andere Waldbodenpflanzen nutzen das Licht im zeitigen Frühjahr vor dem Laubaustrieb der Bäume für ihre Entwicklung. Das Busch-Windröschen (s. Abb. 1) ist solch ein **Frühblüher.**

Für die **Tiere** ist das Licht vor allem im Zusammenhang mit ihrer Orientierung über den **Sehsinn** von Bedeutung. Nachtaktive Tiere haben oft einen sehr empfindlichen Sehsinn, der noch mit geringsten Lichtintensitäten auskommt. Stark schwankende Lichtintensitäten begegnen Lichtsinnesorgane z. B. mit der Adaptation.

Viele Insekten nutzen den Sonnenstand oder nachts Mond und Sterne zur Richtungsorientierung. Nahe Lichtquellen, z. B. Straßenlampen, können so zu Insektenfallen werden.

Indirekt wirkt die Lichtstrahlung oft als **Wärmeerzeuger**: Tiere sonnen sich, um sich aufzuwärmen oder sie suchen schattige Plätze auf, um der Überhitzung zu entgehen.

Eine besondere Bedeutung haben die im Licht enthaltenen **Ultraviolettanteile.** Sie schädigen die Zellen, insbesondere die Erbsubstanz (Nucleinsäuren). Sonnenbrand und Hautkrebs können die Folge zu starker UV-Einwirkung sein. Andererseits benötigen einige Wirbeltiere und auch der Mensch UV-Licht in gewissem Umfang zur Bildung von Vitamin D und der damit verknüpften Bildung von Knochensubstanz. Vor allem bei Kindern kann UV-Mangel und damit verbundener Vitamin-D-Mangel zu „Knochenerweichung" (**Rachitis**) führen.

> Licht ist direkt oder indirekt wichtigster Energielieferant für die Lebewesen, steuert Entwicklungsprozesse, dient der Orientierung (Lichtsinn) und kann auch Schädigungen in hervorrufen.

1 ▸ Das Busch-Windröschen blüht im Frühjahr, wenn noch genügend Licht auf den Waldboden fällt.

Die Umwelt eines Lebewesens Biologie 83

Basiskonzept

Große Oberflächen helfen beim Stoff- und Energieaustausch

Große Oberflächen dienen dem Stoff- und Energieaustausch mit der Umgebung. Dieses Prinzip der Oberflächenvergrößerung spielt in lebenden Systemen auf allen Organisationsebenen ein wichtige Rolle. Je größer z. B. die Flächen aller Blätter eines Baumes sind, desto mehr Kohlenhydrate kann der Baum mithilfe der Fotosynthese produzieren.

Oberflächenvergrößerung im Dienst der Fotosynthese

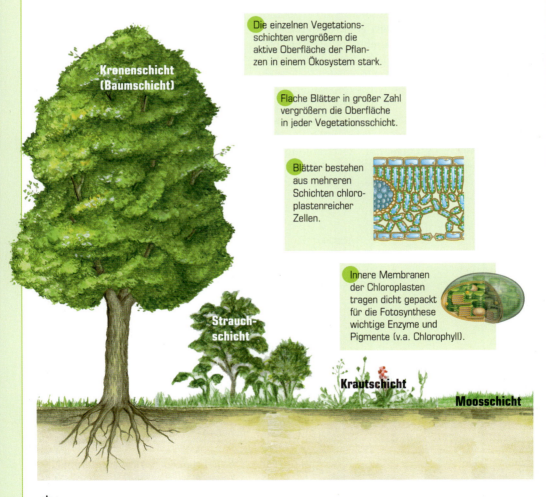

- Die einzelnen Vegetationsschichten vergrößern die aktive Oberfläche der Pflanzen in einem Ökosystem stark.
- Flache Blätter in großer Zahl vergrößern die Oberfläche in jeder Vegetationsschicht.
- Blätter bestehen aus mehreren Schichten chloroplastenreicher Zellen.
- Innere Membranen der Chloroplasten tragen dicht gepackt für die Fotosynthese wichtige Enzyme und Pigmente (v.a. Chlorophyll).

Krönenschicht (Baumschicht) — Strauchschicht — Krautschicht — Moosschicht

 Wenden Sie das Basiskonzept Oberflächenvergrößerung auf ein technisches und ein zoologisches Beispiel an.

Umweltfaktor Temperatur

Für die Temperaturverhältnisse an einem bestimmten Standort ist in erster Linie die Bilanz zwischen eingestrahlter Sonnenenergie und wieder ausgestrahlter Wärme entscheidend. Je nach der geografischen Breite eines Ortes (Sonnenstand), nach Höhenlage und Relief ergeben sich große Unterschiede im Strahlungshaushalt. So kann es schon auf Entfernungen von wenigen Metern zu großen Unterschieden im Wärmehaushalt eines Standorts kommen. Solche Unterschiede sind in polaren Gebieten besondern groß. In den Gebirgen werden mit zunehmender Höhe lagebedingte Unterschiede immer deutlicher, da sowohl Einstrahlung als auch Ausstrahlung mit der Höhe zunehmen.

Tagsüber erwärmt sich die bodennahe Luft am meisten, nachts kühlt sie sich jedoch in Folge der Ausstrahlung der Bodenfläche auch am stärksten ab. Diese kalte, am Boden liegende Luft, ist schwerer als die darüber liegende Warmluft und hat im unebenen Gelände das Bestreben, abwärts zu fließen. In klaren Nächten füllen sich Geländemulden mit Kaltluft, wodurch erhebliche Temperaturunterschiede zwischen Höhen- und Tieflagen zustande kommen können.

Aktives Leben ist an einen sehr engen Temperaturbereich gebunden. Während die Körpertemperatur der **wechselwarmen Organismen** weitgehend von der Temperatur der Umwelt bestimmt wird, können die **gleichwarmen Organismen**, die Säugetiere und Vögel, aber auch bestimmte Insekten, Stoffwechselenergie zur Wärmeproduktion nutzen. Durch Abstimmung von Wärmeproduktion und Wärmeabgabe können sie ihre Körpertemperatur sehr exakt regulieren.

So schützen sich Tiere kalter Regionen durch dichtes Fell, Speckschichten und einen kompakten Körperbau. Sie überdauern die kalte Jahreszeit und den dann herrschenden Nahrungsmangel oft in einem Zustand, in dem ihr Stoffwechsel stark herabgesetzt ist. Bei gleichwarmen Säugetieren wie Igel oder Siebenschläfer kann dies ein **Winterschlaf** mit stark herabgesetzter Körpertemperatur sein. Andere, wie das Eichhörnchen, halten eine **Winterruhe,** bei der der Stoffwechsel nur geringfügig gesenkt wird und die Körpertemperatur nicht erniedrigt wird.

Bei wechselwarmen Tieren, wie Fischen, Amphibien und Reptilien, tritt häufig eine **Winterstarre** (bzw. Kältestarre) auf, bei der der Stoffumsatz minimiert ist.

2 ▸ Der Wüstenhase mit großen Ohren

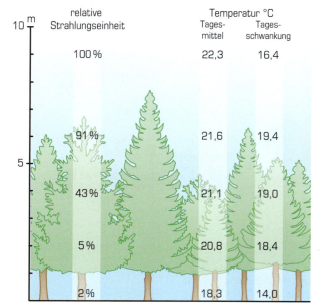

1 ▸ Temperaturschichtung in einem Fichtenwald

Aufgaben

1. Interpretieren Sie die Abbildung 1.

2. Tiere heißer Regionen haben in der Regel große, gut durchblutete Körperanhänge. Versuchen Sie eine Erklärung dafür zu finden.

Die Umwelt eines Lebewesens   **Biologie** 85

Wegen der besonderen physikalischen Eigenschaften des Wassers (Dichteanomalie) bietet der **Wärmefaktor in Seen** einige Besonderheiten. Wasser hat bei +4 °C seine größte Dichte. Wärmeres und kälteres Wasser ist also leichter.

Seen mit vielen Schwebeteilchen erwärmen sich an der Oberfläche besonders schnell, sodass das leichte Wasser auf dem schwereren Tiefenwasser schwimmt. Der Wind kann nur die obere Wasserschicht umwälzen (Sommer, s. Abb. 1). In der darunter liegenden Schicht sinkt die Temperatur sprunghaft (Sprungschicht). Ist das Gewässer ausreichend tief, kann die Temperatur bis auf 4 °C absinken.

Erst die herbstliche Abkühlung des Oberflächenwassers führt dazu, dass das Wasser des gesamten Seebeckens wieder umgewälzt werden kann.

Im Winter bildet sich durch das leichtere kalte Wasser die Eisschicht an der Oberfläche und nicht am Grund des Sees. Erst wenn diese Schicht im Frühjahr schmilzt, kann es erneut zu einer Durchmischung kommen.

M Der Wärmefaktor ist entscheidend für die breitenabhängige und höhenabhängige Gliederung der Biosphäre.

2 ▶ Die Wetterstation am Funtensee

Aufgaben

1. Der „Kältepol" Deutschlands liegt am 1 601 m hoch gelegenen Funtensee (Berchtesgaden). Die Temperaturwerte der dortigen meteorologischen Station werden täglich auf Wetterkarten gezeigt. Notieren Sie die Werte eine Woche lang und vergleichen Sie diese mit anderen Temperaturwerten Deutschlands. Erklären Sie die Temperaturunterschiede.

2. Im Sommer kommt es in der Unterschicht der Seen durch aeroben Abbau der abgesunkenen organischen Teilchen zu einem Sauerstoffmangel. Beschreiben Sie anhand des Diagramms, wie sich der Sauerstoffgehalt in der Tiefenregion verändert.

Biosphäre nennt man den gesamten von Lebewesen besiedelten Teil der Erde. Zum Teil wird auch die Gesamtheit aller Lebewesen (die gesamte Biomasse) der Erde als ihre Biosphäre bezeichnet.

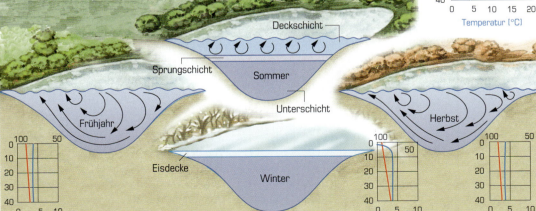

1 ▶ Temperaturschichtung im Jahresverlauf eines Sees

Chemische Umweltfaktoren

Durch physikalische und chemische Verwitterungen des Ausgangsgesteins und dem Abbau organischer Abfälle entstehen unter dem Einfluss eines bestimmten Klimas verschiedene Bodentypen.

Chemische Umweltfaktoren wirken vor allem über den Boden. Aus dem Boden gewinnen die Pflanzen neben Wasser alle notwendigen **mineralische Nährelemente** (außer Kohlenstoff), insbesondere Stickstoff, Phosphor, Schwefel, aber auch Calcium, Kalium, Eisen und Magnesium sowie alle Spurenelemente. Beim Abbau der organischen Abfallstoffe durch die Bodenorganismen (Destruenten, s. S. 120) werden diese Elemente als Nitrate, Phosphate, Sulfate und Metallkationen freigesetzt und dem Boden laufend zugeführt.

Der Stoffumsatz im Boden ist von der Temperatur und der Durchlüftung abhängig. Je rascher und vollständiger die Zersetzer arbeiten, desto weniger sammeln sich unvollständig zersetzte Stoffe an, die man auch als **Humus** bezeichnet.

1 ▸ Boden ist die oberste, unter dem Einfluss von Klima und Lebewesen veränderte Schicht der Erdkruste

Neben dem **Wassergehalt** des Bodens wirken sich vor allem der **Nitratgehalt**, der **Kalkgehalt** und der Gehalt an leicht löslichen **Salzen** auf die Vegetation eines Standorts aus. Leicht lösliche Salze sind für die meisten Pflanzen nur in geringen Mengen verträglich. Nur wenige Spezialisten, z. B. Queller, Salzmiere, können salzhaltige Standorte, wie an den Küsten, ertragen.

2 ▸ Eisenmangel führt bei vielen Pflanzen, z. B. bei Weinreben, zu einer Hemmung der Chlorophyllsynthese (Chlorose).

Der Gehalt an Calciumcarbonat (Kalk) bzw. Magnesiumcarbonat wirkt sich vor allem über den Gehalt an Oxoniumionen (**pH-Wert**) im Boden auf das Leben der Pflanzen und Tiere aus. In kalkarmen Böden kommt es durch die Zersetzung organischer Abfallstoffe zur Bildung organischer Säuren und damit zu einer hohen Oxoniumionenkonzentration (pH-Werte zwischen 4 und 6).

Der pH-Wert ist der negative dekadische Logarithmus der Oxoniumionenkonzentration in mol/l (lat.: potentia Hydrogenii = Kraft des Wasserstoffs).

Auf kalkhaltigem Ausgangsgestein werden die organischen Säuren von dem Calciumcarbonat neutralisiert und es kommt zu einem schwach sauren oder sogar schwach alkalischen Milieu (pH 6 bis 8). Das unterschiedliche Milieu im Boden wirkt sich auf die Verfügbarkeit bestimmter Mineralstoffe aus. So sind Eisenionen in kalkhaltigen, leicht basischen Böden selten. Deshalb fühlen sich Rhododendren nur auf sauren Böden wohl (s. Abb. 2).

Eine besondere Form chemischer Umweltfaktoren sind Stoffe, die schon in verhältnismäßig geringen Konzentrationen Lebewesen schädigen. Solche **Schadstoffe** sind z. B. Schwermetalle (Quecksilber, Blei) und Umweltgifte wie Dioxine sowie Ozon, Stickstoffoxide und Schwefeldioxid als mögliche Bestandteile der Atmosphäre.

> **Wichtige chemische Bodenfaktoren sind pH-Wert und Nitratgehalt.**

Aufgabe

Planen Sie für einen Garten mit kalkhaltigem Lehmboden eine Bepflanzung. Erkundigen Sie sich in einer Gärtnerei nach den Bodenansprüchen verschiedener Pflanzenarten, die Sie gerne in Ihren Garten pflanzen würden und treffen Sie danach die Pflanzenauswahl.

Mechanische Umweltfaktoren

Auch physikalische Kräfte können sich direkt auf die **Vegetation** und damit auf das Ökosystem auswirken. Dazu gehört z. B. der **Wind**. Er bewirkt zum einen eine starke Verdunstung. Zum anderen wirken mechanische Beschädigungen direkt auf die Vegetation ein (Windfahnenwuchs, s. Abb. rechts). Der Windbruch spielt für die Waldverjüngung in den borealen (nördlich gemäßigten) Nadelwaldzonen eine wichtige Rolle.

Die Dynamik der Dünenbildung an den Küsten und die Entwicklung ihrer Vegetation sind ebenfalls abhängig von gleichmäßig einwirkenden Winden.

In Gebirgen und den kalten Zonen der Erde wird der **Schnee** zu einem wichtigen mechanischen Standortfaktor. Die Musterbildung der Wälder an steilen Berghängen der Hochgebirge wird stark von Lawinenbahnen geprägt. Auch die Wuchsform der Bäume – z. B. die schmalen, schlanken Kronen der Nordischen Fichten – hängt mit den einwirkenden Schneelasten in der Winterzeit zusammen.

Auch durch das **Feuer** (Verbrennung) kommt es zu einer physischen Zerstörung. Durch regelmäßiges Abbrennen der ausgedehnten Steppengebiete Afrikas, Asiens und Nordamerikas wird eine Streuanhäufung vermieden. Das begünstigt den Graswuchs. Manche Gewächse, wie die amerikanische Dreh-Kiefer *(Pinus contorta)* und die australischen Grasbäume *(Xanthorrhoea)*, besitzen verholzte Früchte, die sich nur nach Einwirkung von Feuer öffnen. Umgekehrt wird das Aufkommen von Gehölzen durch die regelmäßigen Brände verhindert.

Gegen die austrocknende und auskühlende Wirkung des Windes schützen sich viele Säugetiere und Vögel durch Fell oder Federkleid. Auch die strömungsgünstige Form von Wassertieren und flugfähigen **Tieren** kann als Angepasstheit an den mechanischen Umweltfaktor Strömungswiderstand verstanden werden.

Die Wirkung des Windes kann durch Eiskristalle oder Sandkörnchen, an den Meeresküsten auch durch Salzwassertröpfchen verstärkt werden.

> Unter mechanischen Umweltfaktoren versteht man die direkte und indirekte Wirkung von Wind, Regen, Hagel, Schnee und die Kraft des fließenden Wassers, sowie Lawinen, Steinschlag und die Folgen von Bränden.

1 ▶ Mechanische Umweltfaktoren beeinflussen Pflanzenwuchs und Tierleben der Hochgebirge besonders stark.

Umweltfaktoren und Zeigerarten

Zeigerpflanzen können als Indikatoren für die Beurteilung von Biotopen herangezogen werden.

Die Bedürfnisse verschiedener Arten im Bezug auf bestimmte Umweltfaktoren kann man durch sogenannte **Toleranzkurven** darstellen (s. Abb. 1). In solchen Kurven wird die Lebenskraft, also z. B. die Wachstumsgeschwindigkeit, gegen die Größe eines Umweltfaktors aufgetragen.

In den meisten Fällen erhält man eine glockenförmige Kurve, die Schnittpunkte mit der X-Achse markieren das **Maximum** und das **Minimum** des Umweltfaktors, das jeweils von der entsprechenden Organismenart gerade noch ertragen werden kann. Der Scheitelpunkt der Kurve markiert das **Optimum** des Umweltfaktors für die jeweilige Art. Der Bereich eines abiotischen Faktors, in dem sich eine Art entwickeln und fortpflanzen kann, wird im Allgemeinen als ihre **physiologische Potenz** bezeichnet. Demgegenüber spricht man von **ökologischer Potenz** einer Art an ihrem Standort, wenn auch die Konkurrenz mit anderen Arten einbezogen wird.

Solche Toleranzkurven können für verschiedene Arten sehr unterschiedlich aussehen. Arten mit breiter Toleranz hinsichtlich eines Umweltfaktors nennt man **euryök** im Bezug auf diesen Faktor. Arten, die nur in einem engen Bereich des entsprechenden Umweltfaktors existieren können, haben eine enge physiologische Potenz (**stenöke Arten**). Liegt sie im oberen beziehungsweise im unteren Bereich eines entsprechenden abiotischen Umweltfaktors, so kann man diese Arten als „**Zeigerarten**" für diesen Umweltfaktor bezeichnen.

> Zeigerpflanzen sind Pflanzen, die eine enge physiologische Potenz gegenüber einem bestimmten abiotischen Faktor besitzen.

Aufgrund empirischer Daten wurden für fast alle Pflanzenarten, die in Mitteleuropa vorkommen, neunstufige Zeigerwertskalen für folgende Umweltfaktoren aufgestellt: **Licht, Temperatur, Feuchtigkeit, Nitratbedarf, Bodenreaktion** und **Salztoleranz**.

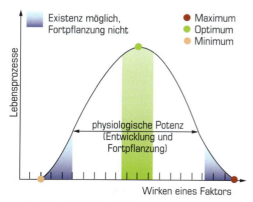

1 ▶ Die physiologische Potenz gibt den Bereich eines abiotischen Faktors an, in dem sich eine Art entwickeln und fortpflanzen kann.

2 ▶ Toleranz vom Gemeinen Knäuelgras und dem Busch-Windröschen gegenüber dem Lichtfaktor, bezogen auf den Standort

Die Umwelt eines Lebewesens   Biologie   89

Auch Tiere und Begründer können als Zeigerorganismen für bestimmte Umweltfaktoren herangezogen werden. Viele Gehäuseschneckenarten kommen z. B. nur bei einem hohen Kalkgehalt des Bodens bzw. des Ausgangsgesteines vor (z. B. Steinpicker, s. Abb. 3; Zebraschnecke).

Besondere Bedeutung haben Zeigertiere für die Beurteilung von Umweltfaktoren in Gewässern, z. B. für die Bestimmung von Gewässergüteklassen.

Für das Vorkommen von Arten an einem bestimmten Standort sind zwar viele verschiedene Faktoren verantwortlich, die Toleranzgrenze für eine Art wird aber in der Regel an einer bestimmten Stelle durch einen **limitierenden Faktor** bestimmt. Würde dieser eine Umweltfaktor den Bedürfnissen der Pflanzen angepasst, könnte die Art an dem Standort noch gedeihen, da für alle anderen Faktoren die Toleranzgrenze (das Minimum oder Maximum) noch nicht erreicht ist.

Für Pflanzenarten ist oft ein bestimmter Mineralstoff im Boden der limitierende Faktor. Wird dieser Mineralstoff – z. B. Nitrat oder Phosphat – durch Düngung zugesetzt, können die Pflanzen an Standorten gedeihen, wo sie vorher verkümmerten. Wird jedoch ein Mineralstoff hinzugegeben, der bereits ausreichend vorhanden ist, hat dies keinen Einfluss auf das Wachstum. Anders formuliert: Das Wachstum einer Pflanze an einem bestimmten Standort wird durch den Faktor begrenzt, der für die Pflanze am ungünstigsten ist (s. Abb. 1). Diese Zusammenhänge wurden bereits 1855 durch JUSTUS VON LIEBIG als **„Gesetz des Minimums"** beschrieben. Sie sind eine wichtige Voraussetzung für den Düngemitteleinsatz in der modernen Landwirtschaft.

2 ▶ JUSTUS VON LIEBIG (1803 bis 1873)

Aufgaben

1. Die dargestellten Toleranzkurven verschiedener Pflanzenarten gelten für die Umweltfaktoren Wärme (Temperatur), Wasser (Feuchtigkeit) und Salzgehalt des Bodens. Überlegen Sie, welche Toleranzkurve zu welchem Umweltfaktor gehören könnte und begründen Sie diese Zuordnung.

3 ▶ Steinpicker

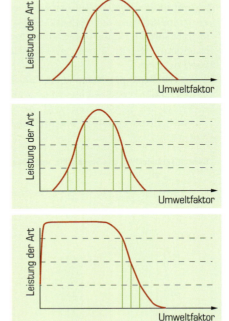

Zu dem Organismenreich der Begründer (Protisten) zählen alle Lebewesen mit kernhaltigen Zellen (Eukaryoten), die weder Pflanzen, Pilze oder Tiere sind, also z. B. Algen, Schleimpilze und Amöben.

1 ▶ In der Minimumtonne VON LIEBIG begrenzt das niedrigste Brett den Flüssigkeitsstand und symbolisiert den Mineralstoff, der am geringsten vorliegt.

2. Zeichnen Sie eine Toleranzkurve für die Salzkonzentration im Wasser für einen Karpfen und einen Hering. Bedenken Sie dabei, wo beide Tiere leben.

Methoden

statistisch = (vergleichende) zahlenmäßige Erfassung, Untersuchung und Darstellung von Massenerscheinungen

empirisch = aus Erfahrung, Beobachtung oder experimentell gewonnen

Darstellung statistischer Daten

Ob in der Wissenschaft, Politik, Wirtschaft oder anderen Bereichen: Zusammenhänge, Entwicklungen oder Trends können durch das Sammeln **empirischer Daten** (z. B. Daten aus experimentellen Messreihen) und ihre Aufbereitung mithilfe statistischer Verfahren sichtbar gemacht werden. Eine Darstellung in Tabellen und Diagrammen veranschaulicht die Daten, macht sie mitunter überschaubarer.

Geht es vor allem um genaue (z. B. mehrere Nachkommastellen) und/oder sehr viele Zahlenangaben, wird die Darstellung in einer **Tabelle** vorgenommen.

Ein **Diagramm** (griech.: *diagramma* = geometrische Figur, Umriss) dagegen veranschaulicht Größenverhältnisse und/oder Abhängigkeiten „auf einen Blick".

Die grafische Darstellung in einem Diagramm basiert zumeist auf der vorherigen Zusammenstellung der statistischen Daten in einer Tabelle. Für die Umwandlung in ein Diagramm sollte die Tabelle zwei Tabellenköpfe besitzen:
– Ein Tabellenkopf beschreibt die Rubriken an der Rubrikenachse eines Diagramms.
– Der zweite Tabellenkopf wird zur Legende, die die einzelnen Datenreihen beschreibt.

Beispiel: Es sollen die Gewichtsveränderungen durch Wasserabgabe (Transpiration) von unterschiedlichen Blättern bzw. Zweigen verglichen werden.

Gewicht (in g) / Zeit	Stechpalme	Hängebirke
Versuchsbeginn	150	150
nach 2 h	150	140
nach 10 h	140	100

Der obere Tabellenkopf dient als Legende und zeigt die farbliche Darstellung von Stechpalme und Hängebirke. Der seitliche Tabellenkopf entspricht der Rubrikenachse (Gewicht in Gramm und Zeit in Stunden). Tabelle und Diagramm haben je drei Rubriken (Versuchsbeginn, nach zwei Stunden, nach zehn Stunden) und zwei Datenreihen (Stechpalme und Hängebirke).
Je nach dem Ziel der Darstellung kann man unterschiedliche **Diagrammtypen** nutzen. Die Anwendungsbereiche der häufig verwendeten Diagramme sind auf der Seite 91 erläutert.

Gewichtsentwicklung von Stechpalme und Hängebirke

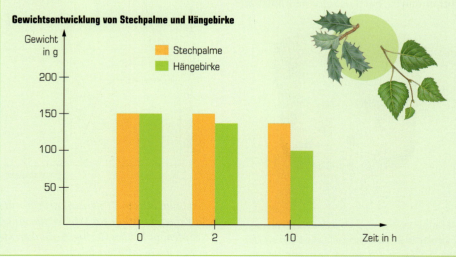

Die Umwelt eines Lebewesens   Biologie   91

Punktdiagramm und Liniendiagramm

Diese Diagrammtypen eignen sich besonders zur Darstellung von wenigen Datenreihen mit jeweils sehr vielen Daten, z. B. zur Darstellung von Entwicklungen und Prognosen oder Messreihen. Die Daten werden als Punkte in einem Koordinatensystem aufgetragen. Beim Liniendiagramm werden die Punkte zusätzlich mit Geraden oder Kurven verbunden.

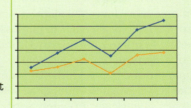

Mit Ausnahme von Punktdiagrammen lassen sich alle Diagrammtypen auch in 3D-Form darstellen.

Flächendiagramm

Mit Flächendiagrammen wird zumeist die Entwicklung von zwei und mehr Mengen in einem bestimmten Zeitraum veranschaulicht. Wie beim Liniendiagramm wird eine Linie dargestellt, die darunter entstandene Fläche wird mit einer Farbe oder einem Muster ausgefüllt.

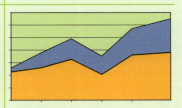

Das, was besonders herausgestellt werden soll, wird zur Legende.

Säulendiagramm und Streifen- bzw. Balkendiagramm

Säulen- und Balkendiagramme eignen sich zur Darstellung mehrerer Datenreihen im Vergleich. Der Abstand zwischen Diagrammachse und Datenpunkt wird mit einer rechteckigen Fläche gefüllt. Jeder Zahl wird eine senkrechte Säule bzw. ein waagerechter Balken zugeordnet.

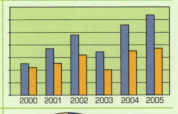

Kreisdiagramm und Tortendiagramm (3D)

Kreis- und Tortendiagramme veranschaulichen den Vergleich von verschiedenen Teilen eines Ganzen. Kreis- und Tortendiagramme können absolute Mengeneinheiten (kg, min, Euro, Anzahl, ...) oder Prozentanteile darstellen. Die gesamte Kreisfläche (360°) entspricht der Gesamtmenge von 100% (1% = 3,6°).

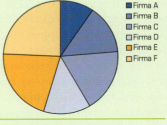

Es lassen sich grundsätzlich nur Zahlen aus einer Reihe oder einer Spalte einer Tabelle darstellen.

Prozentstreifen

Der Prozentstreifen wird für die gleichen Sachverhalte genutzt wie das Kreisdiagramm. Hier wird anstelle der Kreisfläche die Gesamtlänge eines Streifens gleich 100% gesetzt.

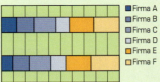

Sonderformen

Daten lassen sich auch mithilfe von **Piktogrammen** (Mensch, Auto, Baum, ...) darstellen. So könnte man z. B. Einwohnerzahlen verschiedener Länder oder Orte wie nebenstehend optisch in einem **Figurendiagramm** abbilden. Jedes Piktogramm „Mensch" könnte z. B. für je zehn Mio. Menschen stehen (Deutschland = 80 Mio., Spanien = 40 Mio. Einwohner).

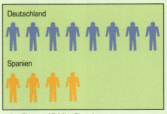

Ohne Zahlenangaben lässt das Figurendiagramm auf einen Blick erkennen, dass in Deutschland doppelt so viele Menschen leben wie in Spanien.

Zusammenwirken abiotischer Umweltfaktoren

Beispiele für Zeigerpflanzen für den pH-Wert im Boden:
stark sauer: *Heidelbeere, Besenheide;*
sauer: *Schlängelschmiele, Goldrute, Echter Ehrenpreis, Siebenstern;*
mäßig sauer: *Waldmeister, Efeu, Ährige Teufelskralle, Kriechender Günsel;*
etwas basenreicher: *Wald-Segge, Gelbe Taubnessel, Kleines Springkraut, Mehrjähriges Bingelkraut, Scharbockskraut;*
kalk- bzw. basenreich: *Nieswurz, Hohler Lerchensporn, Giersch, Goldstern*

An einem bestimmten Standort wirken immer alle Umweltfaktoren zusammen auf ein Lebewesen ein. Die Einflüsse einzelner Faktoren kann man im Grunde nur im Laborexperiment feststellen, wenn man die anderen Faktoren konstant hält. Die gegenseitige Beeinflussung verschiedener abiotischer Faktoren wird dabei aber nicht deutlich.

Um das Zusammenwirken mehrerer Umweltfaktoren auf ein Lebewesen darzustellen, bedient man sich häufig zwei-dimensionaler oder dreidimensionaler Diagramme. Für einheimische Laubbäume haben sich solche Diagramme, die den Umweltfaktor Feuchtigkeit mit dem Umweltfaktor pH-Wert bzw. Kalkgehalte des Bodens verbinden, als sogenannte **„Ökogramme"** bewährt (s. Abb. 4).

Auf Standorten mit ähnlichen abiotischen Umweltfaktoren kommen meist ganz bestimmte Pflanzenarten vor. Für pH-Wert und Feuchtigkeit kann man z. B. verschiedene **ökologische Gruppen** von Waldbodenpflanzen unterscheiden.

Solche durch Umweltfaktoren bedingten Artengruppen werden auch als **Pflanzengesellschaften** bezeichnet und systematisch beschrieben (Pflanzensoziologie).

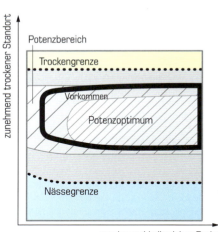

4 ▶ Beispiel für ein Ökogramm der Rot-Buche in einem Wald

Aufgabe

Für Waldböden mittlerer Feuchtigkeit kann man unten abgebildete Pflanzenarten als Zeiger für den pH-Wert im Boden nutzen. Versuchen Sie bei einem Waldspaziergang wenigstens drei verschiedene Zeigerpflanzen zu finden. Erläutern Sie, welche Schlüsse Sie aus dem Vorkommen der Pflanzenarten ziehen können.

1 ▶ Zeigerpflanze für stark sauren Boden ist z. B. die Heidelbeere.

2 ▶ Zeigerpflanze für sauren Boden ist z. B. die Goldrute.

3 ▶ Zeigerpflanze für mäßig sauren Boden ist z. B. der Waldmeister.

gewusst · gekonnt

1. Erweitern Sie Ihr Glossar durch folgende Begriffe: abiotischer Umweltfaktor, Trockenpflanze, Feuchtpflanze, Transpiration, Guttation, Sonnenpflanzen, Schattenpflanzen, Ökogramm, Bodenreaktion, Zeigerarten, Toleranzkurve, physiologische Potenz, ökologische Potenz, limitierender Faktor.

Glossar

Bodenreaktion:
Feuchtpflanze:
Guttation:

2. Nennen Sie ein Beispiel dafür, dass Lebewesen ihre Umwelt im Sinne ihrer Bedürfnisse umgestalten.

3. In der Abbildung oben sind zwei verschiedene Wurzelsysteme von Trockenpflanzen zu sehen. Erläutern Sie, für welche besonderen Klima- bzw. Standortbedingungen die beiden verschiedenen Wurzelsysteme geeignet sind.

4. Erklären Sie, warum in unseren Breiten der Blattabwurf vieler Baumarten im Winter auch etwas mit dem Wasserhaushalt der Pflanzen zu tun hat.

5. Nennen Sie zwei Beispiele für Trockenpflanzen, die in Mitteleuropa heimisch sind. Geben Sie eine Erklärung dafür, dass diese Angepasstheit an Wasserknappheit auch in unserem dauerfeuchten Klima sinnvoll sein kann.

6. Bei den Blattquerschnitten in den Abbildungen unten handelt es sich um eine Pflanze sehr sonniger bzw. sehr schattiger Standorte. Nehmen Sie eine begründete Zuordnung der beiden Blatttypen zu Schatten- und Sonnenpflanze vor.

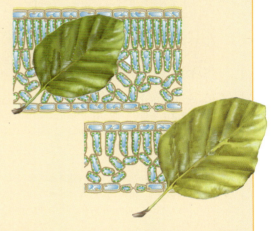

7. Erdpflanzen oder Geophyten nennt man Pflanzen, die die ungünstige Jahreszeit (in Mitteleuropa den Winter) unterirdisch als Zwiebeln, Knollen oder verdickte Erdsprosse überdauern. Nennen Sie zwei Beispielarten und erläutern Sie die Vorteile dieser Lebensform.

8. Eine Linde behält ihre Blätter im Herbst auf der Seite, auf der eine Straßenlaterne steht, länger, als auf der von dieser Lichtquelle abgewandten Seite. Geben Sie eine mögliche Erklärung.

9. Bei den Inuits gilt Vitamin D reiche Fischleber als Delikatesse. Geben Sie eine Erklärung dafür, dass diese Nahrung für Bewohner arktischer Regionen sehr gesund ist.

10. In den Weinbergen werden die Reben meistens in Reihen senkrecht zum Hang gepflanzt. Dies erleichtert die maschinelle Bearbeitung, erhöht aber die Bodenerosion. Eine erosionssichere Alternative wäre die Anlage breiter Terrassen. Überlegen Sie, warum die Rebstöcke trotzdem in Längsreihen gepflanzt werden.

11. Im Sommer kann es in flachen Seen zu einem für viele Organismen gefährlichen Sauerstoffmangel kommen. Erklären Sie die Zusammenhänge.

12. Rhododendronpflanzen leiden in manchen Gärten unter Eisenmangel. Überlegen Sie, wie man diesen Pflanzen helfen könnte.

13. Zwergstrauchbestände sind in Gebirgen typisch für die Zone unmittelbar oberhalb der Baumgrenze.
  a) Nennen Sie zwei Beispielarten und geben Sie eine Begründung für die Bevorzugung dieses Standortes.
  b) Warum sind Skipisten eine Gefahr für die alpine Vegetation?

14. Durch die moderne Landwirtschaft aber auch durch Verkehr und Industrie ist der flächendeckende Eintrag des Nährelements Stickstoff in Mitteleuropa stark erhöht worden. Nennen Sie Beispiele für einige Pflanzenarten, die dadurch gefördert werden (Internetsuche zum Stichwort „Stickstoffzeiger").

15. In einem Aquarium mit Fischen, die regelmäßig gefüttert werden, kann es trotzdem zu Mangelerscheinungen bei den Pflanzen kommen. Erklären Sie dies mithilfe des liebigschen Minimumgesetzes.

16. Die Abbildungen zeigen Ökogramme für Rot-Fichte (a) und Wald-Kiefer (b) in Mitteleuropa (außerhalb der höheren Gebirgslagen).
  a) Erklären Sie damit, in welchen Gebieten Wald-Kiefern-Wälder die natürliche Waldvegetation bilden.
  b) Begründen Sie, warum Fichtenforste in Mitteleuropa gut gedeihen, obwohl Laubbäume, v.a. Buchen, die natürliche Vegetation darstellen.

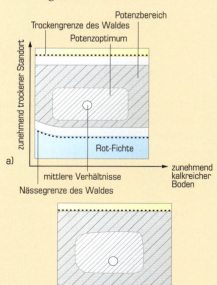

Das Wichtigste auf einen Blick

Lebewesen stehen mit ihrer Umgebung in ständiger Wechselbeziehung. Man unterscheidet dabei **abiotische Umweltfaktoren** wie Wasser, Licht, Temperatur, chemische und mechanische Faktoren und **biotische Umweltfaktoren**. Das sind alle Einflüsse, die von anderen Lebewesen der Umgebung ausgehen.

Die abiotischen Umweltfaktoren kennzeichnen den **Lebensraum (Biotop)**, die biotischen die **Lebensgemeinschaft (Biozönose)**.

Abiotische Umweltfaktoren

- Für die Pflanzen hat das **Licht** eine besondere Bedeutung, da es über die **Fotosynthese** ihrer direkten Energieversorgung dient. Aber auch viele pflanzliche und tierische **Entwicklungsvorgänge** (z.B. Laubfall, Winterschlaf) werden durch Licht gesteuert und geregelt.

- Unter **mechanischen Umweltfaktoren** versteht man die direkte und indirekte Wirkung von Wind, Regen, Hagel, Schnee und die Kraft des fließenden Wassers, sowie Lawinen, Steinschlag und die Folgen von Bränden.

- Der **Wärme- oder Temperaturfaktor** ist entscheidend für das Vorkommen von Lebewesen in Abhängigkeit von der geographischen Breite und der Meereshöhe. Bei Frost können durch Eiskristallbildung mechanische Schäden an Geweben auftreten. Außerdem kann sich die Temperatur auch über Frost auf die Verfügbarkeit von Wasser auswirken.

- Wichtige **chemische Umweltfaktoren** sind Bodenreaktion und Nitratgehalt des Bodens.

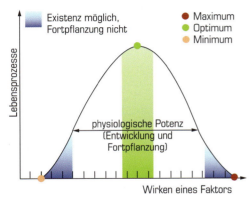

Die Bedürfnisse verschiedener Arten im Bezug auf bestimmte Umweltfaktoren kann man durch sogenannte **Toleranzkurven** darstellen. Daraus kann man Minimum, Maximum und Optimum eines bestimmten Umweltfaktors für eine Organismenart ablesen.

Arten mit engem Toleranzbereich, einer engen physiologischen Potenz, eignen sich als **Zeigerarten** für den entsprechenden Faktor.

3.2 Beziehungen zwischen Lebewesen

Fressen und gefressen werden ▸▸ Die Nahrung ist eine der wichtigsten Lebensgrundlagen eines Organismus. *Was versteht man unter Nahrungsnetzen und warum stirbt die Beute normalerweise nie aus?*

Leben in Gemeinschaft ▸▸ Die Biozönose eines Ökosystems lebt von den Wechselbeziehungen zwischen ihren Organismen, und diese sind so vielfältig wie die Lebewesen selbst. *Welche Formen von Wechselbeziehungen zwischen Lebewesen gibt es? Welche Auswirkungen haben sie auf den Organismus und die Biozönose?*

Der Angepasstere gewinnt ▸▸ Lebenswichtige Ressourcen stehen nicht unbegrenzt zur Verfügung. Ist der Bedarf zu groß, kommt es zum Wettbewerb zwischen den Individuen, die auf diese Ressourcen angewiesen sind. *Was ist Konkurrenz, welche Folgen hat sie und wie lässt sie sich vermeiden?*

Vielfalt der Beziehungen zwischen Lebewesen

Das Überleben eines Organismus hängt, neben den abiotischen Umweltfaktoren (s. S. 75), auch von den Wechselwirkungen mit anderen Organismen ab. Die **Einflüsse,** die **durch Lebewesen** der gleichen oder einer anderen Art direkt oder indirekt auf einen Organismus einwirken, werden lebende oder auch **biotische Umweltfaktoren** genannt. Sie können positive, negative oder auch gar keine Auswirkungen besitzen und sind in vielen Fällen **wechselseitig.**

Die Beziehungen zwischen Organismen sind vielfältig. So beruhen sie zwischen verschiedenen Arten oft auf **Nahrungsbeziehungen** oder verschiedenen Formen des Zusammenlebens, wie **Symbiose** oder **Parasitismus. Konkurrenz** um Lebensraum, Nahrung oder Fortpflanzungspartner tritt sowohl zwischen Lebewesen einer als auch unterschiedlicher Arten auf.

Nahrungsbeziehungen bestehen z. B. zwischen Schmetterlingsraupen und den Pflanzen, die sie fressen. Ähnliches gilt für Greifvögel und Mäuse. In einem Ameisenstaat leben viele Tiere einer Art zusammen. Flechten sind der Zusammenschluss ganz unterschiedlicher Organismen zum gegenseitigen Nutzen. Parasiten dagegen schädigen ihren Partner.

Das Charaktermerkmal des Lebensraumes Wald sind Bäume. Sie liefern Nahrungs-, Nist- und Versteckmöglichkeiten für viele Tiere.

> Als biotische Umweltfaktoren bezeichnet man die Einflüsse, die von Lebewesen der gleichen oder einer anderen Art direkt oder indirekt auf einen Organismus einwirken.

Aufgabe

Ergänzen Sie die in Abbildung 1 genannten biotischen Umweltfaktoren und fassen Sie diese nach Art ihrer Wechselbeziehung zusammen.

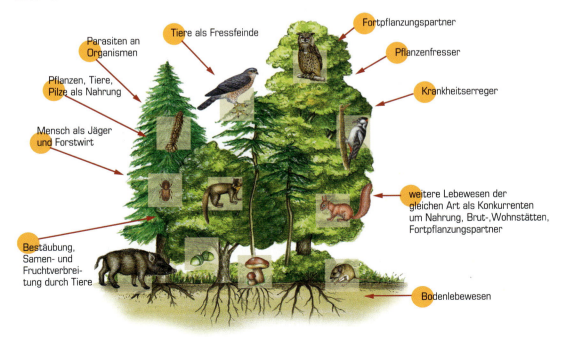

1 ▶ Ausgewählte biotische Umweltfaktoren im Lebensraum Wald

Nahrungsbeziehungen

Vielfalt der Nahrungsbeziehungen

In einem naturnahen Teich leben unzählige Kleinstlebewesen, z. B. kleine Krebse und Mückenlarven. Sie ernähren sich von pflanzlichen Schwebstoffen und dienen kleinen Fischen, wie Moderlieschen, als Nahrung. Moderlieschen werden z. B. von Barschen gefressen. Diese wiederum können Graureihern als Beute dienen und Graureiher stehen auf dem Speiseplan von Fuchs und Seeadler.

In einer natürlichen Lebensgemeinschaft bestehen vielfältigste **Nahrungsbeziehungen** (s. Abb. 1). Betrachtet man allein ihre Abfolge, spricht man von **Nahrungsketten**. In der Natur gibt es diese immer dort, wo sich ein Lebewesen allein auf eine Nahrungsquelle spezialisiert hat. So ernähren sich Koalas allein von Eukalyptus, und Parasiten haben sich oft an einen bestimmten Wirt angepasst. Doch sind diese **Spezialisten** relativ selten in der Natur.

Zumeist besteht der Speiseplan aus mehreren, unterschiedlichen Nahrungsobjekten. So fressen Graureiher verschiedene Fische, Lurche und kleine Säugetiere, und Füchse ernähren sich überwiegend von Mäusen. Ist die Palette sehr breit, wie bei Schweinen oder Bären, die viele Tiere und Pflanzen als Nahrung nutzen, dann nennt man diese Tiere **Generalisten.**

Ein Lebewesen kann damit Bestandteil vieler Nahrungsketten sein. Verknüpft man all diese Beziehungen miteinander, dann erhält man das **Nahrungsnetz** einer Lebensgemeinschaft.

> Eine Nahrungskette ist die Abfolge von Organismen, die – bezogen auf ihre Nahrung – direkt voneinander abhängig sind. In einem Nahrungsnetz ist eine Vielzahl möglicher Nahrungsketten miteinander verknüpft.

Nahrungsbeziehungen bestehen auch zwischen Fleisch fressenden Pflanzen und ihrer Nahrung, den Insekten.

Aufgaben

1. Nennen Sie mögliche Vor- und Nachteile für Generalisten und Spezialisten. Begründen Sie Ihre Antwort und belegen Sie dies mit einem Beispiel.

2. Entwickeln Sie in ähnlicher Weise wie in Abbildung 1 ein möglichst vielfältiges Nahrungsnetz für das Ökosystem Wiese bzw. für ein anderes Ökosystem. Welche Organismen wären daran beteiligt?

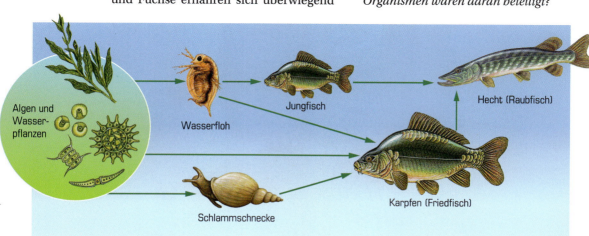

1 ▶ Ausgewählte Nahrungsbeziehungen eines Teiches

Räuber-Beute-Beziehungen

Viele Nahrungsbeziehungen beruhen auf Räuber-Beute-Verhältnissen. Als **Räuber** (Fressfeind bzw. Prädator) bezeichnet man Lebewesen, die sich von anderen, noch lebenden Organismen ernähren. Zu ihnen gehören Fleischfresser, wie Löwe oder Wiesel, aber auch Pflanzenfresser, wie Kaninchen oder Pferd, und Parasiten (s. S. 102). Ihre **Beute** sind andere Tiere oder Pflanzen.

Im Gegensatz zu Räubern nennt man Organismen, die sich von toter organischer Substanz ernähren **saprovor**. Ein bekanntes Beispiel dafür sind Pilze.

Die Räuber-Beute-Beziehung ist jedoch nicht einseitig. **Regulationsmechanismen** sorgen dafür, dass ein Räuber seine Beute in der Regel nicht ausrottet. Beide Seiten beeinflussen sich dabei wechselseitig (positive bzw. negative Rückkopplung, s. Abb. 1). Über einen längeren Zeitraum betrachtet, schwankt das Verhältnis beider Seiten dadurch um einen relativ festen Wert. Es stellt sich ein **relatives Gleichgewicht** ein, das sowohl den Räubern als auch der Beute ein Überleben sichert, ohne eine grenzenlose Vermehrung einer Art zuzulassen. Damit haben Räuber-Beute-Verhältnisse in Ökosystemen eine wichtige **regulative Funktion**.

Zudem haben beide Seiten im Laufe der Evolution Strategien in **Anpassung** an dieses Verhältnis entwickelt. Dazu gehören z. B. speziell auf die Beute abgestimmte Jagdstrategien von Greifvögeln. Beutetiere entziehen sich aktiv dem Zugriff der Räuber durch Flucht, Verstecken oder Abwehr oder passiv durch Tarnung (Mimese) oder Warntracht.

Beutetiere schützen sich vor Räubern z. B. durch: Stiche (Wespe), Absonderung von Sekreten (Feuersalamander), Nachahmen von Warntrachten (Schwebfliege), oder Tarnung (Wandelndes Blatt).

> Nahrungsbeziehungen, wie zwischen Räuber und Beute, bestehen zwischen Organismen verschiedener Arten. Die Ausbildung eines Gleichgewichtes zwischen den Arten ermöglicht in Nahrungsnetzen das Überleben einer Vielzahl von Organismen, ohne dass einzelne Arten ausgerottet werden.

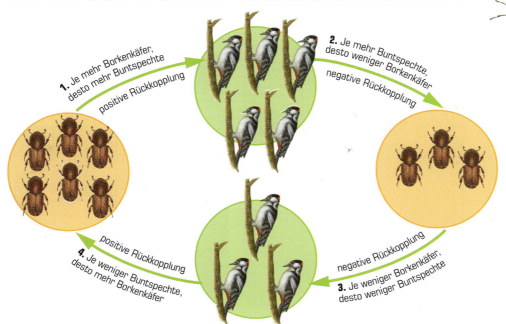

1 ▶ Regelkreis der Wechselbeziehungen zwischen Beutetier (Borkenkäfer) und Räuber (Buntspecht)

Formen des Zusammenlebens von Organismen

Weltweit kennt man rund 20 000 Flechtenarten, 2 000 davon in Mitteleuropa. Flechten gehören zu den langlebigsten Lebewesen. Sie können mehrere Hundert und in seltenen Fällen sogar mehrere Tausend Jahre alt werden.

In der Natur finden wir unterschiedlichste Formen des Zusammenlebens von Organismen zweier verschiedener Arten. Sie können nach ihren Auswirkungen für beide Partner eingeteilt werden:
- Bei der **Symbiose** haben beide Partner einen Vorteil von der Beziehung,
- bei der **Probiose** liegt der Vorteil bei einem der Partner, ohne dass der andere einen Nachteil davon erfährt und
- beim **Parasitismus** wird ein Partner deutlich geschädigt, während der andere einen erheblichen Nutzen aus der Verbindung zieht.

Symbiosen

Ein sehr bekanntes Beispiel für eine Symbiose sind die **Flechten.** Bei ihnen bilden Pilze ein stabiles Geflecht, in das Grünalgen oder Cyanobakterien (Blaualgen) eingelagert sind (s. Abb. 1). Die Algen erzeugen durch Fotosynthese Kohlenhydrate und andere organische Stoffe, auf die der Pilz angewiesen ist. Im Gegenzug liefert dieser den Algen Wasser und Mineralstoffe. Durch die enge Vereinigung von Pilzfäden und Algen entsteht eine einheitliche, völlig neuartige Lebensform. Deshalb werden Flechten zwar den Pilzen zugeordnet, besitzen aber dennoch eine Sonderstellung. Flechten werden immer nach dem Pilz benannt, da er der Flechte meist die Form und Struktur gibt.

Flechten wachsen auf den unterschiedlichsten Untergründen, wie z. B. auf Bäumen, Steinen, Holz oder dem Boden, und besiedeln selbst **extreme Lebensräume** wie Wüsten, Tundren oder Hochgebirge (im Himalaya bis knapp 5 000 m). Selbst in der Antarktis lassen sich noch rund 200 Flechtenarten nachweisen.

Flechten besitzen eine große **ökologische Bedeutung.** Sie sind Pionierorganismen bei der Besiedlung neuer Lebensräume, helfen bei der Verwitterung und Bodenbildung und sind eine wichtige Nahrungsquelle z. B. für Rentiere.

Durch ihre Empfindlichkeit gegenüber Schadstoffen in der Luft dienen sie außerdem als **Indikatoren** für eine gute Luftqualität.

Durch ihr konstantes Wachstum kann die Landkartenflechte zur Altersdatierung von Steinen oder Gebäuden herangezogen werden.

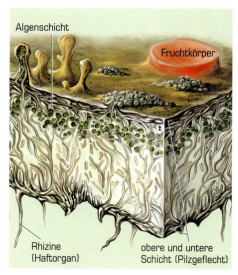

1 ▶ Im Querschnitt ist der Aufbau einer Flechte aus Pilzfäden und einzelligen Algen gut zu erkennen.

2 ▶ Auch Madenhacker und Nashorn leben miteinander in Symbiose.

Ein weiteres Beispiel ist die **Mykorrhiza** (s. Abb. 1; griech.: *Mykos* = Pilz, *rhiza* = Wurzel). Bei vielen Waldbäumen, Orchideen und beim Heidekraut sind die Wurzelenden der oberen Bodenschichten von Pilzfäden umgeben (äußere Mykorrhiza) oder die Zellen der Wurzelrinde von ihnen durchzogen (innere Mykorrhiza). Der Pilz versorgt die Pflanze mit Mineralstoffen und Wasser, während er von ihr vor allem Kohlenhydrate erhält. Viele Pflanzen sind auf einen Mykorrhizapilz angewiesen und es wird vermutet, dass erst diese Symbiose die Besiedlung des Festlandes durch Pflanzen ermöglichte.

Symbiosen gibt es auch im Tierreich. Bei den **Bestäubungssymbiosen** fliegen Insekten, Vögel oder Fledermäuse von Blüte zu Blüte, um Nektar zu saugen, und sichern damit deren Bestäubung. Bei vielen Pflanzen haben sich im Laufe der Zeit Form, Farbe und Duft ihrer Blüten an potenzielle Bestäuber angepasst, so z. B. die röhrenförmigen Blüten tropischer Pflanzen an die Bestäubung durch Kolibris, oder die nach Aas duftende Blüte des Aronstabes an bestimmte Insekten.

In Symbiose leben z. B. auch Nilpferde oder Elefanten und Madenhacker (s. S. 100, Abb. 2). Letztere suchen die Haut der großen Säugetiere nach Insekten und Parasiten ab und nutzen diese zur eigenen Ernährung.

Wie Pflanzen können auch Tiere Symbiosepartner in den eigenen Organismus aufnehmen. Lebenswichtige Verbindungen bestehen z. B. zwischen **Wiederkäuern** und Cellulose spaltenden Mikroorganismen im Verdauungstrakt. Ohne ihre Hilfe könnten Wiederkäuer pflanzliche Nahrung nur in geringem Maße verwerten.

Bei Korallen und Muscheln eingelagerte Algen (Zooxanthellen) erzeugen eine große Farbenvielfalt. Sie versorgen die Korallen mit Kohlenhydraten und Sauerstoff. Dafür werden sie geschützt.

> Die Symbiose ist eine Wechselbeziehung zwischen Organismen verschiedener Arten, bei der beide Partner einen Nutzen aus der Verbindung ziehen.

Aufgabe

Finden Sie weitere Beispiele für Symbiosen bei Pflanzen und Tieren. Erstellen Sie eine Übersicht über die jeweiligen Partner und den Nutzen, den beide Seiten aus der Verbindung ziehen.

1 ▶ Ein weißliches feines Pilzgeflecht der Ziegenlippe hat die Wurzelenden der Wald-Kiefer umsponnen.

2 ▶ Symbiose von Einsiedlerkrebs und Seerosen: Während der Krebs durch die Nesseln der Seerose geschützt wird, profitiert diese von der ständigen Ortsveränderung und den Futterresten des Krebses.

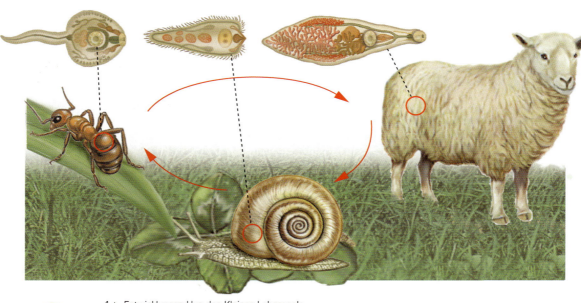

1 ▶ Entwicklungszyklus des Kleinen Leberegels

Parasitismus

Parasitismus ist eine Wechselbeziehung zwischen Organismen verschiedener Arten, bei denen ein Partner, der **Parasit**, seine lebensnotwendigen Bedürfnisse nur auf Kosten eines anderen Partners, dem **Wirt,** befriedigen kann. Parasitismus kommt in vielfältiger Form im Tier- und Pflanzenreich vor. Die Unterteilung erfolgt nach Aufenthaltsort und -dauer des Parasiten.

Stechmücken, Flöhe, Zecken und Blutegel gehören zu den **Ektoparasiten.** Diese halten sich außen an einem Wirt auf, ernähren sich vom Blut ihres Wirtes und haben in Anpassung daran stechend-saugende oder beißende Mundwerkzeuge.

Endoparasiten dringen in den Körper des Wirtes ein. Sie leben in Hohlräumen seines Inneren, z. B. im Gewebe, im Darm oder in Blutgefäßen, und sehr selten auch in den Körperzellen selbst, wie die Erreger der Malaria. Typische Endoparasiten sind Bandwürmer, Spulwürmer und Leberegel. Sie ernähren sich von Körperflüssigkeiten oder Nahrungspartikeln und besitzen einen sehr gut an diese Lebensweise angepassten Körperbau: Bewegungs- und Sinnesorgane und das Verdauungssystem sind zurückgebildet, spezielle Haftorgane dienen der Verankerung im Wirtskörper. Zwittertum und eine hohe Vermehrungsfähigkeit ermöglichen eine große Anzahl an Nachkommen.

Die meisten Endoparasiten halten sich im Laufe ihres Lebens nicht nur in einem einzigen Wirt auf, sondern durchlaufen einen **Wirtswechsel.** Sie parasitieren als Larven oder Jugendstadien in sogenannten **Zwischenwirten,** bevor sie als erwachsene, geschlechtsreife Tiere zu ihrem **Endwirt** wechseln (s. Abb. 1).

Aufgabe

Bennenen und beschreiben Sie anhand von Abbildung 1 den Entwicklungszyklus des Kleinen Leberegels. Informieren Sie sich über die einzelnen Stadien und Entwicklungsphasen des Leberegels, seine Übertragungswege sowie die Folgen für die Wirtsorganismen.

Stechmücke

Floh

Laus

Schweinefinnenbandwurm

Ein Bandwurmbefall führt selten zum Tod des Wirtes. Anders ist dies z. B. bei **Schlupfwespen** (s. Abb. 4). Bei vielen Vertretern dieser Hautflüglerfamilie legen die Weibchen ihre Eier in lebende Insekten oder Spinnen ab. In diesen entwickeln sich die Parasitenlarven bis zur Verpuppung und führen dabei zum Absterben des Wirtes. Da Schlupfwespen auch bei vielen Schädlingen, wie z. B. Kohlweißlingen, parasitieren, spielen sie in der **biologischen Schädlingsbekämpfung** eine wichtige Rolle.

Bei Pflanzen unterscheidet man Parasiten nach dem Grad ihrer Wirtsabhängigkeit. **Halbschmarotzer** wie Läusekraut, Klappertopf oder Wachtelweizen haben voll entwickelte grüne Blätter, ihr Wurzelsystem ist jedoch verkümmert. Sie heften sich mit kleinen Saugwarzen an die Wurzeln anderer Pflanzen und entnehmen den Leitungsbahnen des Wirtes Wasser und Nährsalze. Misteln (s. Abb. 1) schmarotzen auf den Ästen von Laubbäumen, Kiefern oder Tannen, wo sie ihre zu Senkern umgewandelten Wurzeln in die Wasserbahnen des Wirtes treiben.

Vollschmarotzer sind vollständig auf die Nährstoffe ihres Wirtes angewiesen. Sie besitzen kein Chlorophyll, die Blätter sind meist völlig zurückgebildet. Häufig leben diese Pflanzen ganz im Erdboden oder im Inneren ihres Wirtes und bilden nur die Blüten über der Erdoberfläche aus, so wie die Schuppenwurz in Wäldern oder die Sommerwurz (s. Abb. 2) auf Wiesen.

Von großer **wirtschaftlicher Bedeutung** sind z. B. Rost-, Brand-, Schorf-, und Mehltaupilze, die auf Getreide, Obst- und Gemüsepflanzen schmarotzen und zu großen Ernteausfällen führen. Für den Menschen gefährlich ist der Mutterkornpilz (s. Abb. 3). Sein hochgiftiges Dauerstadium ist ein umgewandeltes Getreidekorn, das sich kaum von einem gesunden Korn unterscheidet.

Andere Pilze verursachen **Haut- und Schleimhauterkrankungen** bei Mensch und Tier, wie z. B. Fußpilz.

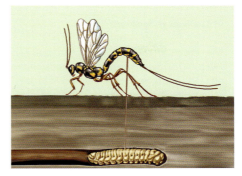

4 ▶ Die parasitische Holzschlupfwespe spürt Holzwespenlarven bis 4 cm tief im Holz auf, um mit ihrem Legebohrer ihre Eier in ihnen abzulegen.

Die tropischen Rafflesia-Arten sind Vollschmarotzer an Lianen. Sie bilden außerhalb ihres Wirtes nur noch Blüten aus, darunter die weltweit größte bekannte Blüte (Durchmesser über 1 m).

> Parasitismus ist eine Wechselbeziehung zwischen Organismen verschiedener Arten, bei der ein Partner, der Parasit, auf Kosten eines anderen, dem Wirt, existiert und diesen dabei schädigt.

1 ▶ Misteln schmarotzen auf den Ästen von Bäumen.

2 ▶ Die Panzer-Sommerwurz schmarotzt an den Wurzeln des Feld-Beifußes.

3 ▶ Der Mutterkornpilz schmarotzt auf Getreideähren.

Probiose oder Symbiose?

Die Probiose nimmt im Zusammenleben zweier Organismen eine Zwischenstellung ein. Es herrscht kein Gleichgewicht zwischen den Partnern wie bei der Symbiose. Nur einer zieht einen Vorteil aus der Verbindung. Jedoch wird der andere Partner auch nicht geschädigt wie beim Parasitismus. Probiosen sind damit ein Beispiel für die fließenden Übergänge von Prozessen und Zusammenhängen in der Natur.

2 ▶ Bromelien

Zu den Probiosen zählt z. B. der **Kommensalismus** (Mitesserschaft). Bei ihm profitieren (kleinere) Tiere von den Nahrungsresten anderer, zumeist größerer Beutegreifer. So nutzen in Wüsten und Steppen Aasfresser wie Schakale, Hyänen oder Geier die übrig gebliebenen Beutereste von Löwen, Geparden oder Wölfen.

Weitere Probiosen ergeben sich durch die **Ansiedlung** von Tieren oder Pflanzen auf oder dicht bei anderen Organismen. Seepocken setzen sich z. B. auf Muscheln oder Walen fest und profitieren von der Ortsveränderung und der anfallenden Nahrung. Bromelien (s. Abb. 2), etliche Orchideen und Flechten wachsen als sogenannte Epiphyten auf Bäumen ohne diese zu beeinträchtigen. Ameisen siedeln in Hohlorganen tropischer Pflanzen (s. Abb. 1).

Auch das sind Probiosen: Einzelne Eiderenten können in Seeschwalbenkolonien brüten, um ihr Gelege und die Jungen vor Raubmöwen zu schützen. Sperlinge finden Schutz und einen geeigneten Brutplatz als „Untermieter" in großen Horsten von Greifvögeln oder Störchen. Brandenten nutzen zur Brut Baue von Kaninchen, Dachsen oder Füchsen. Hohltauben sind auf Höhlen des Schwarzspechtes angewiesen.

Als **Phoresie** bezeichnet man schließlich eine Probiose, bei der ein Tier aktiv oder passiv als Transportmittel benutzt wird. Parasiten wie Milben klammern sich aktiv an Bienen oder Käfer. Schiffshalterfische halten sich an größeren und schnelleren Fischen wie Haien oder Thunfischen fest. Passiv werden z. B. Pflanzensamen durch Vögel und Säugetiere verbreitet.

Der Übergang zwischen Probiose und Symbiose ist mitunter fließend. Das Zusammenleben von Ameisen und Akazien ist eine Symbiose, da in diesem Fall beide Partner einen Vorteil daraus ziehen. Die Ameisen schützen die Flötenakazien vor Schädlingen und Fressfeinden, z. B. Giraffen, durch Bisse.

1 ▶ Die Ameisen leben geschützt in den Hohlorganen der Flötenakazie und werden mit Futter versorgt. Was bedeutet das für die Akazie?

Praktikum

Geheimnisvolle Blattbewohner: Gallen und Minen

Auf den großen Blättern der Wald-Klette (s. Abb. 2) sieht man oft verworrene Linien und Bänder, als hätte ein Kind darauf gekritzelt. Auch an einzelnen Blättern des Wald-Geißblatts sind nicht selten ähnliche Spuren zu sehen.

1. Versuchen Sie, auf einem Waldspaziergang möglichst viele verschiedene Blätter mit solchen Spuren zu finden.
   a) Halten Sie die Blätter gegen den hellen Himmel. Was können Sie erkennen?
   b) Überlegen Sie, wie die geheimnisvollen Spuren entstanden sein könnten. Vielleicht hilft Ihnen dabei der Name: Man nennt diese Spuren „Blattminen".
   c) Versuchen Sie, für diesen Namen eine Erklärung zu finden.
   d) Wie lassen sich Ihre Vermutungen überprüfen?
   e) Nehmen Sie die schönsten „Minen" in einem Plastikbeutel mit und pressen Sie die Blätter oder fertigen Sie Scans an.

An anderen Blättern und Stängeln kann man ab und zu merkwürdige Auswüchse oder Wucherungen erkennen, die manchmal fast wie Früchte aussehen. Wenn auf Eichenblättern kleine „Äpfelchen" wachsen, wenn die Fichtenzweige an den Spitzen zapfenartig verdickt sind oder wenn auf Buchenblättern kleine rote Zitzen gebildet werden (s. Abb. 3), sind andere Lebewesen am Werk. Das sind meist Insekten oder Milben, seltener auch Pilze. Sie veranlassen die Pflanzen, solche Pflanzengallen zu bilden, die oft eine sehr charakteristische Gestalt und einen spezifischen Aufbau haben.

2. Suchen Sie nach drei verschiedenen Gallen an Blättern, Stängeln, Zweigen, Blüten oder Früchten und bringen Sie sie mit in die Schule.
   a) Sortieren Sie alle mitgebrachten Gallen nach ihren Wirtspflanzen und nach ihrer Form.
   b) Um herauszufinden, was im Inneren der Galle ist, öffnen Sie eine der Gallen vorsichtig mit einem Messer. Betrachten Sie die geöffnete Galle mit einer starken Lupe oder mit dem Binokular. Zeichnen Sie die geöffnete Galle mit ihrem Inhalt.

3. Überlegen Sie sich eine mögliche Zuordnung dieser Beziehungen (aus Aufgabe 1 und 2) von Organismen.

1 ▶ Rosskastanie (Miniermotte)

2 ▶ Wald-Klette

3 ▶ Zitzengalle auf Buchenblatt

Mit einem Binokular wird das Objekt mit beiden Augen betrachtet, was eine bessere Tiefenwahrnehmung ermöglicht.

Innerartliche Beziehungen von Organismen

Die Larven der Nonne verursachen durch ihren Fraß z. B. an Kiefern enormen wirtschaftlichen Schaden.

Die Falter werden in Duftfallen mit Lockstoffen gefangen und so an ihrer Vermehrung gehindert.

Wechselbeziehungen zwischen Organismen einer Art dienen vor allem der **Fortpflanzung,** dem **Nahrungserwerb** und dem **Schutz** gegenüber Fressfeinden.

Besonders vielfältig und auffällig sind innerartliche Beziehungen in der **Fortpflanzungzeit.** Auf der Suche nach einem passenden Fortpflanzungpartner nutzen viele Tiere optische, akustische oder chemische Reize.

Bei vielen Vögeln sind deshalb die Männchen besonders farbenprächtig. Auch bei Fischen, wie dem Stichling oder dem Bitterling, ist dies der Fall. Bei Insekten suchen z. B. Leuchtkäfer den Geschlechtspartner mithilfe **optischer Signale** („Glühwürmchen").

Akustische Signale werden z. B. von Vögeln, Säugetieren, wie Hirschen oder Brüllaffen, Fröschen und Insekten, wie Zikaden und Heuschrecken, genutzt.

Andere Insekten, wie z. B. Schmetterlinge, suchen ihre Partner mithilfe **chemischer Lockstoffe.** Diesen Umstand macht man sich durch die Verwendung von Duftfallen in der **Schädlingsbekämpfung** zunutze. Chemische Signale nutzen z. B. auch Krebse und Säugetiere, wie Hunde, Pferde oder Rinder.

Neben der Anlockung eines Partners dienen diese Signale oft gleichzeitig zur Abgrenzung eines **Reviers,** das zur Aufzucht der eigenen Nachkommen genügend Nahrung und Schutz bieten soll (s. S. 108).

Nach der Begattung ist die **Aufzucht** der Nachkommen eine weitere Periode enger Beziehungen zwischen Organismen einer Art. Insbesondere bei Vögeln und Säugetieren sind dazu spezielle Verhaltensweisen der **Brutpflege** ausgebildet. Dadurch sollen alle Bedürfnisse der Jungen nach Schutz, Nahrung und Pflege befriedigt werden. Brutpflege ist vor allem bei Nesthockern lebenswichtig, da sich diese Tiere bei ihrer Geburt noch in einem so unreifen Entwicklungsstadium befinden, dass sie ohne elterlichen Schutz nicht überleben würden. Zu den Nesthockern gehören z. B. Singvögel, Mäuse, Kaninchen und auch der Mensch.

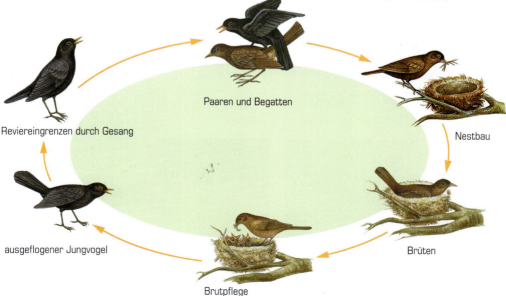

1 ▸ Fortpflanzung bei der Amsel als Beispiel für innerartliche Wechselbeziehungen in der Brutzeit.

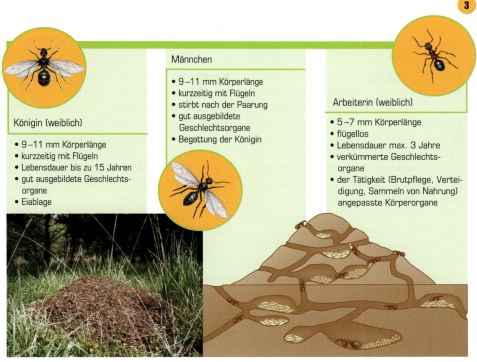

1 ▶ Verschiedene Ameisenformen im Ameisenstaat

Rote Waldameisen gehören zu den Staaten bildenden Insekten. Ihre Nesthügel können bis zu 1,5 m hoch sein und bis zu 2 m in die Erde hineinreichen. Sie unterstützen das ökologische Gleichgewicht im Wald und und gelten laut Roter Liste von Deutschland als stark gefährdet. Deshalb ist es wichtig, ihre Nester zu schützen und zu erhalten.

Auch außerhalb der Brutzeit kann es enge Beziehungen zwischen Tieren der gleichen Art geben. Wölfe oder Löwen z. B. bilden feste Rudel, die auch beim **Nahrungserwerb,** einer Gemeinschaftsjagd der Rudelmitglieder, wichtig sind. Pelikane finden sich zu Gruppen zusammen und kreisen ihre Nahrungsfische ein, um deren Dichte und ihren Fangerfolg zu erhöhen.

Der Zusammenschluss zu Schwärmen oder Herden dient auch dem **Schutz gegenüber Fressfeinden.** Ein dichter Schwarm Heringe oder Stare verwirrt angreifende Raubfische oder Habichte, sodass sie kein einzelnes Tier erbeuten können. In Herden von Antilopen oder Gruppen von Enten warnen sich die einzelnen Tiere gegenseitig, sodass nicht ständig alle Mitglieder nach Feinden Ausschau halten müssen. Pferde- und Rinderherden formieren sich zur Verteidigung gegen überlegene Feinde.

Eine besonders hoch entwickelte und dauerhafte Form des Zusammenlebens von Tieren einer Art ist der **Tierstaat.** Die Bewohner dieser Familiengemeinschaft zeigen eine deutliche Arbeitsteilung, die sich auf Unterschiede im Körperbau und in der Aufgabenverteilung begründet. Mechanisch, optisch oder chemisch werden Informationen z. B. über Nahrungsquellen, zur gegenseitigen Erkennung oder Alarmierung ausgetauscht. Spezielle Wohnbauten sichern Brutpflege, Nahrungsspeicherung und Schutz des Staates. Staatenbildung gibt es hauptsächlich bei Insekten, z. B. bei Ameisen (s. Abb. 1), Wespen, Bienen und Termiten.

Aufgabe

Kennzeichen eines Tierstaates sind Wohnbauten, Arbeitsteilung, Kommunikation und Nahrungsbeschaffung. Beschreiben Sie anhand dieser Punkte den Staat einer Roten Waldameise. Nutzen Sie dazu Abbildung 1 und informieren Sie sich zusätzlich in der Bibliothek oder im Internet. Warum ist es wichtig, diese Ameisen zu schützen?

2 ▶ Rote Waldameise

Konkurrenz

Wichtige Ressourcen wie Nährstoffe, Nistplätze oder Geschlechtspartner stehen nicht unbegrenzt zur Verfügung. Ist die Anzahl an Organismen, die diese Ressource benötigen, größer als das Angebot, kommt es zwischen den Lebewesen zum **Wettbewerb oder Konkurrenz** um diese Ressource.

Konkurrenz tritt sowohl innerartlich als auch zwischen verschiedenen Arten auf. Im Ergebnis setzen sich die am besten angepassten oder schnellsten Individuen durch, während die Unterlegenen Einschränkungen hinnehmen müssen oder verdrängt werden.

Das Singen der Vogelmännchen im Frühjahr dient nicht nur der Anlockung von Weibchen, sondern auch der Abgrenzung des eigenen Reviers.

> **M** Konkurrenz ist der Wettbewerb von Organismen einer oder verschiedener Arten um begrenzt verfügbare Ressourcen, z. B. Nahrung, Raum oder Fortpflanzungspartner.

Innerartliche Konkurrenz ist ein wichtiger Faktor zur **Dichteregulierung.** Sind die Ressourcen erschöpft, können keine weiteren Individuen der gleichen Art zur selben Zeit im selben Gebiet leben.

Ein Ausdruck dafür ist die Verteidigung von Revieren gegenüber fremden Artgenossen bei Vögeln (s. S. 106) oder die Auswanderung von Libellen und Wanderheuschrecken aus zu dicht besiedelten Gebieten.

Massenvermehrungen von Nagetieren, wie z. B. Ratten, führen zu Störungen im Hormonhaushalt, die eine zunehmende Sterilität und Sterblichkeit zur Folge haben.

Bei zu dicht wachsenden Pflanzen werden schwächere Exemplare unterdrückt, zeigen Kümmerwuchs oder sterben ab. Viele Pflanzen bilden außerdem Abwehrstoffe, die die Ansiedlung von Artgenossen in ihrer Nähe verhindern.

Innerartliche Konkurrenz trägt damit zur **Erhaltung des biologischen Gleichgewichts** in Ökosystemen bei.

Zwischenartliche Konkurrenz folgt den gleichen Prinzipien. Je ähnlicher die Ansprüche zweier Arten sind, desto größer wird der Wettbewerb zwischen ihnen und desto wahrscheinlicher ist es, dass die konkurrenzstärkere Art die schwächere aus dem Lebensraum verdrängt. Wissenschaftler nennen diesen Zusammenhang **Konkurrenz-Ausschluss-Prinzip.**

1 ▸ Konkurrenzverhalten beim Schlussverkauf

Konkurrenzvermeidung und das Konzept der ökologischen Nische

Konkurrenz lässt sich nicht nur durch Verdrängung oder Abwanderung einer Art **vermeiden.** Auch innerhalb eines Ökosystems können zwei Arten mit ähnlichen Ansprüchen einander ausweichen.

Diesem Gedanken folgt das **Konzept der ökologischen Nische.** Die ökologische Nische ist der **Wirkungsbereich** oder „**Beruf**", den eine Art in einem Ökosystem ausfüllt.

Ökologische Nischen lassen sich räumlich und zeitlich trennen. Das ermöglicht die **Einnischung**, d. h. Eingliederung, mehrerer Arten mit zum Teil ähnlichen Ansprüchen **in einen Lebensraum**. So haben Pflanzen eines Standortes ihre Wurzelsysteme in unterschiedlichen Tiefen ausgebildet, und Mäusebussarde und Waldohreule können auf die gleiche Nahrungsquelle, Mäuse, zurückgreifen, da der eine sie am Tag und der andere bei Nacht nutzt.

Je besser die **Trennung** beider Nischen ausgebildet ist, desto besser können beide Arten im selben Gebiet nebeneinander existieren. Je größer jedoch die Ähnlichkeit, d. h. **Überlappung** beider Nischen wird, desto stärker sind die Konkurrenz und der Verdrängungsdruck zugunsten einer Art.

Ob eine **neue Art** in einem Ökosystem eine ökologische Nische findet, hängt davon ab, inwieweit diese bereits durch andere Arten besetzt ist. Marderhund, Türkentaube und Rosskastanie fanden ohne Probleme ihren Platz in der einheimischen Fauna bzw. Flora. Ihre Nischen waren offensichtlich noch frei.

Die Nische des um 1900 auf den Britischen Inseln ausgesetzten Grauhörnchens aus Nordamerika war dagegen bereits mit dem einheimischen Eichhörnchen besetzt (s. Abb. 1, 2). Beide haben dieselben Lebensraumansprüche. Grauhörnchen sind aggressiver in ihrem Verhalten und immun gegenüber einer tödlichen Viruserkrankung bei Eichhörnchen. So verdrängen die Grauhörnchen nach und nach die Eichhörnchen aus deren ökologische Nische. Das Verschwinden des Eichhörnchens auf den Britischen Inseln ist ein Beispiel, wie eingewanderte oder durch den Menschen eingeschleppte neue Arten zum **Aussterben heimischer Arten** führen können.

Grauhörnchen und Eichhörnchen besetzen dieselbe ökologische Nische.

> Die ökologische Nische beschreibt, welche biotischen und abiotischen Bedingungen (Nahrung, Lebensraum, Fortpflanzungsmöglichkeit) dem Lebewesen sein Überleben sichern.

Trotz der verheerenden Folgen ist der „Victoriabarsch" stets noch ein begehrter Speisefisch.

1 ▶ Das aus dem Himalaya eingewanderte Drüsige Springkraut verdrängt einheimische Pflanzen.

2 ▶ Die im Victoriasee ausgesetzten Nilbarsche verdrängen massiv die dort lebenden Buntbarsch-Arten.

gewusst · gekonnt

1. Nehmen Sie in Ihr Glossar auf: biotische Umweltfaktoren, Nahrungsnetz, Räuber-Beute-Beziehung, Symbiose, Konkurrenz, Parasitismus, innerartliche Beziehungen, Tierstaat, Regulationsmechanismus, ökologische Nische.

   Glossar

   Beziehungen, innerartliche:

2. Betrachten Sie die Abbildung 1 der Seite 97.
   a) Wählen Sie sich einen anderen Lebensraum und erstellen Sie an konkreten Beispielen ein ähnliches Netzwerk vielfältigster Wechselbeziehungen zwischen verschiedenen Organismen.
   b) Ordnen Sie Ihre Beispiele nach der Art ihrer Beziehung (z. B. Räuber-Beute, Parasitismus, Symbiose, Konkurrenz um Nahrung).
   c) Erläutern Sie die Auswirkungen, die die jeweilige Beziehung für beide Partner hat.

3. „Ein Räuber rottet seine Beute nicht aus." Ist diese Aussage richtig? Erläutern Sie das Prinzip dieser Wechselbeziehung.

4. Erklären Sie, warum wir uns vor harmlosen Schwebfliegen erschrecken.

5. Einige Flechten sind Indikatoren für eine gute Luftqualität. Was verbirgt sich hinter dem Begriff Indikator? Nennen Sie weitere Beispiele für Indikatoren.

6. Finden Sie praktische Beispiele für die biologische Schädlingsbekämpfung und ihre Anwendungsmöglichkeiten. Klären Sie dazu den Begriff mithilfe des Internets und fragen Sie z. B. in einer Gärtnerei oder einem Forstbetrieb nach.

7. Nennen Sie so viele tierische und pflanzliche Parasiten wie Sie können und ordnen Sie diese zu den Gruppen: Ekto- und Endoparasiten, Halb- und Vollschmarotzer, Pilze. Nennen Sie die Anpassungen dieser Gruppen an ihr Parasitentum.

8. Vögel nutzen optische und akustische Signale zur Partnersuche. Beschreiben Sie die Art von Signalen, die wir Menschen verwenden.

9. Betreibt auch der Mensch Brutpflege? Begründen Sie Ihre Antwort.

10. Erläutern Sie, warum das Getreide nur auf den Feldern wächst, kaum aber über deren Grenzen hinaus.

11. Die beiden Pantoffeltierchenarten *Paramecium aurelia* und *Paramecium caudatum* stellen dieselben Ansprüche an ihre Umwelt. Getrennt voneinander gezüchtet, entwickeln sie nach wenigen Tagen stabile Bestände. Einziger Unterschied ist, dass *P. aurelia* schneller wächst als *P. caudatum*.
    a) Vermuten Sie was passiert, wenn beide Arten in einem Gefäß zusammen gehalten werden.
    b) Stellen Sie die Entwicklung beider Pantoffeltierchen grafisch dar, wenn sie getrennt leben und wenn sie gemeinsam leben. Erläutern Sie den Kurvenverlauf.

12. Ein deutscher Vogelkundler fand heraus, dass in einem einzigen größeren Baum einer Streuobstwiese mit Buchfink, Grünfink, Kernbeißer, Girlitz und Stieglitz gleichzeitig fünf Finkenvogelarten nisten können. Finden Sie eine Erklärung dafür.

Biologie 111

Das Wichtigste auf einen Blick

Beziehungen zwischen Lebewesen

In der Biozönose eines Ökosystems existieren vielfältige Wechselbeziehungen zwischen den Lebewesen einer und verschiedener Arten. Sie können positive (+), negative (–) oder keine (0) Auswirkungen auf die beteiligten Partner haben:

Nahrungskette, Nahrungsnetz, Räuber-Beute-Verhältnis, Regulation

Nahrungsbeziehungen +/–
Direkte Abhängigkeit von Lebewesen verschiedener Arten aufgrund ihrer Nahrung z.B. Schmetterlingsraupe – Pflanze, Greifvogel – Maus

Flechte, Indikator, Mykorrhiza, Bestäubungssymbiose

Symbiose +/+
Beziehung zwischen Lebewesen verschiedener Arten zum gegenseitigen Vorteil z.B. Rentierflechte, Orchidee, Kolibri – Blütenpflanze, Einsiedlerkrebs – Seerosen, Wiederkäuer

Ekto- und Endoparasiten, Wirtswechsel, biologische Schädlingsbekämpfung, Schmarotzer

Parasitismus +/–
Beziehung zwischen Lebewesen verschiedener Arten, für einen Partner vorteilhaft, für den anderen schädigend z.B. Stechmücke, Bandwurm, Mistel, Mutterkornpilz

Beziehungen zwischen Lebewesen

Kommensalismus, Phoresie

Probiose +/0
Beziehung zwischen Lebewesen verschiedener Arten, für einen Partner vorteilhaft, für den anderen ohne Folgen z.B. Aasfresser, Epipyhten, Madenpicker

Partnersuche, Brutpflege, Schwarm- und Herdenbildung, Tierstaat

Innerartliche Beziehungen +/+
Beziehungen und Abhängigkeiten zwischen Lebewesen einer Art, für beide von Vorteil z.B. Fortpflanzung bei der Amsel, Rudelbildung beim Wolf, Ameisenstaat

Dichteregulierung, Konkurrenz-Ausschluss-Prinzip, Konkurrenzvermeidung, ökologische Nische, Aussterben

Konkurrenz –/–
Wettbewerb zwischen Lebewesen einer oder verschiedener Arten um begrenzt verfügbare Ressourcen, nachteilig für beide z.B. Revierkämpfe der Grizzlybären, Grauhörnchen und Eichhörnchen in Großbritannien

3.3 Beziehungen der Lebewesen im Ökosystem Wald

Siehst Du den Wald vor Bäumen nicht? ▸▸ Bäume charakterisieren das Ökosystem Wald. Dennoch ist ein Wald mehr als nur die Summe seiner Bäume. *Wie lässt sich das Ökosystem Wald beschreiben? Welche typischen Lebewesen kommen vor? Welche Bedeutung hat er für Mensch und Umwelt?*

Auch Ökosysteme machen Umsatz ▸▸ In einem ständigen Kreislauf werden Stoffe auf-, um- und abgebaut. Die notwendige Energie dazu liefert vor allem die Sonne. *Wie funktioniert ein Stoffkreislauf? Warum sind Nahrungsketten endlich? Was versteht man unter ökologischen Pyramiden?*

Stillstand ist der Tod ▸▸ Ein Wald scheint ein stabiles System zu sein. Es treten jedoch erhebliche Schwankungen auf. *Worauf beruhen diese Schwankungen? Warum spricht man von einem Räuber-Beute-Zyklus? Was passiert, wenn ein Ökosystem zerstört wird?*

Der Wald – ein Ökosystem

Mitteleuropa ist ein **Waldland.** Überall dort, wo der Mensch nicht eingreift und die Umweltbedingungen es zulassen, entstehen aus offenen Bereichen wie Wiesen, Ödland oder Kahlschlägen nach und nach Wälder.

Wichtigstes **Merkmal** des **Ökosystems Wald** sind **Bäume.** Sie schaffen typische Klima- und Bodenverhältnisse, die sich deutlich von denen der Umgebung unterscheiden (s. S. 84).
   Die langsame Entwicklung vom Jungwuchs bis zum Altbaum gibt jedem Wald eine bestimmte Altersstruktur. In natürlichen Wäldern finden wir Bäume jeder Altersklasse. Wirtschaftswälder bestehen zweckgebunden meist nur aus einer Baumart in einer Altersklasse.

Durch die unterschiedlichen Wuchshöhen der Bäume, Sträucher und krautigen Pflanzen lässt sich ein Wald in eine vertikale **Schichtung** gliedern (s. Abb. 1). Die oberste **Baumschicht** wird durch die Bäume bestimmt (bis ca. 40 m). Ihr folgen **Strauchschicht** (bis ca. 5 m), **Krautschicht** (bis ca. 1 m) und **Moosschicht** (bis ca. 20 cm). Durch diese Schichtung bietet ein naturnaher Wald einer Vielzahl von Organismen einen Lebensraum und vielfältige Wechselwirkungen machen dieses Ökosystem besonders stabil und langlebig.

Im globalen Stoffkreislauf sind Wälder nicht nur wichtige **Sauerstoffproduzenten.** Sie spielen auch eine große Rolle bei der Wasserspeicherung und Bodenbildung. Dem Menschen dienen Wälder vor allem als Holzlieferanten und Orte der Erholung.

Bayern ist mit 2,5 Millionen ha Wald das waldreichste Bundesland. In diesen Wäldern stehen rund 5 Milliarden Bäume.

> **M** Das Ökosystem Wald ist durch Bäume geprägt. Die Pflanzengemeinschaft zeigt eine vertikale Schichtung in Baum-, Strauch-, Kraut- und Moosschicht. Wälder haben eine große ökologische Bedeutung.

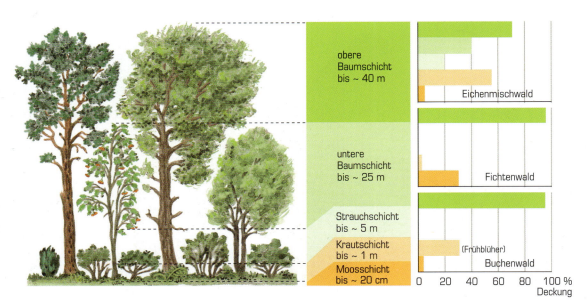

1 ▶ Der Schichtenaufbau eines Waldes

Waldbiozönose

Baum- und Strauchschicht

Die **Baumschicht** ist der **Kronen- und Stammbereich** der Bäume. Je nach Baumart fängt das Blätterdach Regen und Sonnenlicht ab und beeinflusst somit alle darunter liegenden Schichten.

Der Buchenwald ist unter den heutigen Klimabedingungen in vielen Gebieten Mitteleuropas die natürliche Waldbedeckung unserer Gegend.

Buchen lassen bei voller Belaubung nur wenig Licht auf den Boden. Unter ihren Kronen gedeihen nur einige Schattenpflanzen, wie Farne und Frühblüher, die die Zeit bis zur Belaubung nutzen, um den Großteil ihrer Entwicklung abzuschließen. Durch die Kronen von Eichen und Birken gelangt mehr Licht. Unter ihnen kann sich eine reichere Vegetation ausbilden.

Die Baumschicht bietet vor allem **Vögeln** einen Lebensraum. Greifvögel und Eulen finden hier einen Nistplatz; Spechte, Meisen und Kleiber auch ihre Nahrung. Einige Vögel haben sich auf bestimmte Baumarten spezialisiert, wie Fichtenkreuzschnabel, Tannenhäher und Goldhähnchen auf Fichten. Von den **Säugetieren** suchen Eichhörnchen und Baummarder in der Baumschicht Nahrung und nutzen Höhlen für ihre Jungenaufzucht. Auch viele **Insekten** leben in diesem Bereich, z. B. Blattläuse, Gallwespen, Borken- und Bockkäfer, Schmetterlinge, wie Spinner und Spanner, und andere Baumschädlinge.

Die **Strauchschicht** besteht aus dem Jungwuchs der Bäume und verschiedensten **Sträuchern** wie Holunder, Traubenkirsche, Schlehe, Weißdorn, Haselnuss, Rosen, Him- und Brombeeren. Viele dieser Sträucher sind licht- und wärmebedürftig, sodass sie vor allem an Waldrändern und auf Lichtungen wachsen. Die Strauchschicht bietet vielen Tierarten einen Lebensraum, z. B. **Singvögeln**, wie Goldammer, Buchfink, Zilpzalp und Singdrossel, und **Säugetieren**, wie Wald- und Haselmaus. Hirsche, Rehe, Wildschweine und Füchse finden hier Rückzugsgebiete. Je höher die Zahl unterschiedlicher Sträucher, desto höher ist auch die Anzahl an **Insekten und Spinnen.** Radnetzspinnen und Baldachinspinnen bauen hier ihre Netze. Blüten locken Bienen und Tagfalter an. Andere Schmetterlinge bzw. ihre Raupen können durch Minieren (s. S. 105) und Blattfraß Schaden anrichten.

1 ▶ Einige Lebewesen der Strauchschicht

a Baldachinspinne

b Zilpzalp

c Haselnussstrauch

d Schwarzer Holunder

2 ▶ Ein Buchenwald – ohne Strauchschicht

Kraut- und Moosschicht

Unter der Strauchschicht erstreckt sich die **Krautschicht,** bestehend aus Farnen, Gräsern und Blütenpflanzen.

Farne lieben schattig-feuchte Wälder, ebenso **Riedgräser** (z. B. Seggen). Sie sind in feuchten Erlen- oder Buchenwäldern heimisch. Dort wachsen auch einige typische **Blütenpflanzen** des Waldes: Großes Springkraut und Wald-Sauerklee sowie Frühblüher, wie Lungenkraut, Busch-Windröschen oder Primeln. Sonniger mögen es Fingerhut, Weidenröschen, Wald-Erdbeere, Königskerze, Wolfsmilch, Hartheu und auch **Süßgräser,** wie Rispen- oder Schwingelgräser. All diese Pflanzen wachsen in lichten Wäldern, an Waldrändern und auf Lichtungen.

In der Krautschicht beginnt das Reich der **Wirbellosen,** das bis in den Erdboden hinein reicht. Aus allen Insektengruppen sind Vertreter zu finden, z. B. Libellen, Heuschrecken, Wanzen, Blattläuse, Zikaden, Hummeln, Bienen und Blattkäfer.

Die Boden- oder **Moosschicht** ist den **Pilzen, Moosen** (s. S. 116, 117) und **Flechten** vorbehalten. Nur wenige Zentimeter dick, ist sie dennoch von großer Bedeutung.

Moospolster bilden wichtige Wasserspeicher.

Hier beginnt die Verarbeitung toter organischer Substanz, deren Abbau und Zersetzung im Boden fortgeführt wird. Daran sind viele **wirbellose Tiere** beteiligt, z. B. Regenwürmer, Schnecken, Tausendfüßer, Asseln und die Larven vieler Fliegen und Mücken. Von diesen ernähren sich wiederum Spinnen, Laufkäfer, **Amphibien, Reptilien,** Spitzmäuse, Igel und Maulwurf.

> Die vertikale Gliederung der Vegetation in einem Waldökosystem bietet Lebensraum für eine Vielzahl von Organismen. Je reicher die Strukturierung, desto mehr Tiere können ihre ökologische Nische finden.

Aufgabe

Erstellen Sie eine Tabelle zu den Schichten eines Waldes, der sich aus verschiedenen Laubbaumarten zusammensetzt (Laubmischwald). Ordnen Sie ihnen Pflanzen und Tiere zu.
Ergänzen Sie weitere Beispiele.

1 ▶ Laubmischwald – mit vielen Schichten

2 ▶ Einige Lebewesen der Krautschicht

a Radnetzspinne
b Wurmfarn
c Busch-Windröschen

Moospflanzen im Ökosystem Wald

1 ▶ Weißmoospolster

4 ▶ Brunnenlebermoos

2 ▶ Bau eines Laubmooses
(Sporenkapsel mit Sporen, Stämmchen, Blättchen, Rhizoide)

In vielen Wäldern bilden **Moose** dichte Polster, Decken oder Filze auf dem Waldboden, auf umgestürzten Bäumen und auf Baumstümpfen, aber auch an den Stämmen und Ästen lebender Bäume und auf Steinen und Felsen. Dabei kann man unterschiedliche Wuchsformen erkennen.

Laubmoose können entweder stark verzweigte, niederliegende Sprosssysteme oder aufrechte, kaum verzweigte Sprosse entwickeln (s. Abb. 2). Das Rotstängelmoos bildet z. B. solche Filze aus verzweigten niederliegenden Ästen auf dem Waldboden. Das Gewöhnliche Haarmützenmoos bildet dichte Rasen aus unverzweigten Einzeltrieben, die von oben wie kleine Sternchen aussehen. Bei Trockenheit legen sich die Blättchen an die Stämmchen an (s. Abb. 3).

Das Weißmoos (s. Abb. 1) bildet dichte, kissenartige Polster, die ebenfalls aus aufrechten, nur am Grunde verzweigten Trieben bestehen.

Lebermoose sind im Allgemeinen noch feuchtigkeitsbedürftiger als Laubmoose. Sie bilden gabelig verzweigte Lager – wie das Brunnenlebermoos (s. Abb. 4) – oder niederliegende Sprosse mit zarten, seitlich sitzenden Blättchen.

Moose nehmen mit der ganzen Oberfläche Wasser und Mineralstoffe auf. Der Wasserspeicherung dienen v. a. die Zwischenräume zwischen den dicht verfilzten oder zu Polstern geformten Sprossen. Damit verzögert Moosbewuchs den oberirdischen Wasserabfluss. Außerdem sind Moospolster der Lebensraum für viele Kleinlebewesen wie Springschwänze, Insektenlarven, Milben, Pseudoskorpione oder Asseln.

Moose vermehren sich durch Sporen, die in besonderen, meist gestielten Sporenkapseln gebildet werden. Die Sporen keimen zu einem feinen Fadengeflecht aus, dem Protonema. Aus Knospen auf diesem Protonema wachsen die eigentlichen Moospflänzchen. Auf den grünen Moospflänzchen bilden sich – entweder getrennt oder auf einer Pflanze – weibliche Organe mit einer Eizelle und männliche Keimzellenbehälter mit vielen Spermatozoiden. Sie können nur über Wassertropfen zu den Eizellen gelangen. Aus den befruchteten Eizellen entwickeln sich die Sporenkapseln.

3 ▶ Moospflanze: a feucht; b trocken

Aufgabe

Moose haben eine große Bedeutung für den Wasserhaushalt des Waldes. Überprüfen Sie diese Aussage mit einem Experiment.

Pilze im Ökosystem Wald

Viele Pilzarten wachsen im Wald. Wie Pflanzen und Tiere sind sie an die besonderen Bedingungen ihres Lebensraums angepasst: an Licht und Schatten, Feuchtigkeit, Laub- oder Nadelstreu und an die Bäume und die anderen Pflanzen ihrer Umgebung. Einige Pilzarten bevorzugen saure Sandböden, andere kalkreiche Standorte.

Im Ökosystem Wald haben die Pilze eine ganz wichtige Rolle als **Abfallbeseitiger** (s. Abb. 1 b). Ohne Pilze würde der Wald allmählich im Falllaub und Totholz untergehen. Das Fadengeflecht der Pilze, ihr **Mycel**, durchwuchert diese organischen Abfallstoffe und scheidet Enzyme zu ihrer „Verdauung" aus. Die freigesetzten Nährstoffe werden von den Pilzen aufgenommen, die Mineralstoffe stehen den Pflanzen wieder zur Verfügung.

Manche Pilze findet man nur in Gesellschaft bestimmter Baumarten. Ihr Mycel geht eine ganz enge Verbindung mit den vordersten Abschnitten der Baumwurzeln ein. Über diese „Pilzwurzeln" (Mykorrhiza, s. S. 101) erhalten die Pilze von den Bäumen Kohlenhydrate, gleichzeitig nehmen sie Wasser und Mineralstoffe aus dem Boden auf und geben sie an die Bäume weiter. Dieses Zusammenleben zum beiderseitigen Vorteil nennt man **Symbiose** (s. Abb. 1 c).

Andere Pilzarten greifen lebende Bäume und andere Pflanzen an. Ein gefährlicher **Baumparasit** ist z.B. der auch als Speisepilz verwendete Hallimasch (s. Abb. 1 a). Auch Riesenporling und Zunderschwamm sind Baumparasiten, meist befallen sie geschwächte Bäume (Schwächeparasiten).

Das eigentliche Lebewesen Pilz ist das Fadengeflecht im Holz oder in der Laubstreu. Die „Pilze" auf dem Waldboden sind nur die sporenbildenden Fortpflanzungsorgane, oft auch „Fruchtkörper" genannt.

Manche Pilzfruchtkörper sind essbar, ja sie gelten – wie Pfifferlinge, Steinpilze, Morcheln oder Trüffeln – zu den größten Delikatessen. Andere Pilz-Arten sind ausgesprochen giftig, wie etwa der Grüne Knollenblätterpilz, Fliegenpilz oder der Satansröhrling.

Aufgabe
Informieren Sie sich im Internet über mögliche Erste-Hilfe-Maßnahmen bei Pilzvergiftungen.

a Hallimasch

b Schmetterlingstramete

c Fliegenpilz

1 ▶ Pilze können Konsument (a), Mineralisierer (b) oder Symbiont (c) sein.

Bedeutung des Ökosystems Wald

Ein naturnaher mitteleuropäischer Buchenwald z. B. beheimatet ca. 3 000 Pilzarten, 1 000 Pflanzenarten, davon ca. 200 Samenpflanzenarten und ca. 7 000 bis 14 000 Tierarten.

Auf der Internetseite der LWF (Bayerische Landesanstalt für Wald und Forstwirtschaft) finden Sie interessante Informationen rund um das Thema Wald.

Wirtschaftlich (ökonomisch) bedeutend ist das Ökosystem Wald deshalb, weil es für viele Menschen eine Einkommens- und Erwerbsquelle darstellt. Der Wald liefert den nachwachsenden Rohstoff **Holz,** der von der Holz verarbeitenden Industrie zu Möbeln, Bauholz und Papier weiterverarbeitet wird.

Aber auch die **ökologischen Funktionen des Waldes** haben eine große wirtschaftliche Bedeutung. Immer häufiger auftretende hochwasserbedingte Überschwemmungen verdeutlichen das. Die durch Kronendach, Strauch- und Krautschicht und Laubstreu abgebremsten Niederschläge gelangen in den Waldboden. Was nicht von den Wurzeln aufgenommen wird, gelangt ins Grundwasser und versorgt Quellen und Bäche. Nur der kleinste Teil fließt oberirdisch ab. Der Wald ist nicht nur ein großer Wasserspeicher. Dadurch, das ein Wald meist mehr als 50 % des Niederschlags wieder an die Atmosphäre abgibt, sorgt er für einen lokalen Wasserkreislauf und schützt nachhaltig sowohl vor Überschwemmungen als auch vor langen Trockenzeiten.

Außerdem filtert der Wald Staub und Schadstoffe aus der Luft. Im Waldboden werden auch den versickernden Niederschlägen Schadstoffe entzogen. Das führt dazu, dass aus dem Grund- und Quellwasser beste Trinkwasserqualität gewonnen werden kann. Schließlich bieten Wälder dem Menschen vielfältige **Erholungsmöglichkeiten.** Als Lebensraum bzw. Rückzugsgebiet für viele Pflanzen und Tiere trägt er zum Erhalt der biologischen Vielfalt bei.

Nur ein ökologisch naturnaher Wald erfüllt sowohl heutzutage seine Funktionen, er gewährleistet sie auch in der Zukunft.

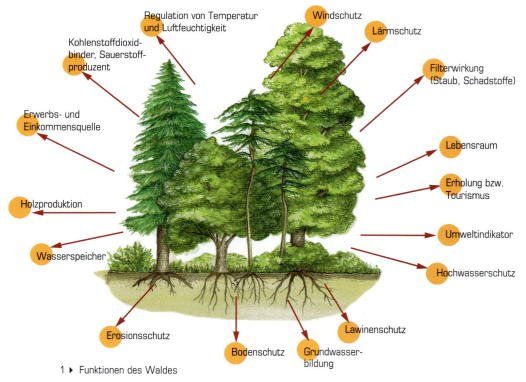

1 ▶ Funktionen des Waldes

Waldtypen

Urwälder gibt es in Mitteleuropa nicht mehr. Zu lange hat der Mensch durch Rodungen und Neuanpflanzungen die Landschaft verändert. Dennoch sind zumindest die Mischwälder noch relativ **naturnahe Waldökosysteme**.

Typisch sind bei uns Laubmischwälder mit den Hauptbaumarten Buche und Eiche und einzelnen Hainbuchen, Linden, Ulmen- und Ahornarten. An trockenen Stellen gedeihen Kiefern, in nassen Bereichen vor allem Erlen. Im Gebirge lösen Bergmischwälder aus Fichten, Tannen und Buchen die Laubwälder ab, und je höher man steigt, umso größer wird der Anteil an Nadelwald. Typisch sind Tannen- und weiter oben Fichtenwälder mit eingestreuten Lärchen und Ebereschen. An feuchten und moorigen Stellen wachsen Moorbirken und Waldkiefern. In den bayerischen Alpen und den Nordalpen liegt die Waldgrenze bei 1 700 bis 1 800 m. Über ihr finden wir nur noch Lärchen, vereinzelt Zirbelkiefern und schließlich das Krummholz (Latschen), welches keine aufrechten Stämme bildet.

Den naturnahen Wäldern stehen die einheitlichen **Wirtschaftswälder**, die Forste, gegenüber. Diese wurden zum Zwecke der Holzgewinnung durch den Menschen angelegt. Wie auf einem Feld wird zumeist nur eine einzige Baumart angepflanzt.

Solche Forste haben den Vorteil, dass sich das Holz einer Baumart sehr leicht ernten lässt. Aber es gibt auch viele Nachteile. Die eingeschränkte Biozönose dieser Monokulturen ist sehr anfällig gegenüber Schädlingsbefall und Witterungseinflüssen. Holzschädlingen, wie Borkenkäfern oder Nonnen, steht bei nur wenigen natürlichen Fressfeinden ein reiches Nahrungsangebot zur Verfügung. Enger Bewuchs und ein in eine Richtung stärker ausgebildetes Wurzelsystem führen bei Sturm, Schnee oder Starkregen schnell zum Umknicken oder Entwurzeln der Bäume.

Aufgabe

Nehmen Sie Stellung zu folgender Aussage: Wirtschaftswälder realisieren das Prinzip der Nachhaltigkeit.

Echte Urwälder gibt es in Deutschland nicht mehr. Urwaldähnliche, naturnahe Relikte minimaler Größe gibt es z. B. noch im Nationalpark Bayerischer Wald (s. S. 143).

Prinzip der Nachhaltigkeit: Die Bedürfnisse der Gegenwart sollen befriedigt werden, ohne zu riskieren, dass künftige Generationen ihre eigenen Bedürfnisse nicht mehr befriedigen können.

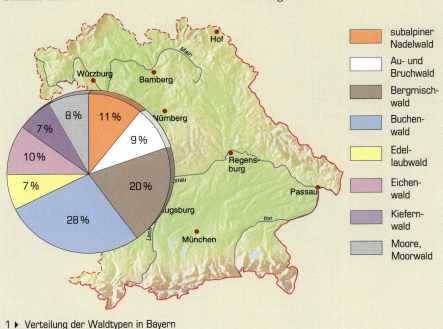

1 ▸ Verteilung der Waldtypen in Bayern

Stoffkreislauf im Ökosystem

Saprovore vom griech.: sapros = faulen

Nahrungsbeziehungen zwischen Organismen (s. S. 98) sind die Ursache aller **Stoffkreisläufe.** Am Beginn stehen **autotrophe Organismen,** die mithilfe der Sonnenenergie durch Fotosynthese organische Stoffe erzeugen. Dieser Aufbau organischer Substanz wird als **Primärproduktion** bezeichnet und ist die Grundlage für alle folgenden Glieder der Nahrungskette. **Produzenten** (Erzeuger) sind alle chlorophyllhaltigen Pflanzen, Algen und Bakterien. Im Wald haben Bäume den größten Anteil an der Primärproduktion.

Produzenten, Konsumenten und Destruenten bilden die Trophieebenen in einem Ökosystem und beschreiben damit die Stellung des Organismus im Ökosystem.

Den Erzeugern folgen die **Konsumenten** (Verbraucher). Diese **heterotrophen Organismen** können energiereiche organische Stoffe nicht selbst bilden sondern müssen sie mit der Nahrung aufnehmen und durch Umbau in den eigenen Stoffwechsel einpassen. Die **Konsumenten 1. Ordnung** (Pflanzenfresser) sind das erste Glied der Verbraucherkette. Ihnen folgen Fleischfresser und Tierparasiten als **Konsumenten 2. Ordnung** usw. Das letzte Glied der Kette wird als **Endkonsument** bezeichnet. Dazu gehören große Beutegreifer (z. B. Uhu, Luchs).

Die anfallenden organischen Abfallstoffe wie Pflanzenteile, Kot oder Tierleichen werden von den **Destruenten** (Zersetzer), genutzt. Man unterscheidet **Saprovore** (Streufresser) und **Mineralisierer.** Asseln, Regenwürmer oder Aaskäfer zerkleinern als Streufresser tote organische Substanz. Vor allem Pilze und Bakterien als Mineralisierer bauen die organischen Abfälle wieder in ihre Ausgangsstoffe, wie Wasser, Mineralstoffe und Kohlenstoffdioxid, ab.

Die Destruenten schließen damit den Stoffkreislauf in einem Ökosystem. Die von ihnen abgegebenen Grundstoffe stehen wieder den Produzenten zur Verfügung und der Kreislauf kann erneut beginnen.

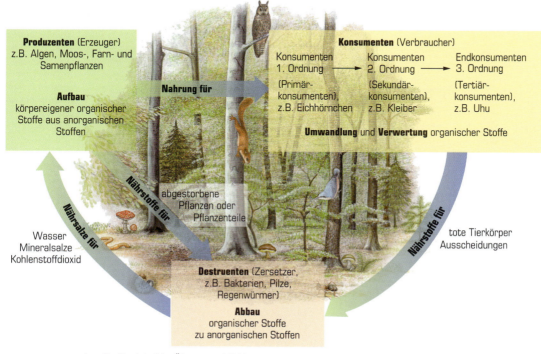

1 ▶ Stoffkreislauf im Ökosystem Wald

Stoffkreisläufe lassen sich auch an einzelnen Elementen nachvollziehen. Ein Beispiel dafür ist der **Kohlenstoffkreislauf** (s. Abb. 1). Während der Fotosynthese binden Pflanzen Kohlenstoffdioxid (CO_2) aus der Luft und bauen den enthaltenen Kohlenstoff in organische Verbindungen ein. Dieser Kohlenstoff wird durch die Atmung schrittweise wieder freigesetzt.

Im Laufe der Erdgeschichte hat sich ein Gleichgewicht zwischen CO_2-Produktion und -Verbrauch eingestellt. Dieses Gleichgewicht kann durch menschliche Tätigkeiten gestört werden. Durch Verbrennung fossiler Energieträger (Stromerzeugung, Autofahren) wie Erdöl, Erdgas oder Kohle wird CO_2 freigesetzt, das im Erdmantel gebunden war. Dieses gilt als eine zusätzliche Ursache für den **Treibhauseffekt**.

Auch die Kreisläufe von Sauerstoff und Stickstoff enthalten z. B. Phasen, in denen sich Sauerstoff und Stickstoff im gasförmigen Zustand in der Atmosphäre oder gelöst in den Ozeanen befinden. Luft und Wasser dienen als Speicher und gleichen Schwankungen aus.

An den Kreisläufen von Phosphor oder Metallen ist die Atmosphäre nicht beteiligt. Hier dienen Gesteine oder Gewässer, die große Mengen an Phosphaten bevorraten, als Speicher. Die Kreisläufe dieser Elemente verlaufen daher langsamer.

Stoffkreisläufe sind weitestgehend **geschlossene Systeme.**

> Auf-, Um- und Abbau von organischer Substanz in einem Ökosystem bedingen den Stoffkreislauf. An ihm sind alle Organismen beteiligt. Wichtige Grundlage dafür sind die Nahrungsbeziehungen.

Aufgaben

1. Beschreiben Sie, wie der Stoffkreislauf im Ökosystem See aussehen würde.

2. Halten Sie mithilfe der Abbildung 1 sowie Ihrer Kenntnisse aus der Chemie einen Kurzvortrag zum Kohlenstoffkreislauf.

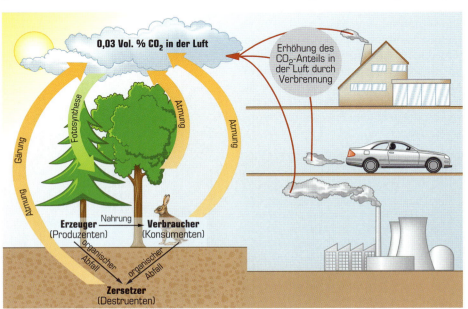

1 ▸ Der Kreislauf des Kohlenstoffs in der Natur und seine Beeinflussung durch den Menschen.

Energiefluss im Ökosystem

Der **Energiefluss** ist im Gegensatz zum Stoffkreislauf ein **offenes System.** Ständig ist eine zusätzliche Energiezufuhr von außen notwendig, um den Kreislauf der Stoffe aufrechtzuerhalten.

Für das Leben auf der Erde ist die **Strahlungsenergie** der Sonne diese Energiequelle. Autotrophe Pflanzen nutzen unter günstigen Bedingungen ca. 2 bis 5 % der Sonnenenergie, um durch **Fotosynthese** Lichtenergie in die **chemische Energie** umzuwandeln (z. B. durch den Aufbau von Glucose) und damit in organischen Stoffen zu binden. Alle folgenden, heterotrophen Organismen nutzen diese in der **Nahrung** enthaltene Energie.

Bei Aufnahme und Umwandlung in körpereigene Stoffe geht ein Teil der Energie durch **Atmung** verloren. Bei gleichwarmen Tieren ist zusätzliche Energie zur Erhaltung der Körperwärme notwendig. Schließlich kann die Nahrung selten vollständig verdaut werden. Reste werden über **Harn** und **Kot** ausgeschieden und mit ihnen weitere Energie. Auf diese Art gehen in der Regel von einer zur nächsten Stufe einer **Nahrungskette** rund 90 % der Energie verloren, nur 10 % werden weitergereicht. Nahrungsketten sind deshalb mit großen **Energieverlusten** verbunden. Am Ende ist durch die Destruenten die durch die Pflanzen eingespeiste Energie vollständig in andere Energieformen umgewandelt.

> **M** Der Auf-, Um- und Abbau von organischer Substanz im Stoffkreislauf benötigt eine ständige Energiezufuhr. Diese wird durch die Umwandlung von Lichtenergie in chemische Energie während der Fotosynthese bereitgestellt. Die gespeicherte Energie geht mit den Ausscheidungsprodukten, sowie durch Zellatmung und Gärung als Wärme an die Umwelt „verloren". Der Energiefluss ist damit ein offenes System.

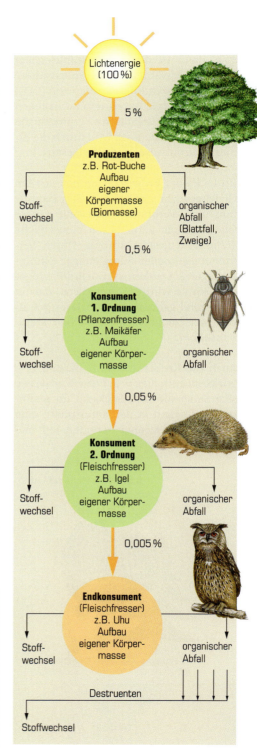

1 ▶ Energiefluss in einem Ökosystem

Grafisch lassen sich diese Zusammenhänge in Form von ökologischen **Pyramiden** (Nahrungspyramide, Energiepyramide) gut verdeutlichen. Sie stellen quantitativ die Verhältnisse der Trophieebenen innerhalb einer Biozönose eines Ökosystems dar. Sie geben für jede Stufe einer Nahrungskette die vorhandene **Energie, Individuen** oder **Biomasse** an.

Die Primärproduzenten stehen dabei in der Regel an der Basis der Pyramide, gefolgt von den verschiedenen Stufen der Konsumenten. An der Spitze stehen die Endverbraucher.

Am aussagekräftigsten sind Energiepyramiden. Sie zeigen, wie effizient die Energie in einem Ökosystem ausgenutzt wird (s. Abb. 1). Bei der Weitergabe der in Biomasse gespeicherten Energie in der Nahrungskette nimmt die Energiemenge von einer Trophieebene zur nächsten auf etwa 1/10 ab. Die großen Energieverluste in aufeinanderfolgenden Trophieebenen begrenzen Nahrungsketten auf meist drei bis vier Glieder, da immer weniger Organismen von der ursprünglich durch die Produzenten gespeicherten Energie profitieren können.

Ökologische Pyramiden bringen auch einige **Probleme von Nahrungsketten** ans Licht. Endkonsumenten, wie große Beutegreifer, brauchen z. B. ein großes Nahrungsreservoir, um nicht zu verhungern. Sie besetzen deshalb meist große Territorien und haben weniger Nachkommen als Konsumenten der ersten oder zweiten Ordnung.

Durch die Abnahme organischer Substanz von einer Stufe zur nächsten nimmt die Konzentration von Stoffen zu, die nicht aus dem Stoffkreislauf ausgeschieden werden. Dazu gehören z. B. Schwermetalle und andere Gifte. Bei den Endkonsumenten kann es dann zu lebensgefährlichen Anreicherungen dieser Stoffe im Körper kommen.

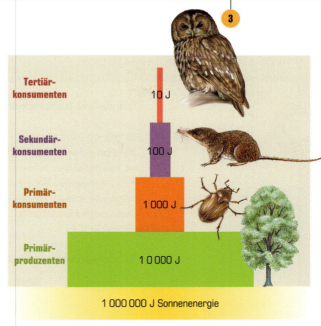

1 ▶ Energiepyramide eines Waldökosystems

Ökologische Pyramiden verdeutlichen die Energie- und Biomasseverluste, die von einer zur nächsten Stufe einer Nahrungskette auftreten.

Die Gesamtheit der Primärproduzenten, Konsumenten 1. und höherer Ordnungen werden jeweils als Trophieebenen bezeichnet.

Aufgaben

1. *In einem Ökosystem kann es keinen Energiekreislauf geben. Begründen Sie mithilfe der Abbildung 2 diese Aussage.*

2. *Erstellen Sie zu einer ausgewählten Nahrungskette eine Nahrungspyramide.*

Als Biomasse wird die gesamte Masse organischen Materials in einem Ökosystem bezeichnet.

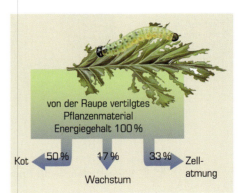

2 ▶ Energienutzung in der Nahrungskette

Basiskonzept

Energie- und Stoffumwandlung

Durch die Verknüpfung von Energie und organischer Substanz ist die Abnahme der Energie von einer zur nächsten Stufe mit einer Abnahme an Biomasse, der momentan vorhandenen Menge an organischer Substanz, verbunden. Bei einer fest definierten Ausgangsbasis ist deshalb für Mitglieder höherer Trophieebenen die verfügbare Nahrungsmenge bald nicht mehr ausreichend.

Nahrungspyramide im Ökosystem Wald

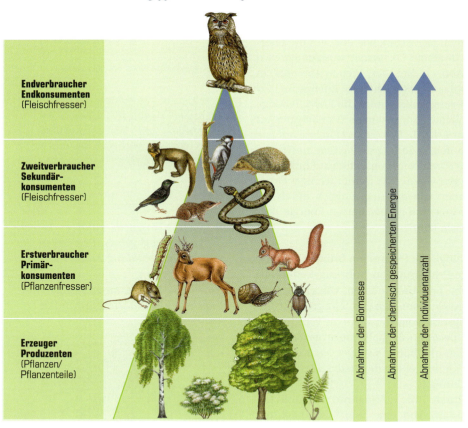

 Wiederholen Sie die Energieumwandlung im Körper des Menschen.

Dynamik und Stabilität in einem Ökosystem

Räuber-Beute-Zyklus

Betrachtet man Nahrungspyramiden, erscheinen Ökosysteme als statische Gebilde. Das liegt daran, dass solche Berechnungen auf Daten eines langen Zeitraumes beruhen, in Wäldern in der Regel von Jahrzehnten.

Doch hinter den Zahlen stecken **dynamische Prozesse,** wie Nahrungsketten oder -netze (s. S. 98), in denen sich die Mengenverhältnisse in Räuber-Beute-Beziehungen (s. S. 99) gegenseitig regulieren.

Verfolgt man die Abläufe in der Biozönose eines Ökosystems, werden **Schwankungen,** z. B. in der Anzahl von Arten und Individuen, sichtbar. Die Werte liegen mal ober-, mal unterhalb eines **Mittelwertes.** Häufig folgen sie regelmäßigen **Zyklen.**

Das gilt auch für Räuber-Beute-Zyklen, wie dem von Borkenkäfern und Buntspechten (s. Abb. 1). Dabei fällt auf, dass die Anzahlen von Beutetieren und Fressfeinden **zeitlich versetzt schwanken.** Erst wenn sich die Borkenkäfer vermehrt haben, steigt die Anzahl der Buntspechte, und erst nach dem Rückgang der Borkenkäfer, sinkt auch die Anzahl der Spechte.

Die Entwicklung der Beute eilt der des Räubers also stets voraus.

Das gilt auch dann, wenn das Verhältnis durch äußere Einflüsse gestört wird, z. B. durch das Versprühen von Insektiziden oder das Fällen von Nistbäumen der Spechte. Durch kürzere Entwicklungszyklen erholen sich die Beutebestände schneller als die der Räuber.

Diese Abhängigkeiten gelten jedoch nur, wenn der Räuber sich auf eine oder wenige Beuteorganismen spezialisiert hat und auch in Mangelzeiten auf keine andere Nahrung ausweichen kann.

> In Räuber-Beute-Zyklen schwankt die Anzahl der Tiere periodisch um einen festen Wert. Dabei eilen die Werte der Beutetiere zeitlich voraus.

Aufgabe

Beschreiben Sie den Räuber-Beute-Zyklus in Abb. 1. Nutzen Sie dazu auch Abb. 1 auf Seite 127. Überlegen Sie sich äußere Einflüsse. Welche Auswirkungen hätten sie auf das Verhältnis und wie würden sie sich auf die Grafik auswirken?

In der Nahrungsbeziehung Schneeschuhhase – Kanadischer Luchs betragen diese Zyklen rund 10 Jahre (s. S. 126). In der Räuber-Beute-Beziehung Buntspecht – Borkenkäfer sind sie deutlich kürzer.

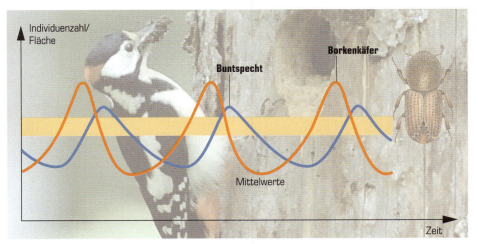

1 ▶ Räuber-Beute-Zyklus bei Borkenkäfer und Buntspecht

Methoden

Schneeschuhhase und Kanadischer Luchs – Darstellung der Entwicklung einer Räuber-Beute-Beziehung am Computer

Das Räuber-Beute-Verhältnis zwischen Kanadischem Luchs und Schneeschuhhasen ist sicher eines der bekanntesten. Zwischen 1845 und 1937 wurde genau notiert, wie viele der begehrten Hasen- und Luchsfelle von Trappern angeliefert wurden. Später zeigte sich, dass diese Daten die tatsächliche Entwicklung der Bestände gut widerspiegeln. Diese Räuber-Beute-Beziehung kann anhand einer Computergrafik für den Zeitraum 1859 bis 1937 nachvollzogen werden. Dabei ist die beispielhafte Darstellung in enger Anlehnung an die Originaldaten entstanden.

Bereits 1942 wurde diese Entwicklung von ELTON & NICHOLSON (J. anim. Ecol. 11: 215–244) beschrieben. Grundlage ihrer Untersuchungen war die penible Buchführung der Kanadischen Hudson Bay Company.

Der Kanadische Luchs ist in den borealen Nadelwäldern Nordamerikas bis in die Rocky Mountains verbreitet. Dieses Gebiet entspricht dem seiner Hauptnahrung: Schneeschuhhasen. Ein Luchs kann im Jahr bis zu 170 Hasen fressen. Im Winter bilden sie eine fast völlig isolierte Nahrungskette.

Jahr	Hasen	Luchse	Jahr	Hasen	Luchse
1859	15	20	1899	4	10
1860	30	8	1900	15	10
1861	33	6	1901	7	12
1862	5	8	1902	8	12
1863	158	19	1903	56	16
1864	145	27	1904	73	20
1865	132	49	1905	70	65
1866	89	74	1906	31	60
1867	43	76	1907	24	3
1868	3	67	1908	20	3
1869	5	16	1909	27	5
1870	11	13	1910	55	8
1871	11	8	1911	70	23
1872	70	5	1912	75	37
1873	50	20	1913	40	40
1874	50	30	1914	23	43
1875	102	31	1915	15	45
1876	98	46	1916	9	40
1877	87	46	1917	6	23
1878	73	45	1918	6	3
1879	43	25	1919	10	3
1880	11	17	1920	59	4
1881	10	17	1921	70	12
1882	31	18	1922	77	23
1883	42	24	1923	79	27
1884	50	39	1924	71	38
1885	135	75	1925	42	43
1886	135	80	1926	4	49
1887	83	44	1927	3	51
1888	17	33	1928	3	43
1889	20	28	1929	4	25
1890	27	18	1930	4	10
1891	39	14	1931	20	10
1892	54	17	1932	80	20
1893	57	22	1933	89	37
1894	85	27	1934	78	43
1895	90	65	1935	15	47
1896	37	65	1936	10	50
1897	17	62	1937	5	45
1898	9	35			

Folgende Schrittfolge wird empfohlen:

Schritt ①

Darstellen der Daten im Diagramm

Nutzen Sie ein Tabellenkalkulationsprogramm und führen Sie folgende Arbeitsschritte aus:
1. Übernehmen Sie die Daten der Tabelle mit Überschriften in das Tabellenblatt.
2. Speichern Sie die Datei, z. B. als „Hase & Luchs"
3. Markieren Sie die Datenspalten von Jahr, Hase und Luchs inklusive Überschrift.
4. Rufen Sie den Diagramm-Assistenten auf.
5. Wählen Sie als Diagrammtyp „Punkte (XY)", mit Linien
6. Gehen Sie im Menüpunkt „Quelldaten" auf „Reihe". Setzen Sie den Cursor in „Beschriftung der Rubrikenachse (x)".
7. Markieren Sie nun in der Tabelle die Spalte „Jahr" ohne ihre Überschrift. Nach Loslassen der linken Maustaste erscheint der markierte Bereich im Feld „Beschriftung der Rubrikenachse (x)".
8. Klicken Sie „Diagrammoptionen" an.
9. Ergänzen Sie auf dem Blatt „Titel" den Diagrammtitel: „Bestandsentwicklung von Schneeschuhhasen und Kanadischen Luchsen" sowie die Titel für die Rubrikenachse (x) „Jahr" und Größenachse (y) „Anzahl".
10. Entscheiden Sie im letzten Schritt wo das Diagramm platziert werden soll.
11. Sie können das fertige Rohdiagramm nun individuell verändern. Klicken Sie dazu mit der linken Maustaste doppelt auf den gewünschten Bereich. Ein Klick mit der rechten Maustaste ermöglicht zusätzlich die Veränderung grundsätzlicher Einstellungen, wie z. B. des Diagrammtyps.

Schritt ②

Ablesen des Diagramms

Die Bestände des Schneeschuhhasen schwanken in regelmäßigen Abständen in beträchtlichem Maße. Etwa alle 10 Jahre erreichen sie ein Dichtemaximum. Sie sind dann um das 10- bis 30-fache höher als nach den rasanten Zusammenbrüchen, die auf jeden Gipfel in der Populationsdichte folgen. Parallel zu den Veränderungen bei den Hasen schwankt, mit einer gewissen zeitlichen Verzögerung, auch die Häufigkeit des Kanadischen Luchses.

Schritt ③

Interpretation und Schlussfolgerung

Beantworten Sie dazu folgende Fragen:
- Welche Gesetzmäßigkeiten eines Räuber-Beute-Verhältnisses lassen sich aus der Graphik ablesen? Erläutern Sie.
- Was ist eine wichtige Voraussetzung für dieses Verhältnis?
- Welchen anderen Einflüssen unterliegt die Populationsdichte der Hasen? Beachten Sie dabei ihre Nahrungsgrundlage.
- Welche Auswirkungen hätte eine verstärkte Jagd auf Luchse auf die Hasenpopulation? Und umgekehrt?
- Was passiert, wenn die Hasenjagd wieder eingestellt wird?

Der nordamerikanische Schneeschuhhase ist ein Verwandter unseres Feldhasen. Er hat seinen Namen von den großen, weißen Füßen, die ein Versinken im Schnee verhindern. Schneeschuhhasen ernähren sich von Gräsern, Blüten, Knospen, Zweigen und Rinde.

Relative Stabilität von Ökosystemen

Dynamische Wechselbeziehungen, wie z. B. Konkurrenz, Räuber-Beute-Verhältnisse oder auch andere Nahrungsbeziehungen, bestehen zwischen Organismen aller Trophieebenen. Sie dienen der **Dichteregulierung** von Lebewesen und funktionieren in beide Richtungen einer Nahrungspyramide, nach unten wie nach oben.

In einem vielschichtigen Waldökosystem mit seinen vielen Teil-Lebensräumen gibt es eine besondere Vielzahl solcher Kontrollen und Wechselwirkungen. Dennoch kann es immer wieder zu **Störungen** kommen. Ein starker Borkenkäferbefall führt zur Schädigung der Bäume. Alte morsche Bäume brechen bei einem Sturm um. Ein großflächiger Windbruch kann die abiotischen Faktoren völlig verändern, sodass viele Lebewesen an dieser Stelle nicht mehr leben können. Frost, Dürre oder Überflutung haben das Absterben von Pflanzen und Tieren zur Folge, auf die wiederum andere Lebewesen angewiesen sind.

Störungen lösen in einem natürlichen Ökosystem **regulierende Kettenreaktionen** aus. Nach einer gewissen Zeit erreicht das Ökosystem durch diese **Selbstregulation** wieder seinen vormaligen Zustand. Über einen längeren Zeitraum betrachtet, entsteht dadurch ein stabiler Zustand, ein **ökologisches Gleichgewicht.**

Die **Stabilität eines Ökosystems** kann nicht nur durch Naturkatastrophen, wie Waldbrände, Schlammlawinen oder Erdbeben, zerstört werden. Gegenwärtig sind viele natürliche Ökosysteme vor allem durch die Einwirkungen des Menschen in ihrer Existenz bedroht, z. B. durch die Rodung natürlicher Wälder oder die Verschmutzung von Gewässern.

Aufgabe

Überlegen Sie, welche Folgen die Vernichtung eines stabilen Waldökosystems, z. B. durch Abholzung eines großen Waldgebietes, auf Boden, Flora und Fauna hat. Welche Lösungen bieten sich in einem Wirtschaftswald an, um nachhaltige Folgen zu vermeiden?

1 ▸ Zur relativen Stabilität eines Waldes gehört auch Absterben und Jungwuchs.

Entwicklung von Ökosystemen

Dort wo ein Ökosystem durch natürliche oder menschliche Eingriffe zerstört wurde oder andere Prozesse, wie das Ablassen eines Stausees oder das Zurückweichen eines Gletschers, neuen, **unbesiedelten Boden** freigeben, siedelt sich nach kurzer Zeit neues Leben an. Die **Sukzession** (s. S. 130) beginnt.

Die ersten Organismen, die auf nacktem Boden Fuß fassen, müssen fähig sein bei extremer Trockenheit und Sonneneinstrahlung zu überleben. Zu diesen **Pionierarten** gehören Flechten, Moose, aber auch kleine Kräuter und Gräser. Sie bereiten den Boden für nachfolgende Pflanzen vor. Nährstoffe sammeln sich an, Humus wird gebildet. Auf dieser Grundlage bildet sich eine zunächst schüttere, später geschlossene Pflanzendecke. Weitere Gräser und Licht liebende krautige Pflanzen kommen hinzu, z. B. Weidenröschen, Greiskraut, Rainfarn, Beifuß und Kratzdisteln. Das **Anfangsstadium** ist der ersten **Folgegesellschaft** gewichen: den Grasflächen.

Die Pflanzenentwicklung hat Auswirkungen auf Biotop und Biozönose. Sie verändert Bodenstrukturen und Klimabedingungen und sie schafft Lebensraum für wirbellose Tiere und auch für Vögel, die in der offenen Landschaft brüten.

Abhängig von äußeren Faktoren, kann das **Stadium der krautigen Pflanzen** bis zu 10 Jahre dauern. Ihnen folgen die ersten **Sträucher,** wie Weißdorn oder Holunder, und erste Bäume, wie Birken oder Weiden. Nach weiteren 20 bis 50 Jahren ist das **Vorwaldstadium** erreicht. Nun beginnen sich typische Waldbäume, wie Eichen, Buchen, Kiefern oder Fichten, zu entwickeln. In diesen Stadien beherbergen Sträucher und junge Bäume bereits Tiere, wie wir sie aus der Strauchschicht eines Waldes kennen.

Das **Endstadium** wird in Mitteleuropa nach rund 100 Jahren erreicht.

Zu Beginn einer Sukzession ändern sich die Bedingungen an einem Standort rasch. Die ersten Pflanzen sorgen für eine bessere Nährstoff- und Wasserversorgung. Anspruchsvollere und produktivere Pflanzen siedeln sich an und verdrängen die Pionierarten, z. B. durch ihre schnellere Fortpflanzung. Auch sie verändern die Standortbedingungen, um anschließend selbst anderen Pflanzen Platz machen zu müssen.

Dieser Prozess geht so lange weiter bis sich mit dem **Klimax** ein ausgeglichener Endzustand einstellt. Ohne erneute Störungen gibt es kaum noch Veränderungen im Biotop oder der Biozönose dieses Ökosystems. Ein **ökologisches Gleichgewicht** hat sich eingestellt. Erst eine erneute drastische Veränderung lässt die Entwicklung von Neuem beginnen. Windbruch und Jungwuchs führen auf kleinen Flächen allerdings ständig zu Veränderungen.

Sukzession: lat.: succedere = nachrücken, nachfolgen

Aufgrund der langen Entwicklungszeit können nach Abholzung oder Umweltkatastrophen oft nicht wieder dieselben natürlichen Wälder entstehen. Unter den veränderten Umweltbedingungen bilden sich neue Waldstrukturen aus. Besonders bedroht davon sind tropische Regenwälder.

> Natürliche Ökosysteme sind in der Lage, auf äußere und innere Einflüsse und Veränderungen zu reagieren und Störungen auszugleichen. Eine Vielzahl dynamischer Prozesse ermöglicht eine relative Stabilität.

1 ▸ Wirtschaftswald mit Abholzung und Aufforstung

Basiskonzept

Ökosysteme entwickeln und verändern sich

Natürliche Umweltveränderungen (z. B. Klimawandel), die Besiedlung von sich neu bildenden Ökosystemen (z. B. Vulkaninseln) oder Eingriffe des Menschen (z. B. Feuer, Kahlschlag) führen zu Veränderungen in Ökosystemen. Eine zeitliche Aufeinanderfolge von verschiedenen Pflanzen- und Tierbiozönosen in diesem Biotop ist die Folge. Man spricht von einer Sukzession. Eine Sukzession kann in ein relativ stabiles Endstadium (Klimax) übergehen.

Zeitliche Entwicklung vom Kahlschlag zum Wald

| Moospflanzen, niedrige Gräser, Flechten | Licht liebende Pflanzen als Pionierarten, z.B. Weidenröschen, Rainfarn, Beifuß | Ansamen von Sträuchern, z.B. Weißdorn, Holunder, und von Bäumen, z.B. Birke, Ahorn, Ulmen | Wachsen von jungen Waldbäumen, z.B. Eiche, Buche, Kiefer, Fichte | alte Waldbäume |

Anfangsstadium → **Sukzessionen** → **Endstadium**

 Diskutieren Sie die Auswirkungen eines starken Sturms auf die Entwicklung eines Waldökosystems.

gewusst · gekonnt

1. Ergänzen Sie Ihr Glossar um folgende Begriffe: Ökosystem Wald, Stoffkreislauf, Produzent, Konsument, Destruent, Energiefluss, ökologische Pyramide, Räuber-Beute-Zyklus, ökologisches Gleichgewicht, Sukzession.

   Glossar

   Destruent:
   Energiefluss:

2. Begründen Sie, warum die Vernichtung des tropischen Regenwaldes unwiederbringlich ist.

3. Betrachten Sie folgende Nahrungsketten:
   1. Mais – Mensch
   2. Mais – Rind – Mensch
   3. Phytoplankton – Zooplankton – Kleinfisch – Raubfisch – Mensch

   a) Benennen Sie den Anteil der absorbierten Sonnenenergie, der sich im Mais und Phytoplankton befindet.
   b) Erklären Sie die Energieverluste, die von Stufe zu Stufe entstehen. Wie viel Prozent der ursprünglich vorhandenen Energie stehen in den einzelnen Nahrungsketten dem Endkonsument Mensch noch zur Verfügung?
   c) Die durch Pflanzen an einem Tag absorbierte Sonnenenergie beträgt ca. 1 000 kJ/m². Ein Mensch benötigt pro Tag ca. 10 000 kJ um seinen Energiebedarf zu decken. Berechnen Sie für jede Nahrungskette, wie viele Menschen bei 1 ha Nutzfläche ernährt werden könnten.
   d) Begründen Sie, warum eine rein vegetarische Ernährung für den Menschen nicht völlig problemlos ist.
   e) Finden Sie eine Möglichkeit, wie in langen Nahrungsketten die energetische Ausbeute für den Menschen gesteigert werden kann.

4. Stellen Sie dar, wie der Mensch in die Nahrungspyramide eingebunden sein kann. Um wieviel teurer müsste demnach 1 kg Fleisch gegenüber 1 kg Kartoffeln sein?

5. Der starke Rückgang des Wanderfalken in Deutschland zwischen den 1950er und 1980er Jahren lässt sich eindeutig auf den Einsatz des Insektizids DDT zurückführen. DDT führt zu einer erhöhten Mortalität der Altvögel und Dünnschaligkeit der Eier sowie zum Absterben der Embryonen. Begründen Sie, wie es zu diesen Effekten kam, obwohl Wanderfalken sich vor allem von kleineren Vögeln ernähren.

6. Polarfüchse ernähren sich hauptsächlich von Lemmingen und greifen nur in Notfällen auf Vögel zurück. Skizzieren Sie den Bestandsverlauf von Füchsen und Lemmingen über die Zeit und erklären Sie die Schwankungen. Erklären Sie, was passiert, wenn der Lemmingbestand durch fehlende Nahrung oder Krankheiten zusammenbricht. Welche Auswirkungen hat das auf die Vogelwelt?

7. Der Sturm „Kyrill" hat im Januar 2007 viele große Waldgebiete in Deutschland zerstört. Beschreiben Sie die Entwicklungen in diesen Gebieten, wenn
   1. keinerlei Maßnahmen stattfinden oder
   2. umgeknickte Bäume entfernt und die Fläche mit Jungbäumen bepflanzt wird.

   Vergleichen Sie beide Varianten im Prozess, im Endresultat und unter dem Aspekt der Nachhaltigkeit.

Das Wichtigste auf einen Blick

Das Ökosystem Wald

Die Pflanzengemeinschaft eines Waldes zeigt eine vertikale Strukturierung in Baum-, Strauch-, Kraut- und Moosschicht. Sie bietet gleichzeitig einer Vielzahl von Lebewesen einen Lebensraum.

Der Wald besitzt u. a. als Holzlieferant, Wasserspeicher, Staubfilter, Lebens- und Erholungsraum eine große Bedeutung für den Menschen und im Naturhaushalt der Erde.

Stoffkreislauf und Energiefluss

Die Stoffe eines Ökosystems befinden sich in einem ständigen Kreislauf von Auf-, Um- und Abbau. Unter Nutzung der Sonnenenergie bauen autotrophe Organismen energiereiche Verbindungen auf. Die Abfallprodukte werden durch Destruenten zerkleinert (Saprovore) und wieder in Ausgangsstoffe zurückgeführt (Mineralisierer). Damit schließt sich der Stoffkreislauf.

Von den Produzenten bis zum letzten Glied heterotropher Konsumenten gehen mit jedem Schritt rund 90 % der eingespeisten Energie durch Atmung und Ausscheidungen verloren. Nahrungsketten sind deshalb in ihrer Länge begrenzt.

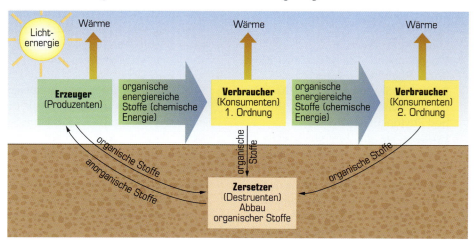

Dynamik und Stabilität

In Ökosystemen laufen ständig dynamische Prozesse ab, z. B. Räuber-Beute-Zyklen. In einer sich selbst regulierenden Wechselbeziehung schwanken die Dichten von Räuber und Beute um einen festen Wert. Durch eine Vielzahl solcher Prozesse befindet sich ein natürliches Ökosystem in einem ökologischen Gleichgewicht. Es ist in der Lage, Störungen auszugleichen.

Wird es vollständig zerstört, setzt die zielgerichtete Entwicklung eines neuen Ökosystems von einem labilen Anfangszustand bis zu einem stabilen Klimaxstadium ein (Sukzession).

Biologie | **133**

3.4 Bedeutung und Gefährdung von Ökosystemen

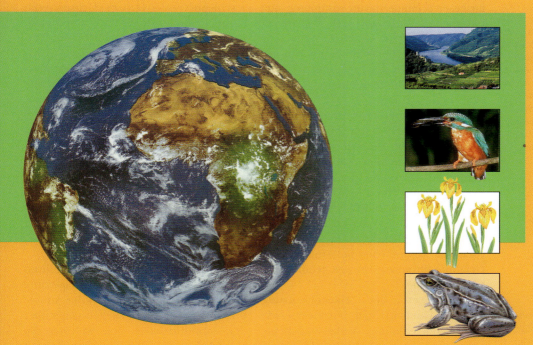

Wirksame Systeme ▸▸ Ein Ökosystem umfasst das Wirkungsgefüge innerhalb eines begrenzten, einheitlich ausgestatteten Lebensraumes, d.h. das Zusammenleben der Organismen und ihre Beziehung zur unbelebten Umwelt. *Was macht die Bedeutung eines Ökosystems aus? Wodurch ist ein Ökosystem bedroht?*

Der Mensch greift ein ▸▸ Der Mensch verändert z. B. durch Bergbau, Landwirtschaft oder auch Tourismus ursprüngliche Landschaften. Dadurch werden Ökosysteme mit ihren Tier- und Pflanzenarten gefährdet und oft sogar zerstört. *Welche Gefahren gehen von solchen Zerstörungen aus? Was bedeutet das für den Menschen? Kann man entstandene Schäden beheben und Eingriffe ausgleichen? Hat sich unser Bewusstsein im Umgang mit der Natur verändert?*

Gefährdung unserer Umwelt

Der durch den Menschen verursachte Verlust an Arten wird mehr als 10 000-mal so hoch eingeschätzt, als er unter derzeit relativ stabilen natürlichen Bedingungen auf der Erde sein müsste.

Biodiversität oder biologische Vielfalt beinhaltet die genetische Vielfalt innerhalb einzelner Arten, die Artenvielfalt eines Ökosystems und die Vielfalt der Ökosysteme einer Region.

Unser Planet ist vielfältigen Belastungen ausgesetzt, einige davon resultieren aus natürlichen Prozessen, z. B. Vulkanausbrüche, Erdbeben, Unwetter oder aber natürliche radioaktive Strahlung. Nur bedingt sind wir in der Lage, uns davor zu schützen, z. B. durch die Einrichtung von Frühwarnsystemen.

Neben den natürlichen Vorgängen trägt auch der Mensch durch seinen Einfluss dazu bei, unsere Umwelt zu gefährden. Weltweit beobachten wir einen dramatischen Rückgang der biologischen Vielfalt. Dieser Trend hält bisher unvermindert an. Das Bedrohliche an dieser Entwicklung ist, dass der Verlust an Arten unwiederbringlich ist.

Zu den wesentlichen Belastungen und Gefahren für unsere Umwelt gehören folgende Aspekte:

- **Änderungen der Flächennutzung** durch Landwirtschaft, Forstwirtschaft, Fischerei, Siedlung, Verkehr: Lebensraumverluste sowie die Zerschneidung der Landschaft durch Verkehrswege und überbaute Flächen führen zu Isolation bzw. zur Fragmentierung, Verkleinerung und Auslöschung von Populationen.
- **Verbreitung von gebietsfremden Organismen:** Neozoen und Neophyten sind Tiere und Pflanzen, die erst in der Neuzeit in ein Gebiet eingewandert sind bzw. durch den Menschen eingeschleppt wurden (z. B. der Ochsenfrosch aus Nordamerika, s. Abb. 1). Sie können einen wesentlichen Faktor für den Verlust heimischer Arten darstellen.

Noch nicht vollständig geklärt ist, welchen Einfluss gentechnisch veränderte Pflanzen auf die Biodiversität haben.

- **Eintrag von Stoffen in Luft, Wasser und Boden:** Einträge von biologisch abbaubaren Stoffen können den Sauerstoffhaushalt der Gewässer belasten. Ebenso können Wasser, Luft und Boden durch giftige Immissionen belastet werden. Schadstoffe können Lebewesen vergiften, insbesondere, wenn sie über die Nahrungsketten angereichert werden.

Seit Beginn der Industrialisierung führen menschliche Aktivitäten zur Freisetzung von Spurengasen, die sich in der Atmosphäre anreichern. So stiegen gegenüber der vorindustriellen Zeit weltweit die Konzentrationen von Kohlenstoffdioxid (CO_2) in der Atmosphäre um 45 %. Auch andere sogenannte **Treibhausgase**, wie Methan und Stickstoffoxide, haben durch menschliche Aktivitäten stark zugenommen. Schon heute muss aufgrund dieser Emissionen mit einer **globalen Klimaveränderung** gerechnet werden.

Im Laufe der Erdgeschichte hat sich das Klima auch ohne den Einfluss des Menschen immer wieder deutlich geändert. Dafür waren z. B. Veränderungen in der Erdatmosphäre und unterschiedliche Sonnenaktivitäten verantwortlich. Der nun zu erwartende Temperaturanstieg wird allerdings die Schwankungen der letzten 450 000 Jahre deutlich übertreffen.

Eine wichtige Ursache für die Umweltschäden ist das beschleunigte Bevölkerungswachstum, das mit einer ständigen Erhöhung des Energiebedarfes und der Industrieproduktion einhergeht.

1 ▶ Der Ochsenfrosch ist deutlich größer als unsere einheimischen Amphibien.

Gefährdung des Ökosystems Wald

Klimabedingte Faktoren, wie z. B. ein sehr trockener, heißer Sommer oder eine lang anhaltende Frostperiode im Winter, können **natürliche Ursachen** für Waldschäden sein. Besonders problematisch wirkt sich der Schädlingsbefall sowie ein Mangel bestimmter Nährsalze im Boden aus.

Menschlich bedingte Ursachen liegen zum Beispiel in der Waldbewirtschaftung. Hier ist besonders eine Herangehensweise gefragt, die den Wald nachhaltig in seiner Funktion erhält.

Durch großflächigen Kahlschlag finden z. B. viele Organismen keine geeigneten Lebensbedingungen mehr. Typische Waldarten, wie Auerhuhn oder Schwarzspecht, sind vom Aussterben bedroht bzw. stark gefährdet. Schädlinge hingegen finden nach der Aufforstung in den einartigen, gleichaltrigen Baumbeständen optimale Lebensbedingungen. Besonders gefährdet sind Fichtenmonokulturen, z. B. durch Borkenkäfer-Massenbefall. Stresssituationen, wie trockene Sommer, begünstigen den Befall der flach wurzelnden Fichten zusätzlich.

Die Ursachen des Waldsterbens sind auch heute noch nicht vollständig geklärt. Unstrittig ist jedoch, dass Luftschadstoffe wie z. B. Stickstoffoxid (NO_x), Schwefeldioxid (SO_2), Chlor-Fluor-Kohlenwasserstoff-Verbindungen (CFKW), Ammoniak (NH_3) und die dazu gehörigen Umwandlungsprodukte (z. B. Säuren) maßgeblich an der Entstehung dieses Waldsterbens beteiligt sind. Diese Verbindungen gelangen als Gase, Partikel oder Tropfen als Niederschläge (**Saurer-Regen-Hypothese**) auf die oberirdischen Pflanzenteile. Von dort wandern die Schadstoffe über die Spaltöffnungen in die Blätter, wo sie die Stoffproduktion und Stoffleitung beeinträchtigt. Es kommt zum Ausbleichen der Nadeln oder Laubblätter und schließlich zu ihrem Absterben.

Schadstufen nach den Blattverlusten in den Kronen:

Schadstufe 0: keine Schadsymptome; Blattverlust zwischen 0 bis 10 %
Schadstufe 1: schwach geschädigt; Blattverlust zwischen 11 bis 25 %
Schadstufe 2: mittelstark geschädigt; Blattverlust zwischen 26 bis 60 %
Schadstufe 3: stark geschädigt; Blattverlust zwischen 61 bis 99 %
Schadstufe 4: abgestorben

Aufgaben

1. a) Erläutern Sie die Unterschiede zwischen einem Urwald, einem naturnahen Wald und einem Forst.
   b) Überlegen Sie, welche Auswirkungen die jetzige Bewirtschaftung eines Waldes auf nachfolgende Generationen hat.

2. Jährlich werden ca. 9 Mio. ha Regenwald abgeholzt, um Boden für Ackerbau, Industriebauten und Siedlungen sowie um Holz als Rohstoff zu gewinnen. Erläutern Sie mögliche Konsequenzen, die sich aus der Zerstörung der Regenwälder für die Menschen vor Ort und für die Menschheit weltweit sowie in Zukunft ergeben.

Bis ins 18. Jahrhundert waren ungeordnete Holzentnahme, Rodungen, Köhlerei (Holzkohleherstellung) und Waldweidewirtschaft Ursachen von Waldschäden.

Seit 1983 werden in den alten Bundesländern einmal pro Jahr Waldschadens- bzw. Waldzustandsberichte erhoben. Starke Schäden findet man im Harz, im Schwarzwald und im Thüringer Wald. Anfangs waren noch mehr Nadelbäume betroffen, heute sind die Laubbäume stärker geschädigt.

1 ▸ Bei fortschreitender Schädigung verlichten die Kronen und die betroffenen Bäume sterben ab.

Bei einer Versauerung der Böden verlagert der Baum seine Wurzelaktivität in die oberen Bodenhorizonte. Das macht ihn insgesamt anfälliger für Viren, Bakterien, Holz zerstörende Pilze, Insekten, Trockenheit, Sturm und Nährsalzmangel.

Die Luftschadstoffe wirken aber auch über den Boden auf die Bäume ein. Während die Wirkung der oberirdischen Schadstoffe mit sinkender Konzentration abnimmt, können sich die Schadstoffe im Boden im Laufe der Jahre anreichern, v. a. die säurehaltigen Verbindungen führen zu einer Versauerung des Bodens. In diesen versauerten Böden werden Nährsalze wie Eisen-, Magnesium- und Kalium-Ionen ausgewaschen. Die Folge ist ein Nährsalzungleichgewicht, was die Waldökosysteme destabilisiert. Infolge der Versauerung können eingetragene Blei- oder Cadmium-Ionen oder bereits im Boden enthaltene Aluminium-Ionen freigesetzt werden. Sie beeinträchtigen das Wurzelwachstum sehr stark und schädigen die engen Lebensgemeinschaften zwischen Pilzen und dem Feinwurzelwerk der Bäume (Mykorrhiza, s. S. 101).

An unterschiedlichen Waldstandorten hat man ein vermehrtes Wachstum der Bäume festgestellt. Heute weiß man, dass die durch den Menschen bedingten Stickstoffeinträge dafür verantwortlich sind. Auch hier kommt es zu Nährsalzungleichgewichten und die Bäume werden dadurch anfällig für andere Schadfaktoren. So kann sich z. B. Empfindlichkeit gegen Frost erhöhen oder aber das Nahrungsangebot für Blätter fressende Insekten wird verbessert. Das hat eine Massenvermehrung der Schädlinge zur Folge. Außerdem verstärken die Stickstoffeinträge die Versauerung der Waldböden. Die Krautschicht dieser Wälder wird zunehmend von Stickstoff liebenden Pflanzen beherrscht.

Um das Waldsterben einzudämmen, versucht man versauerte Böden zu regenerieren und die Emissionen zwecks Luftreinhaltung zu vermindern. Um die bestehenden Waldökosysteme jedoch langfristig zu stabilisieren, muss man verstärkt naturnahe, stufige Mischwälder schaffen bzw. vorhandene artenreiche Waldökosysteme erhalten.

Der Wald wird durch viele Faktoren gefährdet. Der Mensch trägt dabei eine große Verantwortung.

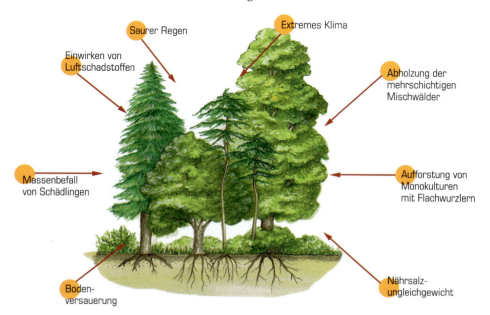

1 ▶ Der Wald wird durch viele Faktoren gefährdet.

Methoden

Expertenbefragung

Wenn man sich über ein Thema oder einen Arbeitsbereich genauer informieren will, ist die Befragung von Fachleuten bzw. Experten besonders gut geeignet. Anliegen und Fragen können auf kürzestem Weg verfolgt und neue Erkenntnisse gewonnen werden.

Die **Vorbereitung** einer Expertenbefragung muss sehr gründlich vorgenommen werden. Dabei geht es um verschiedene Aspekte:
- Zunächst muss Kontakt mit einem Experten aufgenommen und das Anliegen genau beschrieben werden. Auch organisatorische Fragen, wie Termin und Ort der Befragung, ob ein Protokoll geführt oder eine Tonband- bzw. Videoaufzeichnung gemacht werden kann, sind zu klären.
- Man sollte sich selbst auf das vorgeschlagene Thema gut vorbereiten. Das ist nicht nur wichtig für die Durchführung der Befragung, sondern auch für die Zusammenstellung der Fragen, auf die man eine Antwort bekommen will.

Die Erarbeitung eines **Fragenkatalogs** ist eine zentrale Aufgabe im Vorfeld einer Befragung. Alle Fragen sollten ausformuliert werden, vor allem als „W-Fragen" (Wie ...? Warum ...? Woher ...? ...). Dann sollten die Fragen für das Gespräch geordnet werden – die Kernfragen sollte man für die erste Gesprächshälfte vorsehen.

Bei der **Durchführung** der Befragung sollte besonders auf Folgendes geachtet werden:
- Da eine Befragung in einer Gesprächssituation stattfindet, kann es sein, dass von den geplanten Fragen stark abgewichen wird. Auch wenn dabei andere interessante Informationen gegeben werden, sollte der Gesprächsführer seine Fragen nicht aus dem Blick verlieren.
- Wenn man etwas nicht verstanden hat oder eine Antwort zu kurz ausgefallen ist, sollte auf jeden Fall nachgefragt werden. Es empfiehlt sich, die Antworten in Stichpunkten mitzunotieren, um im Gespräch einen guten Überblick zu behalten.

Die **Auswertung** der Befragung ist die dritte Arbeitsphase. Hierbei ist zu beachten:
- Das Gespräch sollte möglichst bald ausgewertet werden, weil man sich dann auch noch an Details gut erinnert. Das Protokoll sollte geprüft und vielleicht ergänzt bzw. die Tonaufnahme schnell notiert werden.
- Die Ergebnisse sollten unter folgenden Gesichtspunkten ausgewertet und in einem Bericht zusammengefasst werden:
  • Welche Fragen wurden umfassend beantwortet, welche blieben offen?
  • Stimmen die Informationen mit denen überein, die man sich schon erarbeitet hatte? Wo ergeben sich Widersprüche?
  • Welche neuen Erkenntnisse konnten gewonnen werden?

Aufgabe

Treibhauseffekt, Schadstoffausstoß in die Luft (Smogbildung), Trinkwasserknappheit oder Abnahme der Biologischen Vielfalt sind globale Umweltprobleme. Bereiten Sie zu einem dieser Themen eine Expertenbefragung vor und führen Sie diese durch.

*Richter oder Anwälte sind **Rechtsexperten**. Sie können z. B. genau über die Arbeit eines Jugendgerichts, über die Wirksamkeit des Jugendschutzgesetzes oder über Rechtsverletzungen durch Musikdownloads aus dem Internet informieren.*

Bei Forstämtern, Naturschutzbehörden oder Umweltämtern findet man kompetente Ansprechpartner z. B. bei offenen Fragen zur nachhaltigen Waldbewirtschaftung.

1 ▶ Auch für den Fall, dass bei dem Experten noch etwas nachgefragt werden muss, sollte eine Befragung möglichst bald ausgewertet werden.

Natur- und Umweltschutz

In Deutschland werden alle sieben bis zehn Jahre Tier- und Pflanzenarten und das Ausmaß ihrer Gefährdung überprüft. Die Roten Listen in Deutschland tragen zur Erstellung europäischer und weltweiter Listen gefährdeter Arten bei.

Die IUCN führt seit 1963 die internationale Rote Liste (Red Data Books) gefährdeter Tier- und Pflanzenarten.

Im Jahre 2006 waren weltweit 16 119 Tier- und Pflanzenarten vom Aussterben bedroht bzw. unterschiedlich stark gefährdet. Das geht aus der Roten Liste der bedrohten Arten hervor, die von der 1948 gegründeten IUCN (International Union for Conservation of Nature and Natural Resources) veröffentlicht wurde.

Während der **Umweltschutz** v. a. den Schutz der menschlichen Lebensbedingungen bezweckt, richtet der **Naturschutz** sein Augenmerk auf den Naturhaushalt als Ganzes. Er hat das Ziel, schädliche menschliche Einflüsse zu vermindern, auszugleichen und zu verhindern. Am Beispiel des Waldes bedeutet das:
- Der Umweltschutz probiert das Waldsterben durch Luftreinhaltung aufzuhalten.
- Der Naturschutz versucht die geschädigten Wälder wiederherzustellen bzw. zu erhalten.

Naturschutzmaßnahmen orientieren sich stark an gefährdeten Arten. Ein wichtiges Instrument des Artenschutzes sind die **Roten Listen.** Hintergrund der Erstellung von Roten Listen ist der unübersehbare Rückgang von Arten und ihren natürlichen bzw. naturnahen Lebensräumen im Vergleich zur Situation etwa um

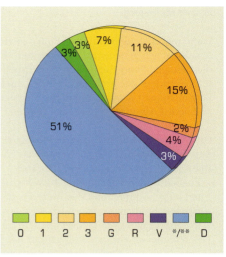

1 ▶ Aktuelle Gefährdungssituation der Tiere in Deutschland (Quelle: Bundesamt für Naturschutz)

das Jahr 1850. Rote Listen sind Verzeichnisse bzw. Bestandsaufnahmen aller bekannten ausgestorbenen, verschollenen und gefährdeten Tier- und Pflanzenarten, Pflanzengesellschaften, Biotoptypen, Biotopkomplexen und Landschaften.

In Washington wurde 1973 die *„Convention on International Trade in Endagered Species of Wild Flora and Fauna"* (**CITES**) verabschiedet, um den Handel mit Tier- und Pflanzenarten zu kontrollieren. Im deutschen Sprachgebrauch wird sie auch als **Washingtoner Artenschutzübereinkommen** (WA) bezeichnet. Im WA sind heute über 40 000 Pflanzen- und über 8 000 Tierarten aufgelistet. Alle drei Jahre treffen sich die Mitgliedstaaten der Konvention, um den Vertrag bzw. die Anhänge zu aktualisieren.

In Roten Listen erfolgt die Einteilung in Gefährdungsstufen:

- 0: ausgestorbene oder verschollene Arten
- 1: vom Aussterben bedrohte Arten
- 2: stark gefährdete Arten
- 3: gefährdete Arten
- G: Gefährdung ist anzunehmen, aber der Status dieser Arten ist noch unbekannt
- R: extrem seltene Arten/Arten mit geografischer Beschränkung
- V: zurückgehend, Arten der Vorwarnliste
- D: Daten unzureichend
- *: derzeit nicht als gefährdet angesehen
- **: ungefährdet

Gefährdungskategorien der Roten Listen (nach SCHNITTLER, 1994)

Aufgabe

Informieren Sie sich über weitere internationale Natur- und Artenschutzkonventionen. Stellen Sie diese in einer Übersicht zusammen und beschreiben Sie, welche wichtigen Ziele sie verfolgen.

Der Entwicklung von weitaus umfassenderen Gegenmaßnahmen im Rahmen des Natur- und Umweltschutzes liegt die Erkenntnis zugrunde, dass Umwelt- und Entwicklungsprobleme nicht voneinander zu trennen sind. Die Frage ist, wie sich ein verstärkter Schutz der Umwelt und der biologischen Vielfalt mit einer wirtschaftlichen Entwicklung in den Entwicklungsländern vereinbaren lässt.

Bereits 1992 trafen sich in Rio de Janeiro auf der „Konferenz der Vereinten Nationen für Umwelt und Entwicklung" (*United Nations Conference on Environment and Development,* UNCED, s. Abb. 1) Vertreter aus 178 Ländern, um über eine Lösung zu diskutieren. Der Begriff der **nachhaltigen Entwicklung** *(sustainable development)* wurde geprägt und konkrete Maßnahmen in einem Aktionsplan für den Weg ins 21. Jahrhundert, der Agenda 21, formuliert.

Auf der Konferenz wurden wichtige Vereinbarungen getroffen wie:
- die **Klimakonvention,** die verlangt, dass Industrienationen ihre Emissionen an Kohlenstoffdioxid und anderen Treibhausgasen reduzieren, und
- die **Biodiversitätskonvention,** ein „Übereinkommen zum Schutz der natürlichen Lebensgrundlagen".

Natur- und Umweltschutzorganisationen

Wissenschaftler und Vertreter von Naturschutzverbänden gaben den entscheidenden Anstoß, als 1948 in Frankreich die **Internationale Organisation für Naturschutz** (IUCN) durch die UNESCO und die französische Regierung gegründet wurde. Als internationale Organisationen gelten zurzeit der **World Wide Fund For Nature** (WWF, 1961 gegründet) und die 1972 entstandene Gruppe **Greenpeace**.

Die Zielsetzungen der verschiedenen Organisationen decken sich in dem Bestreben, das Umweltbewusstsein der Bevölkerung zu stärken und die Bereitschaft zu persönlichem und politischem Handeln zu erhöhen. Je mehr Menschen sich aktiv am Natur- und Umweltschutz beteiligen, desto größer sind die Aussichten auf Erfolge.

> Das Engagement der Natur- und Umweltschutzorganisationen sowie die Erstellung Roter Listen dienen Naturschützern, Planern und Behörden als Entscheidungsgrundlage und sind heute nicht mehr aus der Naturschutzarbeit, der Umweltpolitik und dem Bewusstsein des interessierten Bürgers wegzudenken.

Zu den nach dem Bundesnaturschutzgesetz (BNatSchG) anerkannten Vereinen gehören z.B. der Bund für Umwelt und Naturschutz Deutschland e. V. (BUND), der Naturschutzbund Deutschland e. V. (NABU), der Deutscher Tierschutzbund e. V. und die Schutzgemeinschaft Deutscher Wald e. V.

Zu den Verhandlungsergebnissen des Weltgipfels für nachhaltige Entwicklung zählten u. a. eine Verständigung zur Reduzierung des Rückgangs der Artenvielfalt bis 2010, eine Verminderung der Vernichtung der Weltfischbestände bis 2015 und eine Erhöhung des Anteils erneuerbarer Energien.

1 ▶ Der „Klima-Weltgipfel" findet jedes Jahr statt, 1995 tagte er in Deutschland.

Nationale Gesetzgebung und Schutzgebiete

Die Nationalparks nehmen 0,6 % der terrestrischen Landesfläche ein und unter Einbeziehung der geschützten Wasser- und Wattflächen ca. 2,7 % der Bundesfläche.

In Deutschland wird der Naturschutz durch das Bundesnaturschutzgesetz (BNatSchG) geregelt. Im **Bundesnaturschutzgesetz** wird Naturschutz und Landschaftspflege als übergreifende, das ganze Land betreffende Aufgabe verstanden. Das Gesetz soll den Schutz von einheimischen Tier- und Pflanzenarten sowie ihrer Lebensräume bewirken. Die Überwachung der konkreten Maßnahmen des Naturschutzes innerhalb der Bundesländer liegt bei den jeweiligen Naturschutzbehörden. Das **Bundesamt für den Naturschutz** (BfN) übernimmt auf Bundesebene die fachliche und wissenschaftliche Beratung des Bundesumweltministeriums. Auf Länderebene übernehmen diese Aufgabe die Landesanstalten und Landesämter für Naturschutz.

1 ▸ Naturschutzgebiete sind gekennzeichnet.

*Neben der Regelung des Naturschutzes spielt auch das **Umweltrecht** eine wesentliche Rolle. Stoffliche Belastungen von Luft, Wasser und Boden sollen vermieden werden. Wichtige Regelwerke sind das Immissionsschutzgesetz, das Wasserhaushaltsgesetz, das Abfallgesetz, das Chemikaliengesetz und das Gentechnikgesetz.*

Die Veränderung oder Zerstörung eines Lebensraumes ist häufig der Hauptgrund für den Rückgang der Tier- und Pflanzenarten in diesem Gebiet. Diese Räume müssen überwacht und die Natur darin ihrem eigenen Rhythmus überlassen werden. Neben der Landschaftsplanung oder der Eingriffsregelung ist die **Ausweisung von Schutzgebieten** ein wichtiges Instrument des Natur- und Umweltschutzes bzw. des Naturschutzgesetzes. Es gibt verschiedene Schutzkategorien mit unterschiedlicher Zielsetzung.

Am strengsten geschützt sind in Deutschland die **Naturschutzgebiete** (NSG, s. Abb. 1). Lebensgemeinschaften oder Lebensräume von Tier- und Pflanzenarten werden in ihnen wegen ihrer Seltenheit und Schönheit oder ihres wissenschaftlichen Wertes geschützt. Menschliche Aktivitäten sind in ihnen weitestgehend untersagt.

Biosphärenreservate wurden von der UNESCO erstmals 1968 im Rahmen des Programms *„Men and Biosphere"* („Mensch und Biosphäre") eingerichtet. Ziel ist es, weltweit Gebiete unter Schutz zu stellen, die einen bestimmten Lebensraum oder eine ökologische oder kulturelle Besonderheit darstellen.

Biosphärenreservate sind Modellregionen, in denen das Zusammenleben von Mensch und Natur beispielhaft entwickelt und erprobt wird. Es geht hier neben dem Naturschutz auch um die Bewahrung und Entwicklung von Kulturlandschaften, die Erforschung von Natur, nachhaltige Regionalentwicklung und Anschauungsbeispiele für Bildung und Wissenschaft.

Land- und Forstwirtschaft, Tourismus und Gastronomie, Handwerk und Gewerbe sollen den Bewohnern dieser Gebiete eine dauerhafte Existenzgrundlage im Einklang mit dem Naturhaushalt und der landschaftlichen Schönheit bieten. Ihr Ziel ist es, weltweit ein Netz von Modellregionen für nachhaltige Entwicklung aufzubauen. Mittlerweile gehören 408 Gebiete diesem Netzwerk an.

Bedeutung und Gefährdung von Ökosystemen   Biologie   141

Nationalparks sind großräumige Schutzgebiete. Sie umfassen mindestens 10 000 ha noch weitgehend naturnaher Landschaft. Ihre Kerngebiete sind frei von menschlicher Nutzung. In Randzonen ist eine forstliche, landwirtschaftliche oder fischereiwirtschaftliche Nutzung erlaubt.

Landschaftsschutzgebiete und **Naturparks** sind Regionen, in denen Landschaft und Natur bewahrt, entwickelt und naturverträglicher Tourismus unterstützt wird. Sie tragen dazu bei, die Ansprüche der Menschen an ihre Lebens- und Wirtschaftsräume mit den Anforderungen von Landschafts- und Naturschutz in Einklang zu bringen.

Die Ausweisung von Schutzgebieten ist ein wichtiges Instrument des Natur- und Umweltschutzes. Besonderer Gebietsschutz gilt dabei für Nationalparks, Landschaftsschutzgebiete, Biosphärenreservate und Naturparks.

Derzeit gibt es in Deutschland 14 Nationalparks mit einer Gesamtfläche von 921 145 ha, die nach Bundesnaturschutzgesetz (BNatSchG) § 24 ausgewiesen sind.

Aufgaben

1. Ordnen Sie den Zahlen in der Abbildung den jeweiligen Nationalpark zu und benennen Sie die Biosphärenreservate.

2. Fertigen Sie ein Poster zu einer bayerischen Naturlandschaft an (s. S. 143).

Nationalpark	Region/Bundesland
Bayerischer Wald	Bayern
Berchtesgaden	Bayern
Eifel	Nordrhein-Westfalen
Hainich	Thüringen
Hamburgisches Wattenmeer	Hamburg
Harz	Niedersachsen, Sachsen-Anhalt
Jasmund	Mecklenburg-Vorpommern
Kellerwald-Edersee	Hessen
Müritz	Mecklenburg-Vorpommern
Niedersächsisches Wattenmeer	Niedersachsen
Sächsische Schweiz	Sachsen
Schleswig-Holsteinisches Wattenmeer	Schleswig-Holstein
Unteres Odertal	Brandenburg
Vorpommersche Boddenlandschaft	Mecklenburg-Vorpommern

1 ▸ Schutzgebiete in Deutschland

Rettet die Donau!

Zwischen Straubing und Vilshofen darf die Donau noch frei fließen. Dort wächst einer der letzten großen Auwälder Mitteleuropas. Verschlungene Nebenarme suchen sich einen Weg durch den Auwald, auf Feuchtwiesen brütet der Große Brachvogel, Eisvögel suchen sich ein Plätzchen auf den knorrigen Weiden und an den Uferrändern wachsen Sumpfgladiolen und Wasserschwertlilien. Silberweiden-Auen, Hartholz-Auwälder, Altwasser, Sumpf- bzw. Nasswiesen und spezielle Trockenstandorte bieten vielfältigen Lebensraum für seltene und bedrohte Pflanzen- und Tierarten.

Man bezeichnet diesen Donauabschnitt an der Isarmündung auch als **„Arche Noah Bayerns"**. Auf diesen 0,5 % der gesamten Landesfläche Bayerns findet man 54 % der bedrohten Vogelarten und 85 % der bedrohten Fischarten. Fische wie Zingel und Streber kommen nur in diesem Donauabschnitt vor. Die Donau-Kahnschnecke und ihre kleinere Schwester die Gestreifte Kahnschnecke leben an bzw. unter Steinen in sauberem, schnell strömendem, tiefem Wasser und ernähren sich von Algenbewuchs. In stehendem Wasser überleben sie nicht, wo bereits Staustufen gebaut wurden, sind sie nach kurzer Zeit ausgestorben.

Diese naturnahe Wasserlandschaft hält herrliche Erholungsgebiete bereit und bildet daher eine der wichtigsten wirtschaftlichen Grundlagen für den regionalen Tourismus. Fluss und Auen reinigen außerdem das Wasser wirksamer als es jede Kläranlage vermag und liefern Trinkwasser bester Qualität. Auwälder saugen sich bei Hochwasser voll wie ein Schwamm und schützen vor Überschwemmungen. Sie sind außerdem ein Wasservorratsspeicher für trockene Zeiten.

Demgegenüber würde ein Ausbau wie zwischen Bamberg und Nürnberg vielen Schifffahrtsunternehmen zugute kommen. Dieser Bereich ist bereits seit 1972 in Betrieb (s. Abb. 1). Allein im Jahr 2006 sind auf dem Rhein-Main-Donau-Kanal auf 5 280 Schiffen 6,24 Mio. Tonnen Güter transportiert worden. Die Fertigstellung des gesamten Rhein-Main-Donau-Kanals würde zusammen mit dem Ausbau von Rhein, Main und Donau eine durchgängig schiffbare Verbindung zwischen der Nordsee und dem Schwarzen Meer schaffen.

Als Ausgleich für den Kanalbau sind umfangreiche Biotope angelegt worden, die inzwischen auch touristisch attraktiv und damit wirtschaftlich interessant sind.

Zusammen mit dem World Wide Fund for Nature (WWF), dem Landesbund für Vogelschutz (LBV) und anderen Organisationen hat der Bund Naturschutz (BN) am 29. 06. 2007 – dem internationalen Donautag – eine Unterschriftensammlung zum Schutz der Donau gestartet.

Aufgaben

1. *Stellen Sie fünf Tier- und Pflanzenarten vor, die durch den Ausbau der Donau bedroht würden.*
2. *Diskutieren Sie die unterschiedlichen Ansichten zum Kanalbau.*
   Dazu bietet sich eine Podiumsdiskussion an (s. S. 169). Dabei können Sie die gegensätzlichen Meinungen mit Argumenten untermauern und so die unterschiedlichen Interessen und ihren Konflikt deutlich herausstellen.

Die auf der S. 137 beschriebene Expertenmethode könnte Ihnen bei der Beschaffung von Informationen weiterhelfen.

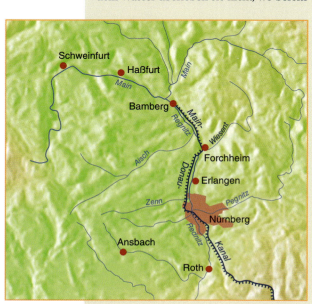

Bayerische Naturlandschaften

Nationalpark Bayerischer Wald

Steckbrief

Gründungsjahr: wurde 1970 als erster Nationalpark in Deutschland eröffnet.
Geografische Lage: zentraler Teil des Bayerischen Waldes, zusammen mit östlich angrenzendem Böhmerwald das größte zusammenhängende Waldgebiet Europas.
Größe: 24 250 ha
Landschaftstypen: nadelholzdominiertes Mittelgebirge (bis 1 453 m ü. NN).
Gestein: Granit und Gneis.
Naturraum: 95 % Wald, zum Teil sehr urwaldähnlich, außerdem ausgedehnte Moore und naturbelassene Bergbäche; typische Tierarten naturnaher Bergwälder.

Besonderheit: Im Bayerischen Wald erfüllen Naturpark und Nationalpark Bayerischer Wald gemeinsam die Konzeption eines Biosphärenreservats. Zusammen mit dem Nationalpark und Biosphärenreservat Sumava in Tschechien wird hier ein einmaliges Waldgebiet mit seiner vorgelagerten bäuerlichen Kulturlandschaft geschützt.
Nirgendwo sonst zwischen Atlantik und Ural darf sich die Natur auf so großer Fläche nach ihren ureigenen Gesetzen zu einem einmaligen wilden Wald entwickeln.

Naturparks
1 Altmühltal
2 Augsburg – Westliche Wälder
3 Bayerische Rhön
4 Bayerischer Wald
5 Bergstraße – Odenwald
6 Fichtelgebirge
7 Frankenhöhe
8 Frankenwald
9 Fränkische Schweiz – Veldensteiner Forst
10 Haßberge
11 Nördlicher Oberpfälzer Wald
12 Oberer Bayerischer Wald
13 Oberpfälzer Wald
14 Spessart
15 Steigerwald
16 Steinwald
17 Hirschwald

Nationalparks
A Bayerischer Wald
B Berchtesgaden

Biosphärenreservat
I Rhön
II Bayerischer Wald
III Berchtesgaden

1 ▶ Überblick der bayerischen Naturlandschaften

Umweltschutz geht alle an!

Der Botanische Informationsknoten Bayern ist ein Projekt der Zentralstelle für die floristische Kartierung Bayerns. Ihr Ziel ist, die verstreuten Ressourcen zu Daten, Informationen und Hilfsmitteln zur Flora Bayerns hier zu bündeln und bereitzustellen und damit die Kenntnisse um die bayerische Flora in Öffentlichkeit, Naturschutz und Wissenschaft zu fördern.

Um den Gefahren für die Existenz und den Lebensraum vieler Organismen entgegen zu wirken, werden verschiedene Maßnahmen durchgeführt:

- Vermeidung bzw. Verringerung der Schadstoffabgabe;
- Verminderung der Kohlenstoffdioxidabgabe (Einschränkung des Energieverbrauchs; verstärkte Nutzung von regenerativen Energiequellen wie Sonne, Wind, Wasser, Biomasse);
- Reinigung aller Abwässer;
- Sparsamer Umgang mit Wasser;
- Verbot der Nutzung von FCKW;
- verantwortungsbewusster Umgang mit Chemikalien, Pflanzenschutzmitteln und Insektiziden;
- Vermeidung von Überdüngung in der Landwirtschaft.

In einigen Bundesländern der BRD werden die Rohstoffe Kies und Sand abgebaut, was eine Veränderung der Landschaft mit sich bringt. Um diese Veränderungen möglichst klein zu halten, werden sogenannte **Rekultivierungsmaßnahmen** durchgeführt.

Rekultivierung umschreibt die Wiederherstellung von naturnahen Lebensräumen für Pflanzen und Tiere in Gebieten, die in Bezug auf Biotope zerstört, verarmt bzw. ausgebeutet wurden. Entscheidend ist dabei in erster Linie das rückgängig machen der Flächenversiegelung durch Straßen oder Gebäude. Problematisch daran ist, dass die zu rekultivierenden Böden in der Regel mit Chemikalien, Schwermetallen oder Öl verseucht sind.

Renaturierungsmaßnahmen beziehen sich dagegen auf Bodenoberflächen und Flüsse und haben immer eine naturnahe Wiederherstellung zum Ziel. So werden z. B. Kiessand-Tagebaue zu Erholungsgebieten umgestaltet oder Baggerseen angelegt, die sowohl dem Menschen als Erholung dienen, als auch vielen Wasservögeln einen neuen Lebensraum anbieten.

Aufgabe

Nennen Sie Renaturierungs- bzw. Rekultivierungsmaßnahmen in Ihrem Bundesland, die zur Folge hatten, selten gewordene Arten erfolgreich wieder anzusiedeln.

1 ▶ Blauracke (ausgestorben)

2 ▶ Auerhuhn (vom Aussterben bedroht)

3 ▶ Laubfrosch (stark gefährdet)

4 ▶ Biotopschutz – Grundlage für Artenschutz

Bedeutung und Gefährdung von Ökosystemen

Jeder Einzelne kann dazu beitragen, die Natur zu schützen und die Umwelt zu schonen.

Geht man in Parks spazieren oder wandert durch Feldmark und Wälder, stößt man immer wieder auf weggeworfenen Müll. Kunststoffverpackungen und Flaschen, Plastiktüten, Getränkedosen oder Batterien verrotten nicht und verschmutzen unsere unmittelbare Umgebung.

Auch der Wechsel vom Auto zum Fahrrad oder zum öffentlichen Verkehrsmittel entlastet die Umwelt, insbesondere in den Städten. Viele Stadtverwaltungen erleichtern diese Entscheidung durch Anlegen von Radwegen, Park-and-Ride-Parkplätzen am Stadtrand und Fußgängerzonen in den Innenstädten.

Den eigenen **Energieverbrauch** kann man mindern. Auch der sparsame und sinnvolle Umgang mit Wasser hilft Ressourcen zu sparen und Umweltbelastung durch Abwasser zu mindern. So kann in einer Zisterne gesammeltes Regenwasser für die Toilettenspülung bzw. für das Gießen verwendet werden.

Gewässer sind oft besonders belastet, weil sie nicht selten immer noch als Abfalleimer dienen. Auch einfließende **Abwässer** und Rückstände aus der Landwirtschaft, insbesondere Düngemittel, schaden der Wasserqualität. Befestigte Ufer, fehlende Röhrichtzonen und begradigte Bachläufe mindern die Selbstreinigungskraft der Gewässer.

Mithilfe einer Bachpatenschaft könntet Ihr Euch mit den örtlichen Naturschutzgruppen und Behörden gemeinsam dafür stark machen, dass ein Bach seinen natürlichen Zustand zurückerlangt. Ihr müsstet den vorhandenen Müll beseitigen, verhindern, dass weitere Verschmutzungen vorgenommen werden und schließlich dafür sorgen, dass das Ufer mithilfe einheimischer Gehölze naturnah gestaltet wird, damit sich dort selten gewordene Tier- und Pflanzenarten erneut ansiedeln können (s. Abb. 1).

1 ▶ Eine Bachpatenschaft heißt Verantwortung übernehmen.

Abfallvermeidung, Energiesparen und gut durchdachte, selbst durchgeführte Schutzmaßnahmen können eigene nützliche Beiträge zum Umweltschutz sein.

Schwermetalle, die z. B. aus weggeschmissenen Batterien auslaufen können, schädigen den Boden und die in ihm vorkommenden Lebewesen massiv.

Aufgaben

1. Kontaktieren Sie die zuständigen Behörden und organisieren Sie selbst mit Ihrer Schulklasse Säuberungsaktionen, wobei Sie z. B. Wanderwege oder einen Park in direkter Umgebung vom Abfall befreien.

2. Fallen Ihnen weitere Beispiele in Ihrer Umgebung ein? Planen Sie mit Ihren Mitschülern ein Umweltschutzprojekt in der näheren Umgebung, z. B. eine Bachpatenschaft oder die Gestaltung einer Grünanlage.

3. Überlegen Sie, was Sie selbst zum Umweltschutz beitragen.

4. Finden Sie heraus, wie hoch der Pro-Kopf-Wasserverbrauch in Deutschland ist. Diskutieren Sie mit Ihren Mitschülern, wo Sie selbst ansetzen könnten, die wertvolle Ressource Wasser nicht unnötig zu verschwenden.

gewusst · gekonnt

1. Nehmen Sie in Ihr Glossar folgende Begriffe auf: Umweltschutz, Naturschutz, Artenschutz, Biodiversität, Nationalpark, Biosphärenreservat, Naturpark, Renaturierung, Nachhaltigkeit.

   Glossar
   - Artenschutz:
   - Biodiversität:
   - Biosphärenreservat:

2. a) Finden sie mithilfe des Internets mehr über Natur- und Umweltschutzorganisationen heraus und stellen Sie in einer Präsentation die Geschichte, das Leitbild, die Schwerpunkte und die aktuellen Aktionen einer dieser Natur- und Umweltschutzorganisationen vor.
   b) Diskutieren Sie in der gesamten Gruppe, wo Sie selbst einen Beitrag leisten könntet und welche Möglichkeiten es in Ihrem direktem Umfeld gibt, sich aktiv am Umwelt- und Naturschutz zu beteiligen.

3. Stellen Sie an einem Beispiel aus Ihrer Umgebung dar, wie sich ein Eingriff in die Natur ausgewirkt hat, und bewerten Sie diese Maßnahme.

4. In der Tabelle rechts ist die Rote Liste der Amphibien Bayerns dargestellt. Sie umfasst alle einheimischen Amphibienarten.
   a) Definieren Sie die in der Tabelle aufgeführten Gefährdungsstufen.
   b) Fertigen Sie eine Grafik in Form eines Tortendiagramms der aktuellen Gefährdungssituation der Amphibien in Bayern an.
   c) Begründen Sie die Gefährdung anhand der besonderen Lebensbedingungen der Amphibien und machen Sie gemeinsam Vorschläge für Amphibienschutzmaßnahmen.
   d) Recherchieren Sie inwieweit zwei der genannten Tiere in Bayern bzw. in der gesamten Bundesrepublik vorkommen und geschützt sind.

Gefährdung der Amphibien in Bayern	
Art	Gefährdung
Alpensalamander	nicht gefährdet
Feuersalamander	V
Kammmolch	3
Bergmolch	nicht gefährdet
Teichmolch	V
Fadenmolch	nicht gefährdet
Geburtshelferkröte	3
Gelbbauchunke	3
Knoblauchkröte	2
Laubfrosch	2
Erdkröte	nicht gefährdet
Wechselkröte	2
Kreuzkröte	3
Teichfrosch	nicht gefährdet
Seefrosch	nicht gefährdet
Kleiner Wasserfrosch	G
Springfrosch	3
Moorfrosch	2
Grasfrosch	V
Stand: 2007	

5. Informieren Sie sich in der Roten Liste von Bayern über gefährdete Tier- und Pflanzenarten. Überprüfen Sie, welche der genannten Arten in Ihrer unmittelbaren Umgebung vorkommen.

Das Wichtigste auf einen Blick

Gefährdung unserer Umwelt

Natürliche Prozesse und die **Auswirkungen menschlicher Tätigkeiten** können die Umwelt gefährden.

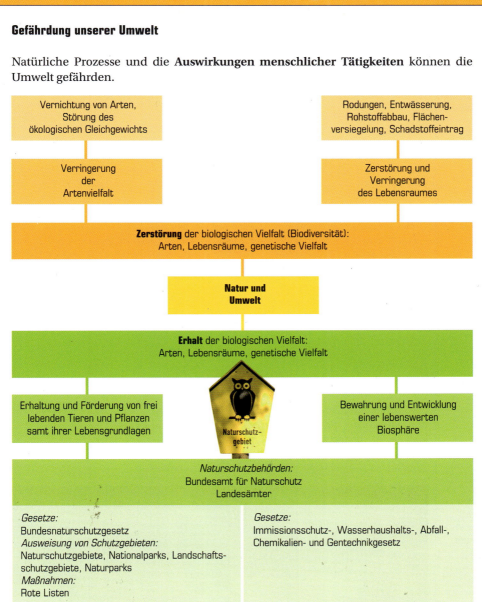

Natur- und Umweltschutz

Der Schutz und die Erhaltung unserer Umwelt gehen jeden Einzelnen an! Außerdem ist für eine nachhaltige Entwicklung eine Zusammenarbeit auf internationaler Ebene (z. B. Biosphärenreservate, Washingtoner Artenschutzübereinkommen) notwendig.

Methoden

Planung und Durchführung einer Exkursion

In den Naturwissenschaften, insbesondere in der Biologie, werden auf einer Exkursion meist Beobachtungen und verschiedene Messungen durchgeführt, in der Regel werden auch Pflanzen und Tiere bestimmt. Alle Exkursionen weisen eine gemeinsame Struktur auf.

Schritt ①

Planung und Vorbereitung
Eine Exkursion sollte detailliert geplant und vorbereitet werden. Dazu
- muss das Exkursionsziel festgelegt werden. Danach richtet sich die Ausrüstung (z. B. Fanggeräte, Sammelbehälter, Messgeräte, Bestimmungsbücher und Kleidung).
- dient eine Karte des Exkursionsgeländes zur Orientierung, zum Eintragen der Fundorte von Pflanzen und Tieren oder von Geländeeigenschaften.

Schritt ②

Durchführung
Zu Beginn wird das Exkursionsgebiet **betrachtet.** Dabei wird in der Arbeitsgruppe besprochen, welche Untersuchungen wo und von wem durchgeführt werden.
Weitere wichtige biologische Tätigkeiten im Exkursionsgebiet sind das **Messen** (z. B. Temperatur, Luftfeuchtigkeit, Helligkeit) und das **Beobachten, Sammeln und Bestimmen** von Pflanzen und Tieren. Die Messergebnisse müssen genau **protokolliert** und Fundorte eingetragen werden.
Bei der Geländearbeit ist die Beachtung der **Naturschutzbestimmungen vom Bundesland Bayern** unbedingt notwendig.

Schritt ③

Auswertung
Nach der Exkursion kann man mit der **Auswertung** beginnen. Dazu zählt u. a. das
- Herbarisieren mitgebrachter Pflanzen.
- Das Aufnehmen der bestimmten Tiere und Pflanzen mit ihrem Fundort in Listen.

Manche Fragestellungen, wie z. B. die Klärung bestimmter Bodeneigenschaften wie Kalkgehalt und pH-Wert, sind allerdings nur durch das **Experiment** zu lösen. Die mitgebrachten und beschrifteten Bodenproben werden dann in der Schule untersucht und ausgewertet.

Aufgabe
Planen Sie mit Ihrer Klasse eine Exkursion in ein nahe gelegenes Waldgebiet.
a) *Überlegen Sie, welche Untersuchungen sinnvoll wären.*
b) *Erstellen Sie dafür eine Checkliste der Ausrüstungsgegenstände, die dafür benötigt werden.*

Das Wort „Exkursion" stammt aus dem Lateinischen und kann mit Ausflug oder Streifzug übersetzt werden.

lat.: excursio = das Hervorlaufen, Ausflug (ex = aus; currere = laufen)

Ein satellitengestütztes Navigationssystem zur genaueren Ortsbestimmung (z. B. GPS) kann dabei vorteilhaft sein.

Geschützte Pflanzen dürfen nicht für ein Herbar gepflückt und geschützte Tiere nicht gefangen werden! Tiere müssen generell nach ihrer Bestimmung wieder freigelassen werden!

Bedeutung und Gefährdung von Ökosystemen

Praktikum

Um in das Wirkungsgefüge eines Ökosystems Einblick zu gewinnen, kann man unterschiedliche Untersuchungen durchführen. Im Folgenden sind einige Beispiele zusammengestellt, die sich für die Erforschung eines Wald-Ökosystems eignen.

Licht und Schatten

Die Helligkeit eines Standorts wird in der Regel als Beleuchtungsstärke mit einem Luxmeter gemessen und in Lux angegeben. Dabei kann die Beleuchtungsstärke an ein und demselben Standort sowohl über den Tag als auch im Jahresverlauf stark schwanken. Dafür sind der wechselnde Sonnenstand, das Wetter und die Belaubung der Bäume verantwortlich.
Das Lichtbedürfnis einer Pflanzenart gibt man wegen der starken Schwankungen in der Regel als relativen Lichtgenuss an. Darunter versteht man den Anteil (Prozentanteil) des vollen Tageslichtes, der an einem bestimmten Standort herrscht.

Messen Sie die Beleuchtungsstärke in Abhängigkeit der Zeit.

Material:
Luxmeter

Durchführung:
Suchen Sie sich im Wald einen Standort mit Wald-Sauerklee. Messen Sie die Beleuchtungsstärke in Höhe der Sauerkleeblättchen. Führen Sie über ca. 2 Stunden wiederholte Messungen im Abstand von 10 min durch und notieren Sie die Ergebnisse.

Auswertung:
1. Stellen Sie die Messergebnisse in einem Liniendiagramm dar (Beleuchtungsstärke und Zeit).
2. Sie erhalten mit Ihrem Diagramm ein Bild der Helligkeitsschwankungen. Überlegen Sie, welche Fehler bei einer solchen Darstellung auftreten können.

Messen Sie die Beleuchtungsstärke in Abhängigkeit des Pflanzenvorkommens.

Material:
Luxmeter; Maßband oder markierte Wäscheleine; 1 m breiter, in zehn 10 x 10 cm Quadrate unterteilter Holzrahmen

Durchführung:
1. Suchen Sie einen Waldstandort auf, an dem die Beleuchtungsstärke in einer Richtung stark zu- bzw. abnimmt.
2. Stecken Sie mit einem Maßband eine Strecke von ca. 20 m ab und messen Sie im Abstand von 1 m die Beleuchtungsstärke.
3. Legen Sie nun im Abstand von 1 m, wie in der Abbildung dargestellt, den Holzrahmen mit den 10 Kästchen aus und notierten Sie für jede Pflanzenart die Zahl der Kästchen, in denen sie vorkommt.

Auswertung:
1. Rechnen Sie die Messwerte in relativen Lichtgenuss (%) um.
2. Ordnen Sie jeder vorkommenden Pflanzenart (artgenau bestimmen!) ein bestimmtes Lichtbedürfnis zu (Schattenpflanze, Halbschattenpflanze, Sonnenpflanze)
3. Stellen Sie die Ergebnisse in einem Diagramm dar.

Luxmeter

Beleuchtungsstärken verändern sich deutlich an einem Waldrand oder an einem Übergang von dichtem Fichtenforst in einen offenen Laubwald.

Diese Untersuchungen gelingen an sonnigen Tagen besonders gut.

Praktikum

Standortklima

Das kleinräumige Klima an einem bestimmten Standort kann sich schon auf wenige Meter stark verändern. Um das Standortklima zu erfassen, muss man die Werte über den Tag (und auch zu verschiedenen Jahreszeiten) messen. Neben der Beleuchtungsstärke sind Lufttemperatur, relative Luftfeuchtigkeit und Verdunstungskraft (Evaporation) wichtige Kenngrößen.

Richten Sie Messstellen für das Standortklima ein.

Material:
2 Luxmeter, 2 Thermometer, 2 Hygrometer, 6 Piche-Evaporimeter (kalibriertes Glasröhrchen mit grüner Filtrierpapierscheibe, s. Abb.)

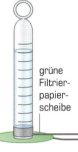

grüne Filtrierpapierscheibe

Evaporimeter

Durchführung:
1. Richten Sie in einem Waldökosystem und auf einer Wiese einen Messplatz für das Standortklima ein (s. Abb. 1).
   a) Die Messungen werden jeweils in 5 cm, 50 cm und 150 cm Höhe über der Bodenoberfläche durchgeführt.
   b) In diesen drei Höhen sollten an beiden Messstellen die Piche-Evaporimeter fest installiert werden. Es wird die zwischen zwei Messungen verdunstete Wassermenge gemessen und auf ml/h umgerechnet.
   c) Die Thermometer, Hygrometer und Luxmeter werden in den drei Höhen kurzzeitig gehalten und abgelesen.
   d) Beim Ablesen des Thermometers muss darauf geachtet werden, dass diese nicht direkt von der Sonne getroffen werden.
2. Führen Sie über den Tagesablauf möglichst zahlreiche Messungen durch, mindestens aber drei Messungen (kurz nach Sonnenaufgang, um die Mittagszeit, kurz vor Sonnenuntergang).

Auswertung:
1. Stellen Sie für jeden der beiden Messpunkte den Tagesgang von Beleuchtungsstärke, Temperatur, relativer Luftfeuchte und Evaporation dar.
2. Vergleichen Sie die Ergebnisse beider Standorte. Beachten Sie dabei besonders die Werte in den verschiedenen Höhen. Was stellen Sie fest?

Hygrometer

Günstig sind elektrische Hygrometer mit digitaler Anzeige, die gleichzeitig auch die Temperatur messen und anzeigen.

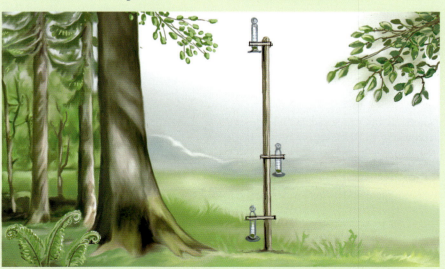

1 ▶ So kann der Messplatz zur Kennzeichnung des Standortklimas eines Ökosystems eingerichtet werden.

Biologie 151

Praktikum

Boden

Für ein Ökosystem sind vor allem folgende Bodeneigenschaften wichtig:
- pH-Wert und Kalkgehalt
- Gehalt an organischen Abfallstoffen (Humusgehalt)
- Speicherkapazität für Wasser und Mineralstoffe (hängt z. B. mit der Korngröße der Bodenbestandteile zusammen)

Messen Sie den pH-Wert des Bodens.

Material:
pH-Messstäbchen (Bereich 4-8), Becherglas, Kaffeefilter, Löffel, destilliertes Wasser

Durchführung:
Fügen Sie zur Bodenprobe im Becherglas etwa die doppelte Menge destilliertes Wasser hinzu. Rühren Sie um, bis eine Lösung entsteht. Tauchen Sie nach etwa fünf Minuten den Filter (2) langsam so in die Bodensuspension (3), dass sich im Inneren des Filters klare Flüssigkeit sammelt. Messen Sie in dieser Lösung den pH-Wert mit einem Messstäbchen (1) entsprechend der Packungsvorschrift.

Auswertung:
Überlegen Sie sich eine geeignete Darstellung Ihrer Messwerte.

Schätzen Sie den Kalkgehalt des Bodens.

Material:
10%ige Salzsäure ☒, Porzellan- oder Petrischale, Tropfpipette, Teelöffel, Schutzbrille

Durchführung:
Setzen Sie die Schutzbrille auf und geben Sie jeweils zu einem Teelöffel Bodenprobe in der Petrischale vorsichtig 10 Tropfen Salzsäure.

Auswertung:
1. Den Kalkgehalt kann man am Aufbrausen erkennen. Schätzen Sie nach der Tabelle in Abhängigkeit der Reaktion mit Salzsäure den Kalkgehalt der Bodenprobe.

Reaktion	Kalk-gehalt
Stark, langanhaltend:	> 5%
deutlich, aber nicht anhaltend:	3 – 4%
schwach, kurz:	1 – 2%
keine Reaktion:	< 1%

2. Beschreiben Sie die chemische Reaktion, die dem Aufbrausen zugrunde liegt.
3. Können Sie einen Zusammenhang zwischen pH-Wert und Kalkgehalt verschiedener Bodenproben feststellen?
4. Setzen Sie den pH-Wert und den Kalkgehalt des Bodens mit den vorkommenden Pflanzenarten in Beziehung.

Trage dazu Schutzbrille und Kittel!

Der pH-Wert ist ein Maß für die Stärke der sauren bzw. basischen Wirkung einer wässrigen Lösung, die sich aus der H^+ (bzw. H_3O^+)-Konzentration ergibt.

Einige elektrische pH-Meter mit einer Messelektrode sind für die direkte Messung von Böden geeignet.

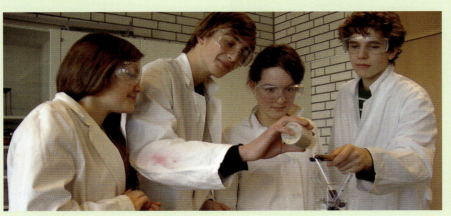

Praktikum

Untersuchen Sie die organischen Bestandteile des Bodens.

Material:
kleine Schaufel oder Löffel, kleines Glas (mindestens 2 x so hoch wie breit, z. B. von Kleinkindernahrung), Alaun (Kalium-Aluminiumsulfat, $KAl(SO_4)_2$)

Durchführung:
Füllen Sie ein Probenglas zu etwa 1/4 mit der Bodenprobe, geben Sie dann einen Esslöffel voll Alaun dazu und füllen Sie mit Leitungswasser auf. Verschließen Sie das Glas und schütteln Sie es kräftig. Lassen Sie das Glas einige Minuten ruhig stehen.
Die organischen Bestandteile des Bodens sammeln sich dann an der Oberfläche, während die anorganischen (mineralischen) Bestandteile sich absetzen.
Lässt man das Glas länger stehen, setzen sich auch die organischen Bodenbestandteile ab, deshalb sollte die Auswertung sofort erfolgen.

Auswertung:
1. Vergleichen Sie verschiedene Bodenproben miteinander.
2. Erläutern Sie, wodurch die Unterschiede zustande kommen könnten.
3. Erklären Sie die Bedeutung der organischen Bestandteile für die Bodenfruchtbarkeit.

Während Sand keine Bestandteile von < 0,01 mm Durchmesser enthält, besteht Ton zu mehr als 60 % aus solchen kleinsten Teilchen.

Ermitteln Sie die Bodenart.

Die Korngröße der Bodenbestandteile ist entscheidend für die Wasser- und Mineralstoff-Speicherfähigkeit eines Bodens. Sandboden hält nur wenig Wasser zurück, während Lehm- oder Tonböden regelrecht aufquellen können.

Durchführung:
Ermitteln Sie die Bodenart mit Handprobe und folgendem Bestimmungsschlüssel:
1 Bodenprobe lässt sich zwischen Handflächen zu Kugel formen 2
   – nicht formbar .... **Sand**

2 Bodenprobe lässt sich zwischen Handflächen zu bleistiftdicker Wurst ausrollen ... 3
   – nicht so dünn ausrollbar .... **lehmiger Sand**

3 Bei Quetschen der Probe zwischen Daumen und Zeigefinger in Ohrnähe kein starkes Knirschen 4
   – starkes Knirschen .... **sandiger Lehm**

4 Gleitfläche der Quetschprobe glänzend ... 5
   – nicht glänzend, stumpf .... **Lehm**

5 Knirscht bei Prüfung dünn ausgestrichen zwischen Objektträgern ..... **lehmiger Ton**
   – knirscht nicht .... **Ton**

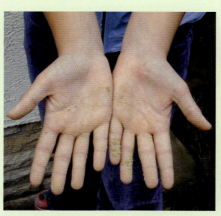

1 ▶ Handflächen nach der Fingerprobe mit Sand

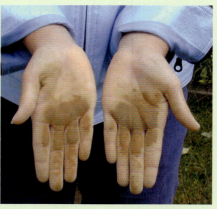

2 ▶ Handflächen nach der Fingerprobe mit Lehm

Praktikum

Baumzählung

In Deutschland kommen meistens nur relativ wenige verschiedene Baum- und Gehölzarten in einem Wald vor. Um ihre Häufigkeit festzustellen, kann man sie auszählen. Eine wichtige Methode beruht darauf, Pflanzenindividuen entlang einer zufällig oder willkürlich festgelegten Linie, z. B. einer Geraden, zu zählen (Linientransekt-Methode). Mehrere solcher Stichproben geben dann einen zuverlässigen Schätzwert für die Artenzusammensetzung der gesamten Untersuchungsfläche.

Untersuchen Sie die Häufigkeit verschiedener Baumarten in einem Waldgebiet.

Material:
Bestimmungsschlüssel für Bäume (nach Blättern); 1 Betttuch; für jede Arbeitsgruppe: 1 Wäscheleine oder Seil (mindestens 25 m lang), 1 Sammelbeutel

Durchführung:
1. Legen Sie zuerst eine Basislinie (z. B. an einem Waldweg) fest, von der aus die Linientransekte gelegt werden sollen.
2. Die Arbeitsgruppen verteilen sich im Abstand von mindestens 15 m an der Basislinie. Dann befestigt jede Gruppe das Seil an dem zunächst stehenden Baum.
3. Von dort wird das Seil senkrecht zur Basislinie von Baum zu Baum in den Wald gespannt, wobei eine leichte Zickzacklinie erlaubt ist.
4. Von jedem berührten Stamm wird ein Blatt als Beleg eingesammelt. Bei Nadelgehölzen kann man statt Blättern (Nadeln) kurze Zweige einstecken. Sind die Blätter zu hoch, muss ein entsprechendes Blatt von einem anderen Baum derselben Art oder vom Boden eingesteckt werden.
5. Alle Gruppen legen die Blätter einer Art am unteren Rand des Lakens auf einen Haufen.
6. Die Blätter werden auf dem Laken so zu Säulen angeordnet, dass für jedes Blatt – unabhängig von seiner Größe – derselbe Platz zur Verfügung steht. So erhält man ein Säulendiagramm, das die Häufigkeit der einzelnen Gehölzarten wiedergibt (s. Abb. 1).

Auswertung:
1. Stellen Sie fest, ob die Arten gleichmäßig über das Untersuchungsgebiet verteilt sind.
2. Erläutern Sie, woran es liegen könnte, dass bestimmte Baumarten besonders häufig sind.
3. Überlegen Sie sich eine Möglichkeit, wie man mithilfe von Linientransekten die Verteilung von Baumarten in der Fläche darstellen kann.

1 ▶ So kann ein gelegtes Säulendiagramm aussehen.

Praktikum

Tierarten

Klima, Boden und Vegetation bestimmen die Tierarten, die an einem Ort vorkommen. Umgekehrt können diese Aufschluss über die Eigenschaften des Standorts liefern, z. B. die Beschaffenheit des Bodens oder die Vielfalt an Pflanzenarten.
Je nach Tiergruppe gibt es unterschiedliche Erfassungsmethoden. Vögel werden vor allem beobachtet, wirbellose Tiere mithilfe von speziellen Fanggeräten, z. B. Keschern, gefangen. Die beste Zeit dafür ist ein trockener und warmer Frühlingstag.

Wichtig: Setzt alle gefangenen Tiere sofort nach Abschluss der Arbeiten wieder in die Natur zurück!

Untersuchen und vergleichen Sie die Tierarten in einem Wald und auf einer Wiese.

Material:
je Gruppe: 1 Fernglas, 4 Lupen (z. B. Becherlupen), 1 Bestimmungsschlüssel für Vögel und 4 für wirbellose Tiere, 2 Kescher, 1 Schaufel oder Spaten, 2 große Fotoschalen, 2 Betttücher, Sammelgefäße: durchsichtige Plastikbecher oder Gläser mit Deckel, Tüten

Durchführung:
Bilden Sie zwei Gruppen:
eine untersucht die Tierwelt des Waldes, die zweite die Tiere einer Wiese. Im Frühjahr sollte man am frühen Morgen mit der Erfassung der Vögel beginnen.
1. Nehmen Sie alle Hinweise über im Gebiet vorkommende Tiere auf, z. B. Maulwurfshügel und Trittsiegel, sammelt Federn, Fraßspuren und Schneckengehäuse etc.
2. Nutzen Sie das Fernglas, um Vögel zu beobachten. Beschreiben Sie diese und lassen Sie sich bei der Bestimmung helfen. Auch der Gesang ist ein gutes Erkennungsmerkmal.
3. In der Krautschicht werden wirbellose Tiere mit dem Kescher gefangen (nach Anleitung durch eine kundige Begleitperson). Überführen Sie die gefangenen Tiere vorsichtig in die mitgebrachten Gefäße und bestimmen Sie diese. Nutzen Sie dazu Bestimmungsschlüssel und Lupen.
4. Von Büschen und Bäumen werden Wirbellose mit einem Stock „abgeschlagen". Legen Sie dazu Betttücher unter das Gebüsch. Herabgefallene Tiere absammeln, und bestimmen.
5. Heben Sie eine ca. 10 cm tiefe Bodenprobe aus. Breiten Sie die Probe vorsichtig in einer Fotoschale aus. Durchsuchen Sie diese nach Tieren und bestimmen diese.

Auswertung:
1. Stellen Sie Artenlisten für die Wiese und den Wald zusammen.
2. Informieren Sie sich in der Bibliothek oder über das Internet über Lebensweise und Ansprüche der gefundenen Arten.
3. Begründen Sie die Tatsache, dass bestimmte Arten nur auf der Wiese und andere nur im Wald vorkommen.
4. Stellen Sie mögliche Nahrungsnetze der gefundenen Arten zusammen. Gibt es Lücken? Nennen Sie Arten, die diese füllen könnten.
5. Überlegen Sie, welche Tiergruppen man mit diesen Methoden nicht erfassen kann. Beschreiben Sie weitere Methoden zur Erfassung dieser Tiergruppen.

1 ▶ Mit viel Ruhe lassen sich Tiere gut beobachten.

Praktikum

Ein Tag im Forst

Meist sind es persönliche Erlebnisse, die uns Gedankenanstöße geben und uns über unser Handeln nachdenken lassen.

So vermittelt ein Tag im Wald unter Leitung eines bayerischen Försters oder Waldarbeiters ein ganz persönliches Bild über den Wald als Ökosystem bzw. als Lebensgemeinschaft, aber auch vom Wirtschaften im Wald und den vielfältigen Schutz- und Erholungswirkungen des Waldes. Bei einem Praktikum im Wald werden in der Regel zwei Waldarbeitern ca. fünf bis sechs Schülerinnen und Schüler zugewiesen, die dann durch individuelle Tätigkeiten einen Einblick in die forstliche Arbeit erhalten.

Die Jahreszeit bestimmt hierbei überwiegend die Arbeit im Wald. Das Verschneiden und Ausholzen von Waldparzellen im Frühjahr stellt die anstrengendste Aufgabe dar. Viel beliebter sind meist leichtere Tätigkeiten wie Anpflanzen einer Baumschule (s. Abb. 1) oder das Anfertigen von Nistkästen. Aber auch im Bau von Waldbänken, Schutzhütten, Hochsitzen und im Einzäunen von Schonungen können praktische Erfahrungen gesammelt werden. Das Praktikum kann darüber hinaus eine Vielzahl von weiteren Arbeiten umfassen.

1. Organisieren Sie in Arbeitsgruppen die Planung und Durchführung eines eintägigen Waldpraktikums. Machen Sie sich dabei Gedanken über folgende Aspekte:
   - Zeitpunkt des Praktikums (Jahreszeit)
   - Kontaktaufnahme zu einer Försterei
   - Vor- und Nachbereitung
   - Beschaffung und Sichtung notwendiger Materialien (z. B. wald-pädagogischer Leitfaden)

2. Schildern Sie Ihre eigenen persönlichen Erlebnisse an diesem Tag. Beschreiben Sie, was für Sie das Eindruckvollste oder Beeindruckendste war.

3. Überlegen Sie, wie weit dieser Tag im Wald Ihr eigenes Wertverständnis beeinflusst hat. Hat das Auswirkungen auf Ihr eigenes Verhalten im Wald?

4. Häufig wird vom harmonischen Dreiklang der ökologischen, ökonomischen und sozialen Funktionen (Schutz-, Nutz- und Erholungsfunktion) des Waldes gesprochen. Tragen Sie in einzelnen Gruppen Ihre Erkenntnisse dieses Praktikumstages zusammen und erarbeiten Sie gemeinsam eine Präsentation dazu.

Im Waldgesetz für Bayern ist die Waldpädagogik als Aufgabe der Forstbehörden festgeschrieben.

Waldeinsätze werden in Zusammenarbeit mit der Schutzgemeinschaft Deutscher Wald und den bayerischen Revierförstereien organisiert. Die Waldpraktika müssen ein Kalenderjahr vorher angemeldet werden. Sie können auch 7 bis 14 Tage dauern.

1 ▶ Ein Praktikum im Wald ist eine ganz besondere Erfahrung.

Basiskonzepte zu Ökosystemen

Wasser

abiotische Umweltfaktoren

Vielfalt und Angepasstheit

Oberflächenvergrößerung

Chloroplast

Bau und Funktion

innerartliche Beziehungen

Fortpflanzung

Paarung

Regulation

Ökologisches Gleichgewicht

Störung

Basiskonzepte zu Ökosystemen

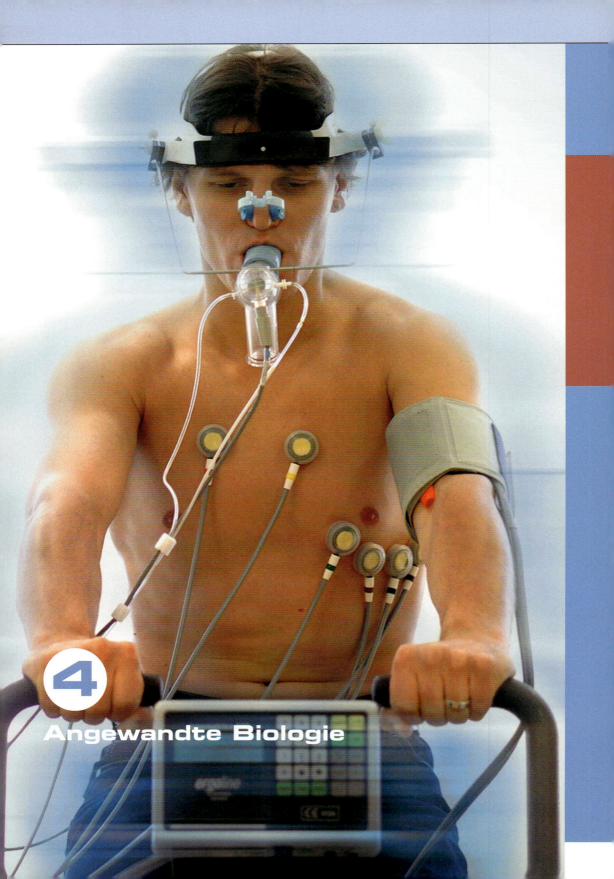

4 Angewandte Biologie

4.1 Biotechnologie – mehr als Abwasserklärung

Alles geklärt? ▶▶ Aus jeder menschlichen Nutzung von Wasser entsteht verunreinigtes Abwasser. *Wie wird Wasser wieder klar und sauber? Welche Verunreinigungen des Abwassers können beseitigt werden?*

Alles gesund? ▶▶ Lebensmittel durchlaufen vom Erzeuger zum Verbraucher unterschiedliche Bearbeitungsvorgänge. Dabei werden mitunter verschiedene Zusätze beigemischt. *Wie wirken sich die Produktionsabläufe auf die Qualität aus? Welchen Einfluss haben die Zusätze?*

Alles frisch? ▶▶ Lebensmittel sind verderblich. Frische Milch z. B. muss innerhalb kurzer Zeit verbraucht werden. *Wie können Lebensmittel haltbarer gemacht werden?*

Abwasserklärung

Abwasser – Entstehung und Entsorgung

Der Geschirrspüler läuft, die Wäsche hängt auf der Leine, der Rasen ist gesprengt, die Kinder sind gebadet, der Wagen ist auch wieder sauber und eine Menge Abwasser wurde produziert. Das Leben an sich ist ohne **Wasser** unvorstellbar, aber kaum einer denkt darüber nach, wenn es wieder einmal selbstverständlich aus der Leitung entnommen wird. Die Menschen in den industrialisierten Ländern sind wahre Weltmeister in der Verschwendung dieser so lebenswichtigen Ressource.

Das von den Wasserwerken gelieferte Nass wird lediglich zu 5 % als Trinkwasser verwendet, während rund 95 % als Brauchwasser zum Einsatz kommen (Duschen, Waschmaschine, Pflanzenbewässerung usw.). Unter **Abwasser** versteht man allgemein das nach Gebrauch in seinen Eigenschaften mehr oder weniger stark veränderte, abfließende Wasser. Natürlich gibt es dabei je nach Herkunft verschiedene Belastungsgrade des Abwassers. Man unterscheidet häusliche, gewerbliche, industrielle und landwirtschaftliche Abwässer. Eine besondere Bedeutung kommt den Krankenhausabwässern zu, da hier eine Anreicherung von Krankheitserregern und Medikamenten wie z. B. Antibiotika stattgefunden hat.

1 ▶ Verteilung der Wassermenge (ca. 1,3 Mrd. km³) auf der Erde

täglicher Pro-Kopf-Verbrauch an Trinkwasser im Jahr 2004:
Madagaskar: 5 l
Indien: 25 l
Norwegen: 250 l.

2 ▶ 2006 wurden in Deutschland durchschnittlich pro Kopf 128 Liter Wasser verbraucht.

Abwasserentsorgung seit der Antike

Bis weit ins 19. Jahrhundert hinein war in Deutschland noch jeder selbst für die Entsorgung des Haushaltsabwassers zuständig. Industriebetriebe entsorgten ihr Abwasser meist ungeklärt in die Flüsse und Seen.

Demgegenüber sind aus antiken Hochkulturen schon aus sehr früher Zeit Abwasserentsorgungssysteme bekannt (s. Abb. 3). Doch handelte es sich dabei nur um Kanalsysteme, die die Abwässer in Flüsse, Seen oder Meere einleiteten, wie z. B. die 509 v. Chr. erbaute *Cloaca maxima* in Rom.

In München wurde die erste unterirdische Abwasserkanalisation 1811 eingerichtet.

Aus Unkenntnis über die Zusammenhänge von Krankheitserregern und Infektionskrankheiten wie Typhus, Cholera oder Ruhr wurde fäkalienhaltiges Abwasser lange Zeit unbehandelt zur Düngung eingesetzt. Neben der Infektion durch direkten Verzehr von entsprechend behandelten Gemüsen und Früchten führte diese Praxis häufig auch zur Verunreinigung von Brunnen.

Beispielsweise kamen bei der letzten Cholera-Epidemie in Hamburg 1892 noch über 8000 Menschen ums Leben. Altona (damals dänisch, heute ein Teil von Hamburg) verfügte dagegen bereits seit Mitte des 18. Jahrhunderts über eine Abwasserkanalisation und blieb von solchen Epidemien verschont.

3 ▶ Römische Abwasserrohre

Klärwerke und ihre Bedeutung

Häusliche Abwässer beinhalten Fäkalien, Haushaltsabfälle, Spül- und Putzwasser sowie Waschlauge (Schmutzfracht). Sie werden über die Kanalisation gesammelt und einer Kläranlage zugeführt. Hier fließen auch die gewerblichen und industriellen Abwässer ein, die zusammen mit dem abfließenden Regenwasser die kommunalen Abwässer bilden.

Tenside, Phosphate, Bleichmittel und Wasserenthärter sind bei der Abwasserreinigung nur schwer zu entsorgen. Darüber hinaus sind es die Produktionsrückstände aus den verschiedenen Industriezweigen (organische wie anorganische Verbindungen, Schwermetalle, Reststoffe jeder Art), die die Kläranlagen belasten.

Noch vor wenigen Jahrzehnten ging man davon aus, dass die Selbstreinigungskräfte der Fließgewässer („Vorfluter") auch die Schmutzfracht der eingeleiteten Abwässer bewältigen würden. Die bekannte Überdüngung von Gewässern resultiert aus dieser Zeit. Zudem kam es zur Gesundheitsgefährdung durch pathogene Organismen und Giftstoffe.

Heutzutage durchläuft das Abwasser dagegen verschiedene kontrollierte Reinigungsprozesse in modernen Kläranlagen (s. Abb. 1), bevor es in die Vorfluter eingeleitet wird. Es handelt sich dabei um einen dreistufigen Vorgang: die **mechanische Reinigung** mit Rechen, Sandfang, Absetzbecken, Öl- und Fettfang, die **biologische Reinigung** durch Mikroorganismen in Tropfkörpern und in Belebungsbecken sowie die **chemische Reinigung.**

Zunächst wird das aus der Kanalisation kommende Abwasser einer Vorklärung unterzogen. Riesige Rechen halten die Grobstoffe (z. B. Verpackungsreste, Laub) zurück, Sand wird abgesetzt und Öl abgeschieden.

In den sogenannten Belebtschlamm- oder Belebungsbecken erfolgt ein weitgehender Abbau aller organischen Verbindungen. Hierfür werden Mikroorganismen mit enormer Anpassungsfähigkeit eingesetzt, wie Bakterien, Algen und Hefen. In Belebungsbecken werden diese Mikroorganismen unter optimalen Bedingungen (pH-Wert, Temperatur, Sauerstoffzufuhr) und in hoher Konzentration gehalten.

Bei Tropfkörpern handelt es sich um eine spezielle Anlagenform für die biologische Reinigung: Die festsitzenden Mikroorganismen werden mit dem Abwasser besprüht.

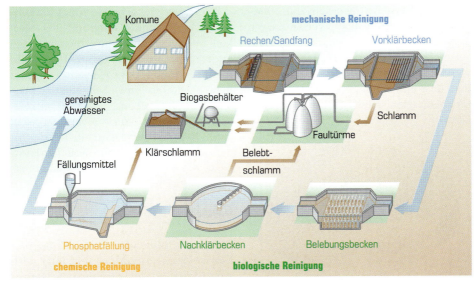

1 ▸ Fließschema einer Kläranlage

Der anfallende Belebtschlamm besteht aus der Biomasse der sich am Beckenboden absetzenden Mikroorganismen und den abgebauten Substanzen. Ein Teil dieses Schlamms wird mit den Mikroorganismen wieder in das Belebungsbecken zurückgeführt. Der weitaus größere Teil gelangt in die Faultürme, um dort weiter abgebaut zu werden.

Einige der **biologischen Abbaureaktionen** im Belebungsbecken erfordern viel Sauerstoff, der über Druckluftgebläse in das Abwasser gelangt. Dies ist beispielsweise bei den Bakterien *Nitrosomonas* und *Nitrobacter* der Fall, die für die Nitrifikation (Abbau von Ammoniak zu Nitrit bzw. weiter zu Nitrat) zuständig sind. Andere Bakterien benötigen für den folgenden Abbau (Nitrat zu unschädlichem Luftstickstoff = Denitrifikation) anaerobe Bedingungen. Diesen unterschiedlichen Ansprüchen wird in den jeweiligen Teilabschnitten der Kläranlage Rechnung getragen.

Im Nachklärbecken (meist Rundbecken) erfolgt die mechanische Abtrennung der Bakterien vom gereinigten Abwasser, bevor sich die **chemische Reinigungsstufe** anschließt. Durch Zugabe von Fällungsmitteln (Eisen-, Aluminium- oder Calciumsalze) werden die Phosphate als schwerlösliche Verbindungen ausgefällt.

Unter Gewinnung von Biogas (Methan) wird der Klärschlamm dort soweit behandelt, dass eine künftige Verwertung ohne seuchenhygienische Gefahren erfolgen kann.

aerob = Reaktion mit Sauerstoff

anaerob = Reaktion ohne Sauerstoff

Ergänzend zu einer optimalen Abwasseraufbereitung sollte sich jeder um einen sparsamen Wasserverbrauch bemühen.

2 ▶ Klar und sauber macht Wasser Spaß.

Das Abwasser erfährt insgesamt eine deutliche Reinigung und kann dann sogar häufig als (ungefährliches) Badewasser verwendet werden (s. Abb. 2).

Doch die zuvor im Abwasser enthaltenen Abfallstoffe werden im anfallenden Klärschlamm angereichert. Dieser besteht neben den abgebauten Stoffen vor allem aus den Mikroorganismen der Abwasserbehandlung. In Deutschland entstehen jährlich etwa 50 Mio. Tonnen Klärschlamm, der sowohl reich an eiweiß- und humusartigen Substanzen als auch an mineralischen Pflanzennährstoffen (v. a. Phosphat) ist.

Die früher viel genutzte Klärschlammdüngung ist heute aufgrund der starken Belastung mit Schwermetallen und anderen unerwünschten Stoffen nicht mehr angeraten. Dagegen werden immer neue Verfahren entwickelt, wie der Klärschlamm sinnvoll und möglichst umweltgerecht entsorgt oder verwertet werden kann. Beispielsweise wird ein Teil der für den Klärwerksbetrieb erforderlichen Energie durch Klärschlamm- und Methanverbrennung geliefert.

Aufgabe

Werten Sie Abbildung 1 hinsichtlich der Klärschlammverwendung und ihrer wirtschaftlichen wie ökologischen Bedeutung aus.

- Verbrennung
- Deponie
- Landwirtschaft
- Sonstiges (z.B. Landschaftsbau)

Anteile: 41 %, 36 %, 21 %, 2 %

1 ▶ Klärschlammverbleib in Bayern (2005)

Biotechnologie – mehr als Abwasserklärung

Biologie 163

Praktikum

Alles geklärt?

Jede häusliche oder gewerbliche Nutzung von Wasser führt zur Bildung von Abwasser, das in unterschiedlichem Maße verunreinigt ist. Die Wiederaufbereitung des Abwassers ist Aufgabe von Kläranlagen.

1. Recherchieren Sie die Lage von Abwasseraufbereitungsanlagen in Bayern. Charakterisieren Sie kurz die wesentlichsten Merkmale dieser Anlagen.
2. Statten Sie einem Klärwerk in der Nähe einen Besuch ab.
   a) Halten Sie einen Vortrag darüber.
   b) Abbildung 1 zeigt die Luftaufnahme einer Abwasseraufbereitungsanlage. Beschriften Sie die einzelnen Abschnitte der Reinigungsanlage (1 bis 4).
3. Erstellen Sie eine Übersicht aus der hervor geht, welche Dinge nicht in den Abfluss gehören. Erläutern Sie dabei, welche Auswirkungen diese Gegenstände dort hätten und nennen Sie den richtigen Entsorgungsweg.
4. Entwickeln Sie in Gruppenarbeit Modelle für eine Kläranlage. Überprüfen Sie die Wirksamkeit Ihrer Modelle und vergleichen Sie diese mit der Funktionsweise der tatsächlich verwendeten Einrichtungen.

Eine wichtige Ergänzung zur Abwasserklärung stellt die Verringerung der Abwassermenge dar. Ist es wirklich so schwer, Wasser zu sparen?

5. Lässt sich der tägliche Wasserverbrauch durch jeden Einzelnen senken?
   a) Lesen Sie dazu zweimal pro Woche den Zählerstand zu Hause ab.
   b) Überlegen Sie, wofür das Wasser verbraucht wurde. Fertigen Sie eine Liste von den Einzelaktivitäten und deren Verbrauch an (z. B. baden, Geschirr spülen).
   c) Diskutieren Sie mit Ihren Mitschülern, wie man leicht Wasser, Energie und Kosten sparen könnte.
6. Um weitere praktikable Einsparmöglichkeiten zu erfahren, können Sie auch einen Experten befragen (s. S. 137).

„In der Geschichte ist Wasser, und vor allem sein Ursprung, die Quelle, immer Gegenstand von Verehrung und Respekt gewesen. Die Erfindung des Wasserhahns und der Mineralwasserflasche haben uns vergessen lassen, dass Wasser, bevor es aus dem Hahn fließt oder in Flaschen verkauft wird, ein Geschenk der Natur ist."
(VANDANA SHIVA, Trägerin des Alternativen Nobelpreises 1993)

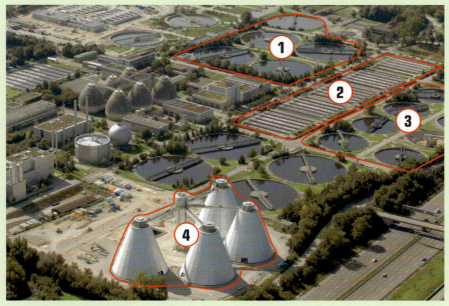

1 ▸ Abwasseraufbereitungsanlage in Bayern

Praktikum

Herstellung von Lebensmitteln

Zur Herstellung von Lebensmitteln und Getränken wurden und werden die unterschiedlichsten Verfahren eingesetzt. Auch die Stoffwechselaktivität bestimmter Mikroorganismen wird dabei ausgenutzt.

1. Lassen Sie eine Probe Wein einige Tage an einem warmen Ort offen stehen. Testen Sie den Geruch und die Veränderung des pH-Werts. Führen Sie Protokoll.
Erklären Sie die Beobachtungen. Geben Sie eine Reaktionsgleichung an.

2. Mit unserem heutigen Wissen werden die biochemischen Prozesse zur Essigherstellung gezielt beeinflusst. Informieren Sie sich über moderne Verfahren.

Auch die Herstellung von alkoholischen Getränken unter Nutzung der Stoffwechselprozesse von Mikroorganismen hat lange Tradition. So wurde bereits 2000 v. Chr. in Ägypten Bier hergestellt.

3. Organisieren Sie eine Exkursion zu einer Bierbrauerei. Informieren Sie sich über heutige Verfahren zur Bierherstellung.

4. Führen Sie den abgebildeten Modellversuch durch.
Erklären Sie in Auswertung ihrer Beobachtung, wozu das Gärröhrchen dient. Geben Sie an, welche Mikroorganismen genutzt werden und stellen Sie eine Reaktionsgleichung für den Prozess auf.

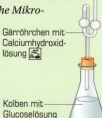

Gärröhrchen mit Calciumhydroxidlösung

Kolben mit Glucoselösung

Die alkoholische Gärung spielt aber nicht nur bei der Herstellung alkoholischer Getränke eine Rolle, auch die Bereitung einiger Backwaren würde ohne diesen Prozess zu unzulänglichen Ergebnissen führen. Das kann man selbst ausprobieren.

5. Backen Sie ein Weizenbrot einmal genau nach angegebenem Rezept. Lassen Sie ein anderes Mal die Hefe weg:

500 g Weizenmehl
1 Päckchen Hefe
325 g Wasser
1 1/2 Teelöffel Salz

Die Zutaten werden zu einem Teig verarbeitet und gut durchgeknetet. Dann muss der Teig zwei Stunden warm gestellt werden. Anschließend wird er noch einmal geknetet, ein Brotlaib geformt und dieser auf einem gefetteten Backblech bei 250 °C 1 Stunde lang gebacken.
(Tipp: Der „richtige" Brotteig kann mit verschiedenen Kernen oder Nüssen verfeinert werden.)

a) Erklären Sie die unterschiedlichen Backerfolge.
b) Stellen Sie unterschiedliche Rezepte zusammen, bei denen Hefen zur Herstellung von Lebensmitteln eingesetzt werden.

Milchsäurebakterien werden ebenfalls zur Herstellung von Lebensmitteln eingesetzt.

6. Stellen Sie nach der Anleitung auf S. 167 Aufgabe 4 Quark her.

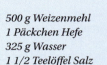

7. Zur Zubereitung von Sauerkraut sind Milchsäurebakterien erforderlich.
a) Stellen sie den biochemischen Prozess in einem Schema dar.
b) Vergleichen Sie die alkoholische Gärung und die Milchsäuregärung.

Praktikum

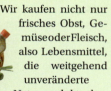 Wir kaufen nicht nur frisches Obst, Gemüse oder Fleisch, also Lebensmittel, die weitgehend unveränderte Naturprodukte darstellen, sondern auch Lebensmittel, die durch mehr oder weniger starke Bearbeitung der Naturprodukte hergestellt wurden. Beim Herstellungsprozess werden den Lebensmitteln bestimmte Stoffe zugesetzt, die ihre Haltbarkeit, ihren Geschmack oder ihr Aussehen verbessern sollen. Die meisten dieser Lebensmittelzusatzstoffe müssen auf dem Etikett ausgewiesen werden (s. Tab.).

Lebensmittelzusatzstoffe	
Art der Stoffe	**E-Nr.**
Farbstoffe	100– 180
Konservierungsmittel	200– 252
Säuerungsmittel	260– 297
Antioxidanzien	300– 385
Verdickungsmittel	400– 422
Emulgatoren	432– 495
andere Zusatzstoffe	500– 585
Geschmacksverstärker	620– 948
Süßstoffe	950–1518

8. Ermitteln Sie verschiedene Beispiele für jede der genannten Gruppen von Lebensmittelzusatzstoffen. Sind solche Zusätze bei der Lebensmittelherstellung akzeptabel? Setzen Sie sich mit dieser Problematik auseinander.

9. Führen Sie einen Geschmackstest bei Joghurts durch. Dabei sollte für die Tester nicht erkennbar sein, um welches Produkt es sich jeweils handelt. Testen Sie Biojoghurt mit frischen Früchten verfeinert, verschiedene Joghurts mit Aromastoffen (normaler Fett- und Zuckergehalt), verschiedene Light-Varianten. Welcher Joghurt schmeckt den Testern am besten? Lassen sich Schlussfolgerungen aus dem Test ableiten?

10. a) Ermitteln Sie Preise für vergleichbare Lebensmittel aus herkömmlicher Produktion, von Bioprodukten, die in einem Supermarkt verkauft werden und von Produkten aus einem Biokostladen und vergleichen Sie diese. Sind die Preisunterschiede Ihrer Meinung nach gerechtfertigt?
b) Tragen Sie in der Gruppe Argumente zusammen, die für die Verwendung von Bioprodukten und Argumente, die dagegen sprechen. Stellen Sie die unterschiedlichen Positionen in einem Rollenspiel dar.

11. Finden Sie Beispiele für funktionelle Lebensmittel. Achten Sie auf die Werbung bzw. die Auslagen im Supermarkt. Diskutieren Sie anhand dieser Beispiele den Nutzen von „Functional Food".

Mittlerweile wird Essen nicht mehr nur als Kalorienzufuhr angesehen, sondern stellt für viele einen Beitrag zur Erhaltung und Verbesserung ihrer Gesundheit dar. Daraus resultieren zwei Trends – die zunehmende Nachfrage nach Bioprodukten und die Entwicklung von sogenanntem „Functional Food". Mit „Functional Food" sind Lebensmittel gemeint, die mit zusätzlichen Inhaltsstoffen, wie Vitaminen oder Mineralstoffen, angereichert sind. Dies soll positive Effekte auf die Gesundheit haben.

Praktikum

Konservierungsmethoden

Frische Lebensmittel können leicht verderben. Der Apfel fault, die Erdbeeren schimmeln, Milch wird sauer, Butter riecht nach einiger Zeit ranzig und Fleisch wird schmierig. Diese Esswaren sind ungenießbar geworden. Ihr Anblick verschlägt einem nicht nur den Appetit, sondern der zweifelhafte „Genuss" könnte zu ernsthaften gesundheitlichen Beeinträchtigungen führen.

Die Veränderungen der Lebensmittel werden einerseits durch Enzyme in den Lebensmitteln selbst (beispielsweise in Obst) oder durch Mikroorganismen, wie Pilze und Bakterien, hervorgerufen. Durch ihre Stoffwechselprozesse kommt es zu einem Abbau der organischen Stoffe, wobei giftige Stoffe entstehen können.
Andererseits werden Lebensmittel auch durch chemische Reaktionen mit Stoffen der Umgebung (z. B. mit dem Sauerstoff der Luft) verändert und in ihrer Qualität gemindert.

Schon sehr lange hat der Mensch versucht, Lebensmittel haltbar zu machen, um Depots für schlechte Zeiten anzulegen. Zu den ältesten Konservierungsmethoden gehört das Trocknen von Lebensmitteln (s. Abb. 2).

1. a) Ermitteln Sie den Wassergehalt verschiedener Frisch- und Trockenprodukte (z. B. von Äpfeln und getrockneten Apfelscheiben, Milch und Milchpulver usw.). Vergleichen Sie die Haltbarkeit der Lebensmittel.
   b) Erläutern Sie, warum die Konservierung durch Wasserentzug eine gute Methode ist, die Haltbarkeit von Lebensmitteln zu erhöhen. Nutzen Sie dazu den Eingangstext.
   c) Stellen Sie in einer Fotodokumentation verschiedene frische Lebensmittel und entsprechende Trockenprodukte zusammen.

2. Das Einsalzen (Pökeln) ist ebenfalls eine wirksame Konservierungsmethode. Erläutern Sie das Prinzip. Wiederholen Sie dazu noch einmal das Modellexperiment zur Osmose in Abbildung 1.
Nutzen Sie außerdem die Ergebnisse der Aufgabe 4 von Seite 177.

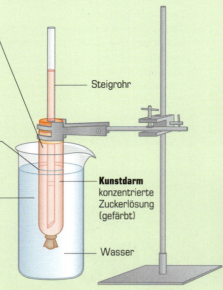

hoch konzentrierte Lösung (hohe Anzahl gelöster Teilchen, geringe Anzahl der Wassermoleküle)

halbdurchlässige Membranen (Kunstdarm)

schwach konzentrierte Lösung (geringe Anzahl gelöster Teilchen, große Anzahl der Wassermoleküle)

Steigrohr

Kunstdarm konzentrierte Zuckerlösung (gefärbt)

Wasser

1 ▶ Modellversuch zur Osmose: Stellen Sie eine Vermutung zum Versuchsergebnis auf und überprüfen Sie diese mittels Experiment.

2 ▶ Dörrfisch (Stockfisch) – auch heute noch ein beliebtes Lebensmittel in Norwegen und anderen Ländern.

Praktikum

3. Untersuchen Sie die Wirkung der Temperatur auf die Veränderung von Lebensmitteln. Stellen Sie dazu eine Probe Frischmilch in einem offenen Gefäß bei Raumtemperatur und eine andere Probe im Kühlschrank auf. Beobachten Sie einige Tage lang und führen Sie darüber Protokoll.
   Werten Sie nach folgenden Punkten aus:
   a) Beschreiben Sie die wahrnehmbaren Veränderungen.
   b) Formulieren Sie, wie sich die Temperatur auf die Veränderungen ausgewirkt hat.
   c) Finden Sie eine Erklärung für die unterschiedlichen Ergebnisse bei Raumtemperatur und im Kühlschrank.

4. Stellen Sie Quark her. Führen Sie das Experiment zu Hause in der Küche durch.

Material:
1 Liter Frischmilch (3,5 % Fett), 3 flache Schalen, 1 Sieb, 1 sauberes Tuch (z. B. Baumwollhandtuch), 1 großer Topf

Durchführung:
- Lassen Sie die Milch in einem Gefäß bei etwa 25 °C für zwei bis drei Tage offen stehen, damit sie sauer und dick wird.
- Erwärmen Sie die Dickmilch für etwa 30 Minuten auf 37 °C, bis sich die festen (der „Bruch") und die flüssigen Bestandteile (Molke) trennen. (Nicht stärker erwärmen, sonst wird der Quark zum Kochkäse.)
- Legen Sie ein feines Sieb mit dem Tuch aus. Filtrieren Sie jetzt das Gemisch und fangen Sie die Molke auf.
  Nachdem die Molke vollständig abgelaufen ist, binden Sie das Tuch zusammen und beschweren es ca. drei Stunden mit einem Gegenstand. So wird die Quarkmasse fest.

Tipp: Der Prozess kann beschleunigt werden, indem man der Milch etwas Dickmilch zugibt.

Auswertung:
a) Geben Sie an, welcher grundlegende Stoffwechselprozess bei der Quarkherstellung durch den Menschen genutzt wird. Nennen Sie weitere Lebensmittel, bei deren Herstellung er eine Rolle spielt.
b) Erklären Sie, worauf diese Konservierungsmethode beruht.

Viele Säuren bzw. ihre Salze werden heute nicht nur zur Geschmacksverbesserung (z. B. als Säuerungsmittel) eingesetzt. Sie wirken, ebenso wie einige ihrer Salze, auch konservierend. Der Einsatz von Konservierungsmitteln bzw. Anitoxidantien bei der Herstellung von Lebensmitteln unterliegt strengen gesetzlichen Richtlinien. Die Art des verwendeten Zusatzstoffes muss auf dem Etikett ausgewiesen werden. Häufig werden sie durch sogenannte E-Nummern gekennzeichnet (s. S. 165).

5. Notieren Sie in einer Tabelle einige Stoffe und ihre E-Nummern, die Lebensmitteln als Konservierungsmittel bzw. als Antioxidantien zugesetzt werden.

6. Halbieren Sie einen Apfel und bestreichen Sie eine Hälfte sofort mit Zitronensaft. Beobachten Sie nach 15 und nach 30 Minuten. Führen Sie Protokoll und werten aus. Erklären Sie die Beobachtungen.

7. Der Einsatz von Konservierungsmitteln in der Nahrungsmittelindustrie ist nicht unumstritten. Nehmen Sie Stellung dazu.

8. Ermitteln Sie weitere Konservierungsmethoden. Informieren Sie sich dazu über physikalische, chemische und biologische Verfahren.

4.2 Landwirtschaft – alles Natur?

Alles bio? ▸▸ Ein großer Teil unserer Grundnahrungsmittel entsteht aus landwirtschaftlich angebauten Pflanzen. Diese werden gezüchtet, vor Schädlingen geschützt und gedüngt. *Helfen die biologischen Pflanzenschutzmittel immer am besten? Wie wirken Dünger? Ist weniger dabei manchmal mehr?*

Alles öko? ▸▸ Die Produktion von Lebensmitteln ist fast immer mit einer Belastung unserer Umwelt verbunden. Eine Methode zur Beurteilung und Reduzierung schädigender Wirkungen ist die Ökobilanz. *Was versteht man unter einer Ökobilanz? Welche umweltrelevanten Aussagen lässt eine Ökobilanz zu?*

Methoden

Podiumsdiskussion

Podiumsdiskussionen werden – vor bzw. gegenüber einem Publikum – auf einem Podium geführt und von einem Moderator oder einer Moderatorin geleitet. Sie werden besonders bei politisch oder gesellschaftlich strittigen Fragen eingesetzt. Dazu können die existierenden Ansichten und Positionen aufgezeigt, möglicherweise Kompromisse oder erweiterte Sichtweisen gefunden und die Zuhörenden zu einer eigenen Meinungsbildung angeregt werden.
Als erweiterte Form einer Podiumsdiskussion kann man die sogenannten **Talkrunden** im Rundfunk oder Fernsehen auffassen.

Die Methode der Podiumsdiskussion lässt sich in der Schule nutzen, um Themen oder Fragen zu diskutieren, die unterschiedliche, oft auch gegensätzliche Meinungen, Standpunkte oder Interessen in sich bergen. Sie können sowohl der Einführung in ein Thema dienen, als auch den Abschluss für die Beschäftigung mit einer Fragestellung darstellen, beispielsweise im Rahmen von Projektwochen. Podiumsdiskussionen können sich aber auch aktuellen politischen oder gesellschaftlichen Ereignissen oder Entwicklungen widmen.
Für die Durchführung einer Podiumsdiskussion kann man sich an zwei Hauptphasen orientieren:

1. Vorbereitungsphase
– Das *Thema* wird genau formuliert. Um der Diskussion einerseits eine genaue Zielrichtung und andererseits genügend Spielraum zu geben, darf es nicht zu eng gefasst sein.
– Eine *Moderatorin* oder ein *Moderator* und drei bis vier *Diskutanten* werden ausgewählt. Alle Beteiligten, besonders jedoch der Moderator, müssen sich sorgfältig Sach- und Hintergrundwissen zur Thematik aneignen.
– Je nach Diskussionsgegenstand können auch konkrete „Rollen" vergeben werden.

2. Durchführungsphase
– Der Moderator führt in das Thema ein und stellt die sich ergebenden Fragen und Kontroversen knapp und übersichtlich dar. Er gibt die Regeln der Veranstaltung bekannt, z. B. die maximale Länge der Diskussionsbeiträge.
– Die einzelnen Standpunkte werden dargestellt, gegenseitig nachgefragt und diskutiert. Aufgabe der Moderation ist es dabei, neutral durch das Gespräch zu führen, Redebeiträge gerecht zu verteilen, Gemeinsamkeiten und Gegensätze herauszuarbeiten und Positionen zu präzisieren oder anzunähern.
– Wenn so vorgesehen, kann die Diskussion nach einer festgelegten Zeit für Fragen oder Einwände aus dem Publikum geöffnet werden. **Publikumsanfragen** können durch Meldung per Hand erfolgen oder als schriftliche Anfrage während der Diskussion gestellt werden.
– In einer abschließenden Runde darf jeder Diskutant noch einmal ein persönliches Fazit ziehen. Eine übergreifende, aber kurze Zusammenfassung durch den Moderator/die Moderatorin beendet die Veranstaltung.

Tipps:
Eine Stoppuhr oder Eieruhr kann helfen, die Beitragslänge zu kontrollieren. Nach Eröffnung der Diskussion für das Publikum ist es günstig, zunächst eine Reihe von Fragen zu sammeln und sie dann im Block dem Podium zur Diskussion zu stellen.

*Der **Moderator** sollte vor der Veranstaltung **Vorbesprechungen** mit den Diskutanten zu Verlauf und Regeln führen sowie für sich **Stichwortzettel** mit Faktenwissen und interessanten Fragen vorbereiten. Seine Aufgabe ist es auch, die Diskussion im Fluss zu halten und zu orientieren.*

Ökobilanz eines Lebensmittels

*Eine systematische Analyse der Umweltwirkungen von Produkten während des gesamten Lebensweges („von der Wiege bis zur Bahre") wird als **Ökobilanz** bezeichnet.*

Der Begriff Ökobilanz wird im Englischen LCA – Life Cycle Assessment (Einschätzung des Lebenszyklus) genannt.

Ökobilanz – was ist das?

Das Obst soll möglichst vitaminhaltig, das Brot ballaststoffreich, das Gemüse schadstoffarm und aus ökologischem Anbau sein. Nicht zu vergessen die Eier von frei laufenden Hühnern, die Milch von „glücklichen" Kühen und alles zu einem günstigen Preis. Für die Entscheidung, welche Lebensmittel wir kaufen, ziehen wir Kriterien wie Geschmack, Aussehen, Verpackung aber auch andere Produktinformationen wie die Inhaltsstoffe oder das Herstellungsland heran (s. Abb. 1). Dabei spielen auch Aspekte der gesunden Ernährung sowie der Umweltverträglichkeit eine wichtige Rolle.

So wie der Verbraucher vor dem Kauf eine Einschätzung der Kosten und Nutzen eines Lebensmittels für sich macht, gibt es auch in umweltpolitischer Hinsicht eine Bilanzierung der Verkaufsprodukte.

Dabei wird in sogenannten **Ökobilanzen** geprüft, wie sich der gesamte Lebensweg eines Produktes von der Herstellung über die Nutzung bis zur Entsorgung auf unsere Umwelt auswirkt.

Der Begriff, der sich vom Griechischen *oikos* = Haushalt ableitet, umfasst den Naturhaushalt (Biosphäre) ebenso wie Wechselwirkungen im Stoff- und Energiehaushalt. Eine Ökobilanz stellt demnach eine Art Umweltprotokoll eines Produktes dar und fasst das vorhandene Wissen über seine Auswirkungen (z. B. Naturraumbeanspruchung, Treibhauseffekt) auf die Umwelt zusammen.

Es werden hierbei allerdings nicht nur die **Umweltauswirkungen** des eigentlichen Herstellungsprozesses berücksichtigt, sondern auch die Herstellung der Vorprodukte, teilweise sogar der Hilfs- und Betriebsstoffe. Auch die Förderung und Bereitstellung der Rohstoffe, die Stromerzeugung sowie sämtliche Transporte werden in eine solche Ökobilanz miteinbezogen.

Demnach wird beispielsweise für die Phase der Nutzung bei einem Kühlschrank der Stromverbrauch und damit auch der Schadstoffausstoß beim stromerzeugenden Kraftwerk angerechnet. Ebenso verhält es sich bei der Phase der Entsorgung, bei der die Umweltbelastung durch die Ablagerung der Abfälle auf Deponien oder ihre Verbrennung genauso einkalkuliert wird wie das Recycling der enthaltenen Wertstoffe.

Aufgabe

Tragen Sie an einem selbstgewählten Lebensmittel beispielhaft die umweltrelevanten Auswirkungen der einzelnen Produktionsschritte zusammen. Stellen Sie diese in einer Tabelle gegenüber (z. B. Anbau in Monokultur – Artenrückgang; Transport – Abgase, Luftverschmutzung).

1 ▶ Der Kauf ist immer eine persönliche Entscheidung.

Sinn und Zweck einer Ökobilanz

Da eine ökologisch einwandfreie Produktion aus kostentechnischen Gründen nahezu unmöglich ist, dient die Ökobilanz vor allem dazu, die vermeidbaren Umweltbelastungen aufzudecken. In der Regel werden hierzu vergleichende Ökobilanzen für verschiedene Erzeugnisse erstellt, die denselben Zweck oder dieselbe Funktion haben. Ökobilanzen für Getränkeverpackungen (Produkte) oder für Altöl-Verwertungswege (Verfahrensprozesse) sind Beispiele für ein solches Vorgehen.

Sinn und Zweck einer Ökobilanzierung

ist es, das gesamte die Herstellung, Verwendung und Entsorgung eines Produktes betreffende Geschehen auf mögliche umweltschädliche Risiken und Schwachstellen zu überprüfen. Das Ergebnis und die daraus abgeleiteten Veränderungen führen dann im Bestfall zu einem sparsameren Umgang mit Ressourcen und Energie sowie einer Verminderung des Abfallaufkommens.

Allein der **Transport** der verschiedenen Lebensmittel trägt jährlich wesentlich zu ökologischen Problemen wie Verbrauch nicht-erneuerbarer Energien, Versauerung von Ökosystemen, Flächennutzung, Smog, Lärmbelastung, Schwermetallbelastung und Streusalzbelastung bei.

Ökologisch betrachtet erscheint es beispielsweise nicht sehr sinnvoll, deutsche Kartoffeln lediglich zum Waschen nach Polen zu fahren oder Nordseekrabben in Marokko pulen zu lassen, die auf dem Hamburger Fischmarkt verkauft werden sollen. Auch Schweine aus Nordrhein-Westfalen in Italien zu Parma-Schinken verarbeiten zu lassen, um sie in Deutschland zu verkaufen, wirkt ökologisch fragwürdig. Dennoch sind diese Beispiele an der Tagesordnung: ökonomische Aspekte überwiegen.

Regionale Produkte weisen aufgrund geringerer Transportstrecken oft günstigere Ökobilanzen auf als importierte Ware. So verursacht der Transport einer irischen Butter in das Allgäu z. B. den fünffachen Energieverbrauch gegenüber eines regionalen Herstellers. Bei Gemüse benötigt eine spanische Tomate etwa zehnmal mehr Treibstoff für den Transport als eine aus den örtlichen Gebieten gelieferte Frucht.

Aufgaben

1. Politische Maßnahmen, z. B. Steuern und Subventionen, können zu einer Übereinstimmung von günstigen ökonomischen und ökologischen Bilanzen führen. Stimmt dieser Satz? Beziehen Sie einen eigenen Standpunkt zu dieser Aussage.

2. Setzen Sie sich in einer Podiumsdiskussion (s. S. 169) mit der Abbildungsunterschrift auseinander.

Die Auswirkungen eines Transportes auf die Umwelt hängen dabei nicht nur von der Entfernung, sondern auch von der Effizienz des eingesetzten Transportmittels ab. Ein gefüllter Milchlaster ist schließlich erheblich effizienter als wenn zwei Kannen Milch mit einem Lieferwagen transportiert werden.

1 ▸ Transport – ökonomisch oder ökologisch?

Ökobilanz – Methode der Umweltforschung

Neben der umweltverträglicheren Entwicklung von Produkten dient die Ökobilanzierung auch als politische Entscheidungshilfe. Das Ergebnis einer Ökobilanz kennt jeder aus der Diskussion über die Verpackungsverordnung und die Mehrwegquote.

Dabei ist zu berücksichtigen, dass die ausschließlich aus Sicht des Umweltschutzes erstellten Ökobilanzen nur einen Aspekt im Rahmen der komplexen Entscheidungsprozesse in Staat, Wirtschaft und Gesellschaft darstellen.

Die Vorgehensweise für eine Ökobilanzierung ist **international festgelegt.** Dies sichert die spätere Vergleichbarkeit der Ergebnisse.

Eine Ökobilanz zeichnet sich immer durch einen spezifischen Aufbau aus, der vier Schritte umfasst:

1. Festlegung des Ziels und Untersuchungsrahmens: Vergleich zweier konkreter Produkte,
2. Sachbilanz: Erfassung aller Daten und Faktoren,
3. Wirkungsabschätzung: Rangbildung der Faktoren nach Relevanz,
4. Auswertung: Beurteilung, Verbesserungsvorschläge im Hinblick auf Reduzierung der Umweltbelastung.

Zuerst wird das zu analysierende System festgelegt und entschieden, welche **Produkte** bilanziert und miteinander verglichen werden sollen. Dafür muss allerdings bei den Produkten der gleiche Nutzen vorliegen. Beispielsweise können Getränkeverpackungen wie Dosen, Flaschen oder Kartons einander nur dann gegenübergestellt werden, wenn sie das gleiche Getränk in vergleichbarer Form zum Verbraucher bringen. Eine 1-Liter-Saftflasche lässt sich also mit zwei Halbliter-Saftdosen vergleichen.

1 ▸ Einige Aspekte, die bei der Erstellung einer Ökobilanz berücksichtigt werden müssen.

Handelt es sich zudem bei der 1-Liter-Saftflasche um eine Mehrwegflasche, die 20-mal wiederbefüllt werden kann, so stehen ihr 40 Halbliter-Dosen für denselben Nutzen gegenüber.

In der **Sachbilanz** als zweiten Schritt werden verschiedene Arten von Umweltbelastungen zusammengefasst, die während des Lebensweges eines Produktes anfallen. Dazu gehören unter anderem Rohstoffentnahmen, Flächenbelegungen, Energieverbrauch und Emissionen.

Da diese Belastungen in unterschiedlichem Maße auf unsere Umwelt wirken, werden sie in der dritten Stufe der Ökobilanz bestimmten Kategorien zugeordnet. Das Bundesumweltamt verwendet gegenwärtig für die Ökobilanzierung acht sogenannte **Wirkungskategorien** (s. Abb. 2).

Für eine bessere Vergleichbarkeit müssen die Werte innerhalb der Wirkungskategorie wiederum auf einen gemeinsamen Nenner gebracht werden. Beispielsweise werden sämtliche klimawirksamen Gase als Kohlenstoffdioxid-Äquivalente dargestellt. Die Menge an dem deutlich umweltbelastenderen Methan wird umgerechnet in die Menge an CO_2, die eine entsprechende Umweltbelastung bedeuten würde. Auf diese Weise lässt sich der Treibhauseffekt zweier Produkte exakt miteinander vergleichen.

Die abschließende **Auswertung** ist der letzte Schritt der Ökobilanz. Hierbei werden die Ergebnisse von Sachbilanz und Wirkungsabschätzung zusammengeführt und Schlussfolgerungen für umweltverträglichere Verfahren oder Produkte abgeleitet.

Aufgabe

Stellen Sie eine Woche lang Beobachtungen zu Ihrem Getränke-Konsumverhalten an. Fertigen Sie dazu eine Liste an, in der Sie die Anzahl und die Art der Getränkeverpackungen notieren.
Was stellen Sie fest? Vergleichen Sie auch mit Ihren Mitschülern.

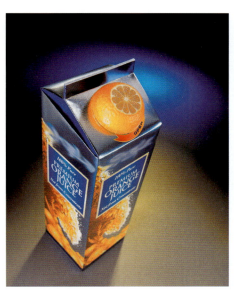

1 ▶ Der Einwegkarton: quadratisch, praktisch, gut?

Wirkungskategorien

- Treibhauseffekt,
- Abbau des stratosphärischen Ozons (Stichwort: Ozonloch),
- Fotochemische Oxidantienbildung (Stichwort: Sommersmog),
- Eutrophierung (Überdüngung der Gewässer und Böden),
- Versauerung, Beanspruchung fossiler Ressourcen (z. B. von Rohstoffen und fossilen Energieträgern),
- Naturraumbeanspruchung,
- direkte Gesundheitsschädigung (durch gesundheitsgefährdende Stoffe oder Lärm),
- direkte Schädigung von Ökosystemen.

2 ▶ Übersicht über die in den Ökobilanzen verwendeten Wirkungskategorien

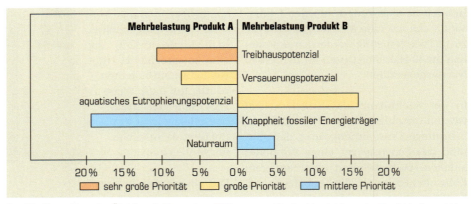

1 ▶ Die Darstellung der Ökobilanz in Form eines T-Diagramms für den Vergleich zweier Produkte (a und b) hinsichtlich ihrer Umweltschädigung

Allerdings ist für eine ökobilanzielle **Bewertung** der Produkte eine Einschätzung jeder einzelnen Belastung notwendig. Ist beispielsweise der Energieverbrauch eines Produktes entscheidend oder sein Beitrag zum Treibhauseffekt oder zur Eutrophierung? Hierbei geht es also um eine **Prioritätensetzung,** welche als ausschlaggebende Umweltbeeinträchtigung zu betrachten ist. Denn diese erfordert dann den größten Handlungsbedarf und möglicherweise die entsprechende finanzielle Unterstützung.

Bei extremem Nährstoffeintrag in Gewässer, der zu starkem Algenwuchs führt, spricht man von aquatischer Eutrophierung.

Das Bundesumweltamt hat hierfür als Bewertungsraster eine **Rangbildung** (engl.: *ranking*) vorgelegt, die eine Abstufung unterschiedlicher Wirkungskategorien hinsichtlich ihrer Priorität vorschlägt.

Eine umweltschädigendere Wirkung eines Produktes liegt also beispielsweise dann vor, wenn die menschliche Gesundheit oder Struktur und Funktionen von Ökosystemen gefährdet sind. Demnach ist eine Umweltwirkung, die den ganzen Globus betrifft und zu irreversiblen Schädigungen führt – wie die Zerstörung der Ozonschicht –, als schwerwiegender anzusehen als vergleichsweise der Sommersmog mit seiner räumlich und zeitlich begrenzten Wirkung.

Weiterhin ist eine Wirkungskategorie umso umweltschädigender, je weiter der derzeitige Umweltzustand in dieser Wirkungskategorie (z. B. Eutrophierung oder Naturraumbeanspruchung) von einem Zustand ökologischer Nachhaltigkeit entfernt ist. Mithilfe dieses Kriteriums wird beurteilt, ob der aktuelle Umweltzustand eher problematisch ist (Flächenversiegelung, Versauerung durch Emissionen usw.) oder ob man sich bereits nahe des Umweltziels (z. B. Erhaltung der Biodiversität, Einsparung an Verpackungsmaterial, Verminderung des Energieverbrauchs) befindet. Hier wird dann deutlich, wie dringend es grundlegender wirtschaftlicher oder gesellschaftlicher Veränderungen bedarf. Empfehlungen für Politik und Produzenten können direkt aus der Ökobilanz abgeleitet werden.

Die **Ergebnisse** einer Ökobilanz werden häufig in sogenannten T-Diagrammen (s. Abb. 1) dargestellt. Dabei veranschaulichen Balken die sehr komplexen Datensätze zweier Produkte. Im direkten Vergleich werden dabei die Unterschiede systematisch und übersichtlich abgebildet. Im Diagramm lassen sich Relationen im Vergleich ablesen. Relevanzen der einzelnen Umweltbelastungen müssen interpretiert werden.

Ökobilanzen können demnach dazu beitragen, Produkte umweltfreundlicher zu entwickeln. Sie zeigen zumindest Potenziale für einen effizienteren Einsatz von Rohstoffen und Energie sowie für eine Verringerung der Umweltbelastungen durch Schadstoffausstoß und Abfälle auf.

Im Fall der **Getränkeverpackungen** haben Ökobilanzen beispielsweise bewiesen, dass Mehrweg- den Einwegverpackungen bei Bier deutlich überlegen sind. Bei Milch schneidet die Mehrwegflasche im Öko-Vergleich zwar auch noch besser ab als der Einwegkarton, doch der alternative Plastikschlauchbeutel zeigt keine deutlichen Nachteile gegenüber der Glasflasche. Für Mineralwasser und kohlensäurehaltige Erfrischungsgetränke ist aus Umweltschutzsicht das PET-Mehrwegsystem dem bestehenden Glas-Mehrwegsystem vorzuziehen. Ressourcenbeanspruchung, Treibhauseffekt und Versauerung als die hierbei entscheidenden Wirkungskategorien zeigen für PET-Verpackungen niedrigere Werte.

Zwischen den bestehenden Glas-Mehrwegsystemen und Getränkekarton-Verpackungssystemen konnte für kohlensäurefreie Getränke kein ökologischer Vor- oder Nachteil festgestellt werden.

Solche Vergleiche stellen einen sinnvollen Schritt auf dem Weg der Reduzierung von Umweltbelastungen dar. Denn von den rund 15 Millionen Tonnen Verpackungsabfällen, die allein in Deutschland jährlich anfallen, sind fast 15 % (2,3 Millionen Tonnen) Getränkeverpackungen.

Neben der Nutzung des Mehrwegsystems sind aber auch durch die eingerichteten Rücknahme- und Verwertungssysteme Maßnahmen zur **Umweltschonung** vorhanden. Das aktive Recycling und damit die Rückfuhr von Wertstoffen sowie eine Verminderung des Abfallaufkommens helfen, die ökologischen Belastungen zu reduzieren.

Eine vom Umweltbundesamt durchgeführte Ökobilanz „Getränkeverpackungen" hat z. B. gezeigt, dass aufgrund der Pfandpflicht auf Einwegverpackungen hohe Rücklaufquoten und die sortenreine Erfassung der PET-Einwegflaschen ein hochwertiges Recycling ermöglichen.

Aufgabe

Interpretieren Sie das Diagramm auf der Seite 174. Ziehen Sie eine Schlussfolgerung, welches Lebensmittel (a oder b) umweltverträglicher produziert wird.

1 ▶ Getränkeabfüllung mit Mehrwegsystem

Praktikum

Streusalz und Dünger – wie viel verträgt der Boden?

Viele im Boden gelöste Salze stellen für die Pflanzen Nährsalze dar. Ihre Ionen werden über die Wurzeln aus dem Boden aufgenommen.

1. Stellen Sie in einer Tabelle Makro- und Spurenelemente zusammen. Ermitteln Sie jeweils ihre Bedeutung für Pflanzen.

Nährsalz-Ionen werden von einem Boden mit hoher Bodenfruchtbarkeit gespeichert, besonders die Kationen werden an Bodenteilchen gebunden. Eine besondere Rolle spielen Tonmineralien und Huminstoffe (Bestandteil des Humus).
Tonmineralien weisen ein einheitliches dreidimensionales Kristallgitter auf. Die Silicium- bzw. Aluminium-Ionen der Tonmineralteilchen können durch andere, etwa genauso große, aber weniger positiv geladene Ionen (Kationen) ersetzt werden. Dies verursacht eine negative elektrische Ladung in den Tonmineralien. Daher werden aus der näheren Umgebung so lange Kationen angelagert, bis die Ladungsdifferenz ausgeglichen ist (s. Abb. unten). Diese Anlagerung kommt durch die Anziehung zwischen negativer Ladung der Tonmineralien und positiver Ladung des Kations zustande.
Auch Humusstoffe weisen eine negative Ladung auf. Durch die Anziehung und Bindung der Kationen wirkt der Boden als Ionenspeicher.

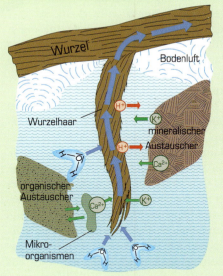

- K^+ ausgetauschte Nährsalz-Ionen
- H^+ von der Pflanze freigesetzte Protonen
- Wasser

2. Die Aufnahme von Kationen aus dem Boden in die Wurzel der Pflanzen erfolgt durch Ionenaustausch. Erläutern Sie den Sachverhalt mithilfe der Abbildungen.

3. Beschreiben Sie den Stoffkreislauf auf landwirtschaftlich genutzten Flächen.

4. Setzen Sie sich mit dem Einsatz von Düngemitteln in der Landwirtschaft auseinander. Erarbeiten Sie eine Präsentation zu dieser Problematik.

Praktikum

Düngemittel im Test

Bei vielen handelsüblichen Düngemitteln handelt es sich um Salze. Diese Mineraldünger spielen in der Landwirtschaft eine große Rolle.

1. JUSTUS FREIHERR VON LIEBIG (1803–1873) gilt als Erfinder der Mineraldünger. Als Ergebnis seiner Düngerversuche formulierte er das Gesetz vom Minimum (s. S. 89).
   a) Informieren Sie sich über LIEBIGS Forschungen und die daraus resultierenden Konsequenzen für die Landwirtschaft.
   b) Interpretieren Sie das nebenstehende Foto und die Zeichnung von der Minimumtonne.

1 ▶ In der Landwirtschaft werden häufig Düngemittel eingesetzt. Die Abbildung zeigt ein Versuchsfeld: links ungedüngt, rechts gedüngt.

2. Überprüfen Sie die Wirkung von verschiedenen Mineraldüngern auf Pflanzen.

Material:
Petrischalen, Watte oder Nullerde (ungedüngtes Substrat), Kressesamen, verschiedene Mineraldünger

Durchführung:
1. Säen Sie in mehreren Petrischalen Kressesamen auf feuchter Watte bzw. Nullerde aus. Lassen Sie diese an einem warmen, hellen Standort keimen.
2. Befeuchten Sie die Watte bzw. Nullerde (s. Abb.) in einem Gefäß nur mit destilliertem Wasser, in den anderen Gefäßen jeweils mit unterschiedlichen Düngelösungen.

Beobachtung und Auswertung:
Notieren und erklären Sie Ihre Beobachtungen.

Überdüngung hat negative Folgen für die Umwelt. Ein Zuviel kann sich aber auch direkt auf die Pflanzen auswirken.

3. Im Winter wird häufig Tausalz auf die Straßen aufgebracht, um sie eisfrei zu halten. Überlegen Sie, welche Folgen das für die Pflanzen am Straßenrand haben kann. Nutzen Sie dazu auch die Ergebnisse aus dem Experiment 2.

4. Stellen Sie eine konzentrierte Düngemittellösung her und bringen Sie in diese Lösung ein Salatblatt ein. Betrachten Sie das Blatt in Abständen von 30 Minuten.
Führen Sie Protokoll und finden Sie eine Erklärung für die Beobachtungen.

Praktikum

Schädlingsbekämpfung

Lebewesen, die durch ihre Lebensweise Nutz- und Kulturpflanzen schädigen, werden als Schädlinge bezeichnet. Aufgrund von Massenvermehrungen können sie enormen wirtschaftlichen Schaden anrichten. Um diese Verluste einzudämmen, müssen die Schädlinge bekämpft werden.

1. *Entwicklen Sie gemeinsam mit Ihren Mitschülern ein Mind-Map zum Thema Schädlingsbekämpfung. Beachten Sie dabei, dass ein Mind-Map eine sogenannte Brainstormingmethode ist, bei der ohne Wertung jede Idee notiert wird.*

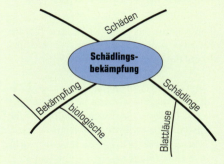

1 ▸ Beispiel für ein Mind-Map

27. Oktober 2004
Marienkäferschwemme – Tiere suchen Winterquartiere

Nach Auskunft von Naturschützern ist derzeit eine regelrechte Marienkäfer-Schwemme zu beobachten. Die bis zu acht Millimeter großen Tiere säßen momentan auf Balkongeländern, an Hauswänden, Blumen und Blättern, teilte der Naturschutzbund (NABU) am Mittwoch mit. Da es in diesem Jahr wegen der feuchten Witterung viele Blattläuse gegeben habe, hätten sich die schwarzgetupften Käfer stark vermehrt.

2. *Analysieren Sie diesen Artikel.*
   a) *Erläutern Sie den Zusammenhang zwischen Marienkäfern und Blattläusen.*
   b) *Überlegen Sie, wie dieser Zusammenhang in der Schädlingsbekämpfung eingesetzt werden kann.*

Die aus Amerika stammende Aga-Kröte, auch Riesenkröte genannt *(Bufo marinus)* wurde im 19. Jahrhundert auf Jamaika und Barbados eingeführt, um die Schadinsekten auf den Zuckerrohrplantagen zu minimieren. Allerdings verursachte die Aga-Kröte auch großen Schaden innerhalb der biologischen Vielfalt der einheimischen Fauna. Ursache dafür waren u. a. ihre imposante Größe von 25 cm sowie ihre extrem gute Anpassungsfähigkeit.
Die Aga-Kröte gilt als Paradebeispiel für eine unkontrollierte und unüberlegte biologische Schädlingsbekämpfung.

3. *Erläutern Sie die Ursachen dieser negativen ökologischen Folgen.*

4. *Erläutern Sie am Beispiel der Aga-Kröte, was bei einer biologischen Schädlingsbekämpfung zu beachten ist.*

Praktikum

Blattläuse können fast überall zur Plage werden, sogar an Balkon- und Zimmerpflanzen können sie massenhaft auftreten. Ein wirksames Hausmittel zu ihrer Bekämpfung ist das Besprühen der befallenen Pflanzenteile mit Seifenlösung.

Der Kontakt mit Wasser schadet den Insekten in der Regel nicht. Die Wirkung der Seifenlösung muss also einen anderen Hintergrund haben.

5. Stellen Sie eine Vermutung auf, wie sich die Seifenlösung auf die Insekten auswirken könnte.
6. Führen Sie den folgenden Modellversuch durch.

Material:
pneumatische Wanne oder Glasschüssel, Wasser, Spülmittel (nicht konzentriert), Aluminiumfolie, evtl. Schere

Durchführung:
1. Fertigen Sie mit der Aluminiumfolie ein Modell an, das auf dem Wasser schwimmt (z. B. ein schmales Boot).
2. Setzen Sie Ihr Modell auf die Wasseroberfläche.
3. Geben Sie Spülmittel ins Wasser.

Beobachtung und Auswertung:
1. Notieren Sie Ihre Beobachtungen vor und nach der Zugabe von Spülmittel.
2. Informieren Sie sich über die Oberflächenspannung von Wasser. Welchen Einfluss hat Spülmittel?

3. Leiten Sie ab, welche Wirkung die Seifenlösung auf Blattläuse hat.
4. Hat sich Ihre Vermutung bestätigt?
5. Erläutern sie die Folgen für Flüsse, Seen und deren Bewohner, wenn Waschmittellösungen ungeklärt in die Gewässer gelangen würden.
Beziehen Sie dabei auch Ihre Kenntnisse über die Lebensweise von Wasserbewohnern und zur Abwasserklärung mit ein.

Ob eine biologische oder chemische Bekämpfung der Schädlinge Verwendung finden soll – diese Frage ist nicht einfach zu beantworten und hängt unter Umständen von sehr vielen Faktoren ab.

7. Diskutieren Sie in der Gruppe das Pro und Kontra einer biologischen und einer chemischen Schädlingsbekämpfung.
8. Informieren Sie sich, was unter einer kooperativen Schädlingsbekämpfung zu verstehen ist. Fertigen Sie dazu eine Präsentation an und stellen Sie diese Ihrer Klasse vor.
9. Äußern Sie sich zur jeweiligen Methode der Schädlingsbekämpfung und deren direkte und indirekte Auswirkung auf „Nichtschädlinge". Nutzen Sie dazu auch die Beantwortung der Aufgabe 5 der Seite 131.

4.3 Aus dem Spektrum der Medizin

Alles Training? ▶▶ Ist das Erreichen individueller Höchstleistung bis an die persönliche Leistungsgrenze angestrebt, spricht man von Leistungssport. *Auf welche Art und Weise lässt sich sportliche Leistung steigern? Wo sind die natürlichen Grenzen?*

Alles fair? ▶▶ Prominente Dopingfälle lassen daran zweifeln. Doping wird von den Sportlern durchgeführt, von Medizinern überwacht, von Funktionären gefördert und von der Öffentlichkeit toleriert. *Diese Aussage ist provokant, ist sie auch korrekt?*

Alles richtig? ▶▶ Bei Verletzungen oder einem Unfall rettet eine schnelle Hilfe oft das Leben. *Wie sieht die richtige Hilfe aus? Wie wird man Ersthelfer?*

Aus dem Spektrum der Medizin — Biologie 181

Sportphysiologie

Sportliche Leistungsfähigkeit

Wer kennt das nicht: ein großes Sportereignis steht vor der Tür und man fiebert einem spannenden Wettkampf entgegen. Welche Mannschaft wird die Fußballweltmeisterschaft gewinnen, wie schneiden die Athleten bei den Olympischen Winter- oder Sommerspielen ab? Schafft es der jeweilige Favorit, den Erwartungen gerecht zu werden und seine Leistung zu erbringen?

Das individuelle Leistungs-„Hoch" oder Leistungs-„Tief" eines Sportlers wird dabei von einem komplexen Zusammenspiel vielfältiger Faktoren bestimmt. Dafür sind konditionelle Aspekte wie Kraft, Ausdauer und Schnelligkeit ebenso entscheidend wie technische und taktische Fähigkeiten (s. Abb. 1). Auch der gesundheitliche Zustand oder das soziale Umfeld haben Einfluss auf die sportliche Leistung. Ein gewisses Talent, also die körperliche Eignung, darf natürlich ebenfalls nicht fehlen.

2 ▶ Sportliche Leistungen entwickeln sich.

Die sportliche Leistungsfähigkeit bedeutet eben nicht nur das Ausüben einer sportlichen Aktivität, sondern ist immer auch abhängig von einer Vielzahl sich gegenseitig beeinflussender Umstände.

Eine individuelle Höchstleistung kann daher nur erreicht werden, wenn alle leistungsbestimmenden Faktoren einer zusammenführenden harmonischen Entwicklung unterliegen.

Ziel des Trainings ist nicht nur eine disziplinspezifische Verbesserung der sportlichen Leistung, sondern auch die Persönlichkeitsentwicklung.

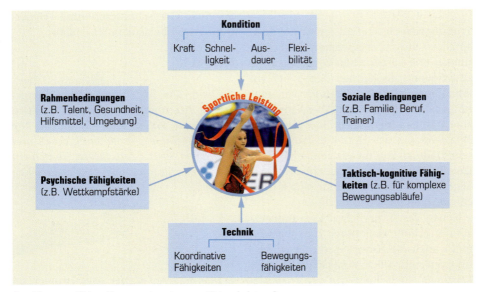

1 ▶ Die wesentlichen Komponenten der „sportlichen Leistung"

Training und Trainingseffekte

Unter dem Begriff **Training** ist ein gezieltes, planmäßiges Üben (meist mit Wiederholungen und steigenden Anforderungen) zu verstehen. Man trainiert z. B., um eine Leistung erbringen zu können, zu der man vorher nicht in der Lage war, wie Flickflack springen oder schwerere Gewichte heben. Man übt auch, um eine konstante Leistung über einen längeren Zeitraum halten zu können. Das bedeutet z. B., seine Treffsicherheit oder seine Ausdauer zu stabilisieren. Dabei geht es vor allem um die konditionellen, bewegungstechnischen, taktischen und physischen Aspekte.

Es gibt allerdings grundlegende Unterschiede bezüglich der Trainingsinhalte, -mittel und -methoden. So haben Schul- und Gesundheitssport zwar auch eine Verbesserung der körperlichen Leistungsfähigkeit als Maßgabe, doch ist hier nicht wie beim Leistungs- oder Extremsport das Erreichen der individuellen Höchstleistung oder das Beeinflussen der persönlichen Leistungsgrenzen beabsichtigt.

Trainingseffekte sind als Anpassung (Adaptation) an die entsprechenden Forderungen und körperlichen Belastungsreize zu erkennen. Es handelt sich dabei um funktionelle und physiologische Veränderungen der Organsysteme. Dies kann z. B. eine Kräftigung der Skelettmuskulatur oder eine Stärkung des Herz-Kreislaufsystems sein. Dadurch kommt es zu einer besseren Durchblutung sowie einer entsprechend angepassten Atmung, die für eine ausreichende Energiebereitstellung sorgt.

Neben der körperlichen Leistungssteigerung erhöht sich durch das Training meist auch die Fähigkeit, die Leistungsreserven willentlich auszuschöpfen. Die Leistungsbereitschaft, der „Durchhaltewillen", wird gesteigert.

Der Begriff „Reiz" wird in der Sportphysiologie für alle gezielt eingesetzten, körperlichen Belastungsmomente verwendet.

Krafttraining führt zu einem größeren Muskelumfang. Die beanspruchten Muskelzellen werden größer, was im Muskelquerschnitt zu erkennen ist.

Die Reizstufenregel

1.	Ohne Reiz keine Reaktion (Lebenstätigkeit).
2.	Eine Reaktion entsteht erst, wenn eine bestimmte Reizschwelle überschritten wird.
3.	Reize über der Reizschwelle wirken anregend und funktionserhaltend.
4.	Starke Reize lösen bestimmte anatomische, physiologische und psychologische Anpassungsvorgänge aus.
5.	Zu starke Reize lähmen oder schädigen die Funktion.

1 ▸ Reizstufenregel zur Auslösung der Trainingsanpassung

Für eine biologische **Anpassungsreaktion** des Körpers an einen Trainingsreiz ist eine gewisse Reizintensität Voraussetzung. Man orientiert sich dabei an der sogenannten **Reizstufenregel** (s. Abb. 1).

Gezielte körperliche Trainingseinheiten führen z. B. nach Ausdauerbelastung zur Erhöhung der Glykogenspeicher in der Muskulatur oder nach dem Krafttraining zu einer Querschnittszunahme (Hypertrophie) der belasteten Muskulatur.

Aufgaben

1. *Überprüfen Sie einmal selbst den eigenen Trainingseffekt. Führen Sie dazu z. B. eine Woche lang einmal am Tag die abgebildete Halteübung durch und stoppen Sie die Zeit. Setzen Sie sich ein Ziel, das Sie nach einer Woche erreichen wollen.*

2. *Interpretieren Sie die Reizstufenregel an einem Beispiel.*

Aus dem Spektrum der Medizin Biologie 183

Eine modellhafte Vorstellung dieser Trainingsadaptation des Körpers gibt die **Superkompensationstheorie.** Sie gilt auch heute noch als das grundlegende Konzept für einen Trainingsaufbau und wird von Trainern wie Sportwissenschaftlern zur Trainingsplanung genutzt.

In Abbildung 1 wird deutlich, dass sich der Grundzustand des Organismus durch körperliche Belastungen (z. B. 30 min Rad fahren) verändert. Dabei wird Energie verbraucht, Reserven werden angegriffen, Strukturen wie Muskeln, Skelett und Bänder werden beansprucht. Das führt insgesamt zu einer zeitweiligen Abnahme der sportlichen Leistungsfähigkeit. Der Körper ermüdet. Diese Ermüdungsphase zeichnet sich z. B. dadurch aus, dass in den Muskeln weniger Glykogen vorliegt. Dieses wurde für die Energiebereitstellung bei der Muskelarbeit verbraucht.

In der anschließenden Erholungsphase (nach Belastungsende) reagiert der Körper mit regenerativen Maßnahmen, wie z. B. der Auffüllung der Energiereserven. Die Glykogenspeicher werden stärker aufgefüllt als sie es im Grundzustand waren, um einer erneuten Ermüdung (und damit Leistungsminderung) vorzubeugen. Diese über den Ausgangswert hinausgehende („überschießende") Anpassungsreaktion wird als Superkompensation bezeichnet. Diesen Zustand kann der Organismus jedoch nicht dauerhaft halten. Daher kommt es zu einem Einpendeln zurück auf das Ausgangsniveau. Die Zunahme des energetischen Leistungsniveaus ist als **Trainingseffekt** zu bewerten.

Durch eine erneute Belastung des Organismus während der Superkompensation kann wieder eine überschießende Regeneration, dann auf ein noch höheres Niveau, hervorgerufen werden. Auf diese Art und Weise wird der Trainingseffekt fortwährend gesteigert.

2 ▶ In der Erholungsphase muss neue Energie „getankt" werden.

Aufgabe

Überlegen Sie anhand der Abbildung 1, wie sich eine erneute Belastung (Trainingsreiz)
a) während der Superkompensationsphase,
b) vor der Superkompensationsphase auswirken würde. Fertigen Sie die entsprechenden Diagramme dazu an.

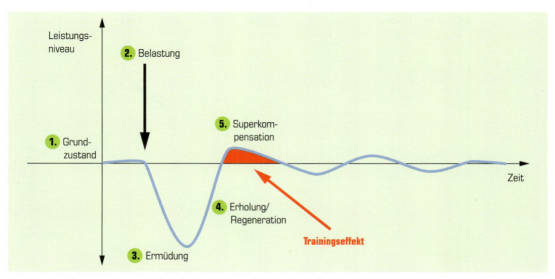

1 ▶ Das Superkompensationsmodell stellt eine stark vereinfachte Vorstellung der Trainingswirkung dar.

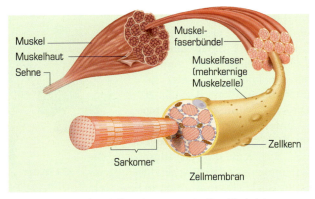

1 ▶ Aufbau der quer gestreiften Muskulatur

Als Sarkomer wird die kleinste Einheit des Muskels bezeichnet, die unter Energieverbrauch Muskelarbeit leistet.

Wären die Anpassungsreaktionen des Körpers tatsächlich ein so einfaches Ursache-Wirkungsgefüge, könnte die Leistungssteigerung durch ein optimal gesetztes Trainingsprogramm unendlich erhöht werden. In der Realität sind dieser Möglichkeit jedoch Grenzen gesetzt.

Die Konzentration wichtiger biochemischer Substrate zur Energiebereitstellung, wie beispielsweise Adenosintriphophat (ATP), ändert sich infolge von Trainingsbelastungen nicht wesentlich. Darüber hinaus haben Studien gezeigt, dass mit steigendem Leistungsvermögen der Bereich zur weiteren Leistungsverbesserung immer geringer wird. Es liegt offensichtlich eine Leistungsgrenze des Organismus vor, die wahrscheinlich genetisch festgelegt ist.

Ein weiteres Erklärungsmodell zur Trainingsanpassung und Trainingswirkung wurde von Sportphysiologen als sogenannte **„Energie-Theorie"** (s. Abb. 2) entwickelt. Sie besagt, dass der Muskelzelle zu jedem Zeitpunkt immer nur eine bestimmte Menge an Energie zur Verfügung steht. Diese muss sie sowohl für die Proteinbiosynthese als auch für die Muskelarbeit nutzen.

Liegt nun aufgrund einer erhöhten Belastung ein größerer Energiebedarf für die Muskelarbeit vor, wird die Proteinbiosynthese nahezu eingestellt. Darüber hinaus kommt es sogar zum Proteinabbau, um weitere Energie freizusetzen. Daher befindet sich nach intensivem Training im Muskel weniger Protein und eine größere Menge an Proteinabbauprodukten. Im Verlauf der Erholungsphase werden nun mehr Aminosäuren aus dem Blut in die Muskeln aufgenommen und eine verstärkte Proteinbiosynthese z. B. für den Muskelaufbau erfolgt. Die der Zelle zur Verfügung stehende Energie wird nun fast ausschließlich hierfür eingesetzt (s. Abb. 2). Diese Prozesse laufen während der Superkompensation ab und bewirken den Trainingseffekt (s. S. 183, Abb. 1).

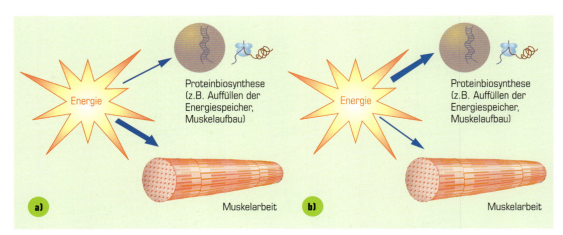

2 a ▶ Körperliche Belastung erfordert Energie für Muskelarbeit.

b ▶ In der Erholungsphase wird fast die gesamte Energie zur Regeneration eingesetzt.

Praktikum

Energiebedarf und Energieverbrauch

Je nach Sportart variiert auch der Energieverbrauch sehr stark. Der Energiebedarf wird über die Zufuhr von Nahrungsmitteln mit unterschiedlichen Brennwerten gedeckt (s. S. 51). Leistungssportler haben daher einen genau auf ihre jeweiligen Bedürfnisse abgestimmten Ernährungsplan.

1. Recherchieren Sie für zwei Sportarten mit unterschiedlichen Belastungsschwerpunkten (z. B. Kraft, Ausdauer) den Speiseplan eines Leistungssportlers und vergleichen Sie ihn mit Ihrem eigenen.

Zum Leistungssport gehören isotonische Getränke (s. S. 188) oder entsprechende „Power"-Riegel. Die Werbung suggeriert aber auch Freizeitsportlern diesen Bedarf. Werden solche „Kalorienbomben" ohne den dazugehörigen Energiebedarf zu sich genommen, führt der Überschuss bald zu einer Depotbildung: Wir werden dicker.
Der BMI (Body-Mass-Index) ist ein Richtwert zur Beurteilung des Ernährungszustandes:

$$BMI = \frac{\text{Körpermasse in kg}}{(\text{Körpergröße in m})^2}$$

	BMI Frauen	BMI Männer
Untergewicht	unter 19	unter 20
Normalgewicht	19 - 24,9	20 - 25,9
Übergewicht	25 - 29,9	26 - 29,9
Fettsucht	über 30	über 30

2. Ermitteln Sie Ihren BMI und vergleichen Sie ihn mit der Tabelle.

3. Erläutern Sie, warum insbesondere bei Kindern und Jugendlichen unter 14 Jahren zusätzlich das Verhältnis von Körpergröße und Gewicht auf Alter und Geschlecht bezogen wird. Dafür gibt es sogenannte Perzentilkurven.

4. Stellen Sie Beobachtungen zum eigenen Ess- und Freizeitverhalten an.
   a) Berücksichtigen Sie dazu die Ergebnisse aus der Aufgabe 2 von Seite 51.
   b) Vergleichen Sie Ihr eigenes Freizeitverhalten mit den Diagrammen 1 und 2.

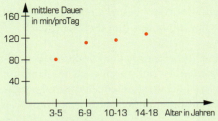

1 ▸ Täglicher Fernsehkonsum

2 ▸ Sportliche Aktivität

Immer mehr Kinder sind bereits übergewichtig oder neigen sogar zur Fettsucht.

5. Werten Sie das Kreisdiagramm aus. Interpretieren Sie die Daten ebenfalls hinsichtlich der Energiezufuhr und des Energieverbrauchs.

3 ▸ Gewichtsverteilung bei 1- bis 18-Jährigen

6. Informieren Sie sich, welche gesundheitlichen Probleme aus kindlicher Adipositas (Fettsucht) entstehen können.

Mit Perzentilkurven wird der BMI jedes einzelnen Kindes mit dem jeweiligen Durchschnittswert (ermittelt aus 34 000 deutschen Kindern) verglichen.

Nach Schätzungen der Weltgesundheitsorganisation (WHO) sind weltweit etwa 700 Mio. Menschen übergewichtig (BMI 25 - 29,9) und weitere 300 Mio. Menschen fettsüchtig (BMI 30 und höher).

Die Abbildungen 1, 2 und 3 repräsentieren Daten aus Deutschland im Jahr 2006.

lat.: conditio = Bedingung für etwas

Der ursprünglich auf die Laktatbildung zurückgeführte Muskelkater ist allseits bekannt. Heute weiß man jedoch, dass Mikroverletzungen die Ursache des Muskelschmerzes sind.

Konditionelle Fähigkeitsbereiche

Die **Kondition** ist eine wesentliche Komponente des sportlichen Leistungszustandes (s. S. 141, Abb. 1). Sie setzt sich aus Kraft, Ausdauer, Schnelligkeit und Beweglichkeit zusammen (s. Abb. 1). Konditionelle Fähigkeiten unterliegen natürlichen Veränderungsprozessen wie z. B. Wachstum, Alterung und Alltagsbelastungen. Ein Marathonläufer benötigt andere konditionelle Fähigkeiten (Ausdauer) als ein 100 m-Sprinter (Schnelligkeit).

Eine Verbesserung der konditionellen Fähigkeiten ist nur durch gezieltes Training möglich. Dabei hat jede Sportart ihr eigenes konditionelles Anforderungsprofil.

Die **Ausdauerfähigkeit** ist allerdings in nahezu allen Bereichen eine Voraussetzung bzw. eine notwendige Ergänzung. Man unterscheidet hierbei je nach Art der Energiebereitstellung in aerobe und anaerobe Prozesse. Bei aerober **Energiebereitstellung** steht genügend Sauerstoff zur Oxidation von Glykogen und Fettsäure zur Verfügung. Dabei sind Sauerstoffaufnahme und -verbrauch im Gleichgewicht (*Steady-State*).

Meist reichen die aerob ablaufenden Stoffwechselvorgänge allein nicht aus, sodass zusätzliche Energie auf anaerobem Weg freigesetzt werden muss. Hierbei kommt es ohne Beteiligung von Sauerstoff zum Abbau von Glykogen zur Milchsäure (Laktat).

Ausdauertraining fordert und fördert neben der Muskulatur das Herz-Kreislaufsystem, die Atmung, das Nervensystem und die zellulären Stoffwechselprozesse. Sportliche Betätigung fördert also die Gesundheit.

Neben der Ausdauer spielt auch die **Kraft** eine wichtige Rolle bei der Leistungsentwicklung. Die Eignung eines Athleten für eine Sportart (Talent) ist auch immer abhängig von der genetischen Veranlagung zur Muskelausprägung. Krafttraining führt zu einem Aufbau des Muskels, kann aber keine Wunder bewirken.

Die **Beweglichkeit** ist die einzige konditionelle Komponente, die völlig altersunabhängig ist. Regelmäßige Übungen können manchen z. B. zum Yogameister machen. Dagegen wird die **Schnelligkeit** durch das neuromuskuläre Zusammenspiel bewirkt. Sie ist also nur bedingt trainierbar.

Kraft	Schnelligkeit	Beweglichkeit	Ausdauer
wird durch Muskelleistung gegenüber größeren äußeren Widerständen erbracht	resultiert aus dem neuromuskulären Zusammenspiel bei schnellen Bewegungen	resultiert aus dem Aktionsradius der Gelenke und der Dehnfähigkeit der Muskulatur	wird von den sauerstoff- und energiebereitstellenden Prozessen bedingt

1 ▶ Die vier konditionellen Fähigkeitsbereiche

Übertraining und Regeneration

Genauso wie sich die sportliche Leistung durch optimale Trainingsprogramme steigern lässt, kann sie auch durch zu große Belastungen oder unzureichende Erholungsphasen verringert werden. Das geschieht z. B. wenn vor der neuen Belastung die Energiespeicher in den Muskeln nicht aufgefüllt wurden. Die Folge ist eine **Ermüdung.** Der Sportler ist dann übertrainiert und kann sein bisheriges Leistungsniveau meist nicht halten oder zeigt sogar eine Abnahme seiner Leistungsfähigkeit.

Aber genau das wird im Leistungs- bzw. Hochleistungssport ausgenutzt. Hierbei werden gezielt sehr intensive Trainingsbelastungen verursacht, bevor eine regenerative Trainingseinheit die Anpassung des Organismus über Superkompensation ermöglicht (s. S. 183). Auf diese Weise kann eine deutliche Erhöhung des Grundzustands des Leistungsniveaus bewirkt werden.

Das ist auch der Grund, warum viele Sportler unmittelbar nach einem Trainingslager mit sehr intensiver Wettkampfvorbereitung zunächst überlastet sind und damit müde und undynamisch wirken. Einen kurzen Zeitraum später sind sie dagegen energiegeladen und leistungsstark.

Ein **Übertrainings-Syndrom** äußert sich nach unzureichender Erholung. Man erkennt es anhand physiologischer Reaktionen wie z. B. schneller Herzfrequenzsteigerung und zügigem Glykogenabbau (Laktatproduktion). Auch die Bewegungsabläufe sind dann oft mangelhaft koordiniert. Das entspricht den Reaktionen eines untrainierten Organismus. Bei den kraft-, schnellkraft- und schnelligkeitsbetonten Sportarten wie z. B. Boxen, Hochsprung und Sprint sind als Folge häufig Verletzungen und Überlastungsschäden zu beobachten. Diese äußern sich beispielsweise im Ermüdungsbruch.

Auch andere Faktoren können einen Übertrainingseffekt hervorrufen. So bewirken mitunter Stress in der Schule oder im Beruf, chronische Schlafdefizite, unausgewogene Ernährung sowie ein hoher und regelmäßiger Genuss von Alkohol und Nikotin ein Übertrainings-Syndrom.

Im (Hoch-) Leistungssport wird häufig nach dem 3:1-Prinzip trainiert: nach drei „harten" Trainingseinheiten folgt eine „lockere". Dadurch wird die Trainingsadaptation gewährleistet.

1 ▶ Auch Pausen gehören zum Training.

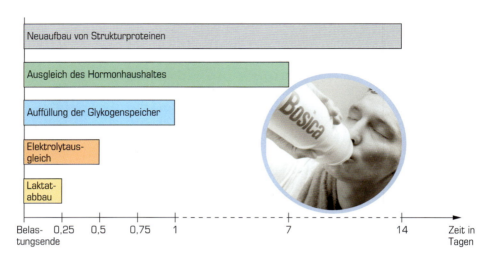

1 ▶ Phasen der Regeneration

griech.: iso = gleich, tonus = Spannung, Druck; isotonisch = gleiche Anzahl osmotisch wirksamer Teilchen wie in der Zelle

Isotonische Sportgetränke löschen nicht nur den Durst, sondern gleichen auch den Elektrolythaushalt aus. Darüber hinaus sind sie meist kalorienreich, um dem Energieverbrauch beim Leistungssport entgegenzuwirken.

Für Freizeitsportler ist Apfelschorle das bewährte Getränk: kalorienarm, mineralstoffreich und schmackhaft.

Für Freizeitsportler sollte ein Übertraining besser vermieden werden. Denn es kann neben Ermüdungsverletzungen oft auch zu erhöhter Infektanfälligkeit sowie zu einem verschlechterten Allgemeinbefinden mit Schlafstörungen und Appetitlosigkeit führen.

Nach jeder Belastung ist eine ausreichende Erholungsphase zur **Regeneration** notwendig. Da sich Art, Dauer und Häufigkeit der Trainingsreize in den verschiedenen Sportdisziplinen deutlich voneinander unterscheiden, ist auch die Regeneration für die Trainierenden jeweils individuell zu gestalten.

So verbrennen manche Trainingsformen z. B. vorrangig die eingelagerten Fette, andere führen zum Abbau des Glykogens oder bringen hohe Flüssigkeitsverluste mit sich. In den Erholungsphasen werden entsprechend die Glykogenspeicher in Muskel und Leber wieder aufgefüllt, Fette in die Muskelzellen eingelagert, Mitochondrien regeneriert und die gebildete Milchsäure (Laktat) abgebaut. Ganz wichtig ist auch der Flüssigkeitsausgleich und die Wiederherstellung eines ausgewogenen Elektrolythaushaltes.

Generell läuft die körperliche Regeneration in verschiedenen Phasen ab (s. Abb. 1).

So erfolgen in der **Frühphase** (0 – 6 h nach Belastung) die Normalisierung von Herz- und Atemfrequenz sowie die Wiederherstellung der Nerv-Muskel-Funktionen. Aber auch Vorgänge wie der Milchsäureabbau, der Aufbau des energiereichen ATP und der Ausgleich des Elektrolythaushaltes (Ionenhaushalt der Zelle) laufen ab.

Danach werden in der **Spätphase** (6 bis 36 h nach Belastungsende) Binde- und Stützgewebe regeneriert, Glykogenspeicher in Muskel- und Leberzellen aufgefüllt, Fette in die Muskelzelle eingelagert und der Hormonhaushalt ausgeglichen. Die anschließende Superkompensationsphase zeichnet sich vor allem durch Muskelaufbau aus.

Unterstützende Maßnahmen nach dem Training wie Massage, Sauna oder lockeres Bewegen beschleunigen den Regenerationsprozess.

Aufgabe

Entwickeln Sie mithilfe des Sportlehrers ein individuelles Konditions-Trainingsprogramm. Berücksichtigen Sie dabei auch Ihre eigenen Verhaltensweisen, Ernährungs- und Schlafgewohnheiten. Stellen Sie einen Vorher-Nachher-Vergleich an.

Doping

Trotz aller Trainierbarkeit und Schaffung optimaler Rahmenbedingungen sind dem Wunsch der Leistungssteigerung und dem gesellschaftlichen Druck der Anerkennung („schneller, höher, weiter") körperliche Grenzen gesetzt. Es lässt sich zwar immer noch ein bisschen mehr Kraft mobilisieren, die absolute Leistungsfähigkeit eines Sportlers kann aber nie vollständig erreicht werden (s. Abb. 1). Dieser Schutzmechanismus des Körpers, Kraftreserven für absolute Notsituationen (z. B. Lebensgefahr) aufrecht zu erhalten, kann nur auf unkorrekte Art ausgeschaltet werden.

Alle Handlungen, die die natürliche Leistungsfähigkeit regelwidrig steigern, nennt man **Doping**. Neben der konkreten Einnahme verbotener Substanzen zählen auch Methoden dazu, die auf unnatürliche Weise das Leistungsvermögen verändern. Das können spezielle Arten des Höhentrainings (s. S. 28) oder Eigenblutinjektionen sein. Mittlerweile werden auch die Verweigerung einer Überprüfung und das Nichteinhalten der Vorschriften zu Trainingskontrollen als Doping gewertet.

Jährlich erstellt die WADA (Welt Anti Doping Agentur) eine aktualisierte Liste verbotener Substanzen. Diese sind entweder prinzipiell leistungssteigernd, stellen ein Gesundheitsrisiko dar oder verstoßen gegen den Geist des Sports (Fair Play).

Dennoch sind die im Leistungs- und Hochleistungssport angewendeten Methoden vielfältig und unüberschaubar. Letztendlich geht es immer um die Leistungssteigerung zur Erlangung gesellschaftlicher Anerkennung, die sich in Titeln, Sponsorengeldern oder Wettkampfprämien widerspiegelt.

Durch Doping können z. B. die Muskelkraft erhöht oder die Sauerstoffversorgung der Muskulatur verbessert und damit die Ausdauer gestärkt werden. Darüber hinaus kommen bereits im Fitnessbereich Mittel zum Einsatz, die den Schmerz unterdrücken, über Ermüdung und Überlastung hinwegtäuschen oder das Selbstvertrauen ins Unermessliche steigern sollen. Dabei sind die Übergänge von medizinischer Versorgung zum Doping fließend. Gedopt wird dabei ohne Rücksicht auf die eigene Gesundheit oder die Zukunft und Folgen für andere.

Das Problematische daran ist die allgemeine Verharmlosung des medizinisch verursachten Regelbruchs durch Doping. Neben der gesellschaftspolitisch bedingten Versuchung, im Spitzensport auf illegale Weise zum Erfolg zu kommen, existiert eine zunehmende Bereitschaft in der Bevölkerung, z. B. geltende Schönheitsideale im Freizeit- und Fitnessbereich durch Medikamentenmissbrauch zu realisieren.

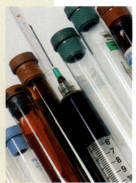

engl.: to dope = künstlich anreizen, aufpulvern

Spitzensportler sind auch schon an den Folgen des Dopings gestorben!

Die Entwicklung neuer Testverfahren kann mit der Erforschung leistungssteigernder und schwer nachweisbarer Substanzen kaum Schritt halten.

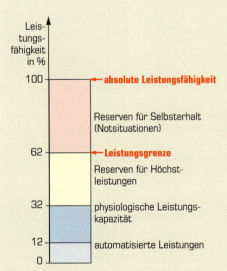

1 ▶ Schematische Darstellung menschlicher Leistungsbereiche

Aufgabe

Neben dem „Siegen-Können" zeugt gerade das sportliche Verhalten und „Verlieren-Können" von wahrer Stärke und Größe: „Fair geht vor!"

Beziehen Sie einen eigenen Standpunkt zu dieser Aussage.

Praktikum

Nahrung und Energie

In den Medien wird in der letzten Zeit häufig das Thema gesunde Ernährung diskutiert. Nicht von ungefähr. Unsere Lebensbedingungen, die körperliche Aktivität und unsere Ernährungsweisen haben sich in den letzten 20 bis 30 Jahren dramatisch geändert.
Die Frage nach dem richtigen Gewicht ist allerdings nicht ganz einfach zu beantworten. Es ist individuell unterschiedlich. Daher ist man auf Richtwerte angewiesen. Der BMI ist so ein Richtwert (s. S. 185).
Das Gewicht jedes Einzelnen ergibt sich aus der Aufnahme von Energie mit der Nahrung und dem jeweiligen Energieverbrauch.

1. a) Ermitteln Sie verschiedene Faktoren, die den Energiebedarf einer Person beeinflussen. Erläutern Sie diese Faktoren jeweils.
   b) Schätzen Sie ihren eigenen Energiebedarf ab und stellen Sie unterschiedliche Speisepläne auf, mit dem Ihre Energiebilanz ausgeglichen ist. Vergleichen Sie diese Schätzungen mit Ihren realen Ernährungsgewohnheiten.

Wie viel wir wirklich essen, hängt von vielen Faktoren ab, u. a. von unserem Hunger- bzw. Sättigungsgefühl.
Hunger und Sättigung dienen dazu, einerseits eine ausreichende Versorgung des Organismus mit Nahrung sicherzustellen und andererseits eine unbegrenzte Nahrungsaufnahme zu hemmen. Die zentrale Steuerung für die Nahrungsaufnahme erfolgt durch ein „Sättigungszentrum" und ein „Hungerzentrum" im Hypothalamus. So wird beispielsweise ein Hungergefühl ausgelöst, wenn der Blutzuckerspiegel absinkt und wir empfinden ein Sättigungsgefühl, wenn der Blutzuckerspiegel wieder normalisiert ist. Allerdings fühlen wir uns meist schon satt, ehe die Resorption überhaupt erfolgt ist. Sonst würden wir im Allgemeinen viel zu große Nahrungsmengen aufnehmen.
Das Sättigungsgefühl wird u. a. ausgelöst durch Kaubewegungen sowie Geruchs- und Geschmackswahrnehmungen beim Essen, durch die Dehnung des Magens vom Speisebrei und durch Signale von Chemorezeptoren im Darm, die Informationen über die Zusammensetzung der aufgenommenen Nahrung übermitteln.

2. Erörtern Sie, wie sich z. B. der Verzehr eines Powerriegels, d. h. ein hoher Energiegehalt bei geringem Volumen, bzw. das Trinken einer größeren Menge (ungesüßten) Tees auf Ihr Sättigungsgefühl auswirken würde. Diskutieren Sie mögliche Folgen.

3. Essen Sie bei gleichem Hungerzustand die gleiche Menge Nudeln einmal von einem großen Teller und einmal von einem sehr kleinen Teller.
Beschreiben Sie Ihre Feststellung. Finden Sie eine Erklärung dafür.

Die Werbung suggeriert oft, dass bestimmte Lebensmittel eine gesunde Lebensweise fördern. Allerdings erweisen sich einige Lebensmittel nach Prüfung der Inhaltsstoffe nicht als Grundnahrungsmittel sondern als Süßigkeit und sind somit wahre Kalorienbomben. Darum wird von Verbraucherschützern eine Kennzeichnung nach Ampelsystem gefordert.

4. Informieren Sie sich über das Ampelsystem. Was ist darunter zu verstehen?
Wählen Sie verschiedene Milch- oder andere Produkte aus und erarbeiten Sie eine entsprechende Kennzeichnung nach dem Ampelsystem.
Diskutieren Sie in der Gruppe, ob solche Kennzeichnung sinnvoll ist.

Praktikum

Essstörungen

Besonders Jugendliche betrachten ihren Körper und ihr Gewicht sehr kritisch (s. Abb. 1) und messen ihr Aussehen am gängigen Schönheitsideal.

1. Analysieren Sie unterschiedliche Schönheitsideale (bezogen auf die Figur) in Europa anhand von Gemälden aus unterschiedlichen Zeiten. Diskutieren Sie das heutige Schönheitsideal.

Angeregt durch Tipps in verschiedenen Medien hat heutzutage fast jeder Jugendliche in Deutschland schon mindestens eine Diät versucht. Die Liste der unterschiedlichen Möglichkeiten ist lang.

2. Recherchieren Sie drei unterschiedliche Diäten zur Gewichtsreduktion. Setzen Sie sich mit diesen Diäten auseinander. Führen sie zu einer langfristigen Gewichtsreduktion? Ist die jeweilige Diät empfehlenswert oder gibt es Bedenken aus medizinischer Sicht?

Von der Diät bis zur Essstörung ist es manchmal nicht weit. Essstörungen sind längerfristige Verhaltensauffälligkeiten im Zusammenhang mit der Nahrungsaufnahme. Sie beeinflussen und belasten den Betroffenen in seinem normalen Tagesablauf stark. Die bekanntesten Essstörungen sind Magersucht *(Anorexia nervosa)*, Ess-Brech-Sucht *(Bulimia nervosa)* und Ess-Sucht *(Binge Eating)*.

3. Informieren Sie sich über die drei genannten Essstörungen. Recherchieren Sie jeweils Ursachen, Symptome und körperliche Folgen. Bereiten Sie einen Vortrag vor.

4. Im Zusammenhang mit Essstörungen wird häufig von „Sucht" gesprochen. Handelt es sich wirklich um Süchte? Diskutieren Sie diese Frage in der Gruppe.

Essstörungen sind schwerwiegende, psychisch bedingte **Erkrankungen**, die im Allgemeinen mit einer gestörten Wahrnehmung des eigenen Körpers einhergehen. So sehen Betroffene ihren Körper beispielsweise als zu dick an, obwohl dies gar nicht der Realität entspricht (Körperschemastörung). Auch Hunger- und Sättigungsgefühl werden nicht mehr richtig wahrgenommen. Oft empfinden die Erkrankten sich selbst als unzulänglich, sind mit ihrem Aussehen und mit ihren Leistungen unzufrieden.
Bei allen langfristig bestehenden Essstörungen sind lebensgefährliche körperliche Schäden möglich. Daher benötigen die Erkrankten **unbedingt ärztliche** und **psychotherapeutische Hilfe.** Selbsthilfegruppen können Unterstützung geben.

5. Haben Sie eine gute Vorstellung von Ihrem Körper? Stimmt Ihr Körperschema? Wie gut können Sie sich einschätzen. Testen Sie es, indem Sie Ihre Taillenweite abschätzen. Legen Sie dazu einen entsprechend langen Wollfaden (ohne auszumessen) so hin, dass er Ihrer Meinung nach Ihrem Taillenumfang entspricht. Messen Sie nun mit einem Maßband nach und vergleichen Sie die Fadenlänge mit dem real gemessenen Taillenumfang. Was stellen Sie fest?

Wann ist das eigene Verhalten noch „normal" und wann ist man gefährdet, eine Essstörung auszubilden? Die Grenzen sind fließend. Wenn die Gedanken an Essen jedoch alles andere verdrängen, den Tagesablauf bestimmen, Freunde keine Rolle mehr spielen, jemand sich mehr und mehr in sich zurückzieht, kann dieses Verhalten auf eine Gefährdung deuten. Spätestens dann sollte man Hilfe suchen.

1 ▶ Zu dick oder zu dünn? Der kritische Blick auf das Maßband hilft nicht immer weiter: Wie das Ergebnis bewertet wird, hängt auch von der eigenen Vorstellung über die Idealfigur ab.

Praktikum

Erste Hilfe

Erste Hilfe-Maßnahmen sollte jeder von uns beherrschen, um im Falle eines Unfalls, bei dem Menschen verletzt werden, menschliches Leben zu retten bzw. auftretende Gesundheitsstörungen bis zum Eintreffen professioneller Hilfe (Arzt, Rettungsdienst) zu beseitigen, aufzuhalten oder zu mildern. Dazu gehört in erster Linie das Auslösen eines Notrufs, die Absicherung der Unfallstelle und die Betreuung der Verletzten. Alle Hilfsorganisationen (z. B. Deutsches Rotes Kreuz, Malteser-Hilfsdienst, Deutsche Lebens-Rettungs-Gesellschaft oder Arbeiter-Samariter-Bund) bieten regelmäßig Erste-Hilfe-Kurse an.

Lebensrettenden Sofortmaßnahmen, die ein Ersthelfer in einer Notfallsituation mit verletzten, erkrankten oder vergifteten Personen zu leisten hat, stellen das 1. Glied in der so genannten Rettungskette (s. Abb. 1) dar. Dazu gehören:

1 ▸ Rettungskette

2 ▸ Viertes Glied der Rettungskette

Ziel dieser Maßnahmen ist der Erhalt bzw. die Wiedererlangung der lebenswichtigen Körperfunktionen des Patienten, der so genannten Vitalfunktionen.

1. Diskutieren Sie in der Klasse die Abb. 1. Würden Sie sich die Punkte 1. bis 3. im Ernstfall zutrauen?

2. Haben Sie in der Vergangenheit bereits an einem Erste-Hilfe-Kurs teilgenommen? Falls nicht, sollten Sie dies mit der gesamten Klasse nachholen.

1. Sicherheit: das Absichern des Unfallorts und Retten von Verletzten (Wichtig: Bringen Sie sich selbst dabei nicht in Gefahr.)

2. Situation klären und Notruf: das Absetzen eines Notrufs (Informieren Sie den Rettungsdienst über die Notrufnummer 112, über Telefon, Funk, Handy, Notrufsäule etc., was er über den Unfall wissen muss (die fünf W`s, s. Abb. 3)

3. Wiederbelebung: Herzdruckmassage, Beatmung

4. Blutungen stillen: Druckverband anlegen, ggf. Arterie abdrücken

5. Stabile Seitenlage: bei bewusstlosen Personen, die noch atmen

6. Schockbekämpfung: falls Beteiligte z. B. blass werden, wirr reden etc. unbedingt in Schocklage bringen

Die fünf W´s:

Wo ist es passiert?
Was ist passiert?
Wie viele Personen sind verletzt?
Welche Verletzungen?
Warten auf Rückfragen!

3 ▸ Wichtigster Inhalt eines Notrufs

Aus dem Spektrum der Medizin Biologie 193

Praktikum

Rollenspiel – Vom Schaulustigen zum Ersthelfer

Der freundliche grauhaarige ältere Herr war gerade eben noch mit Sabine, Jennifer, Sven und Lukas in ein Gespräch über ihr Gymnasium vertieft und nun liegt er bewusstlos auf dem Gehweg an der Bushaltestelle direkt vor der Schule. Offensichtlich ist er gestürzt und hat sich eine Platzwunde am Kopf zugezogen, da sich unter seinem Kopf eine große Blutlache gebildet hat. Um ihn herum hat sich bereits eine Traube Schaulustiger gebildet, die vier Schüler der 10. Klasse kommen dazu und beratschlagen, was sie Sinnvolles tun können. „Den müssen wir zuerst in die stabile Seitenlage bringen!" „Nein, zuerst muss die Blutung am Kopf versorgt und gestillt werden." „Lebt er überhaupt noch?" „Wir müssen den Notarzt rufen!"

Eigeninitiative entwickeln

Diese Situation ist nicht untypisch. Leider zögern viele Menschen im Ernstfall, etwas zu unternehmen. In der Regel gibt es in solchen Situationen genügend Neugierige, aber nur wenige Menschen, die bereit sind, verantwortungsbewusst zu handeln.

In den folgenden Rollenspielen sollen Sie Routine für ihr eigenes Verhalten erlangen.

Vorbereitung:
1. Rollenkarten entwerfen und ausdrucken.
2. Informationen zum Auffinden von Verletzten, Absetzen des Notrufs und Betreuung des Verletzten als Poster in Gruppenarbeit vorbereiten und im Klassenraum sichtbar aufhängen.

Durchführung:
1. Nutzen Sie den kursiv gedruckten Text als Einführung in das Thema. Was würden Sie tun, wenn Sie das erleben? Wie fühlen Sie sich selbst, wenn Sie sich verletzt haben? Besprechen Sie die Betreuung eines Verletzten. Sammeln Sie die Beiträge an der Tafel.
2. Formulieren Sie gemeinsam weitere Unfallsituationen (z.B. stark Betrunkener in der U-Bahn-Station, Unfall zwischen einem Auto und einem Radfahrer, Sportunfall mit gebrochenem Fuß, epileptischer Anfall, Bewusstloser mit Atemstillstand, Jugendlicher mit Platzwunde) und halten Sie diese auf entsprechenden Situationskarten fest (sechs weitere Beispiele).
3. Bilden Sie in ihrer Klasse sechs Gruppen und verteilen Sie die Situationskarten. Jede Gruppe hat 15 min Zeit, sich in die Situation hinein zu versetzen. Die Schüler und Schülerinnen jeder Gruppe spielen ihre Situation vor der Klasse vor.
4. Der Rest der Klasse beobachtet die jeweilige Vorführung und schreibt sich auf, was ihnen gut gefallen hat und was man auch anders hätte darstellen können.
Jeder Rollenspieler gibt am Ende des Rollenspiels eine Rückmeldung darüber ab, wie er sich in der Situation gefühlt hat und ob er glaubt, das Bestmögliche gegeben zu haben.
Sammeln Sie die Verbesserungsvorschläge an der Tafel und überlegen Sie gemeinsam, worauf Sie in Zukunft noch mehr achten können.
5. Falls noch Zeit vorhanden ist, können Rollen bzw. Situationen getauscht werden. Gut wäre es, wenn auch die Ersthelfer als Verletzte und umgekehrt agieren.

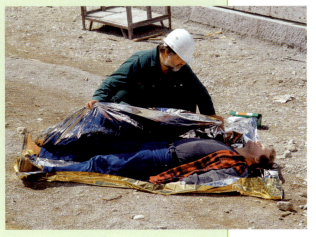

1 ▸ Ersthelfer mit Rettungsdecke

Methoden

Zukunftswerkstatt: Lebensplanung

Die Möglichkeiten, das eigene Leben nach seinen persönlichen Vorstellungen zu gestalten und zwischen verschiedenen Lebensformen zu wählen, sind heute viel größer als noch vor fünfzig Jahren. Zu dieser Zeit orientierten sich die meisten Menschen noch an einer „Normalbiografie", die im traditionellen Familien- und Berufsmodell mit festgelegten Geschlechterrollen ein Lebensmuster vorgab. Heute bieten sich viele Wahlmöglichkeiten für den persönlichen Lebensentwurf.

Die Zukunftswerkstatt eignet sich als **Methode zur Entwicklung von Vorstellungen über die eigene Zukunft.** Sie ist ein gutes Mittel, Lebensentwürfe, persönliche Zukunftsträume und Wünsche zu durchdenken, daraus Ideen für die Lebensplanung zu entwickeln und mögliche Realisierungswege zu finden. Wenn man diese Methode anwendet, sollte man klare Regeln beachten und in drei Hauptphasen vorgehen:

Kritikphase
Hier geht es um eine genaue Bestandsaufnahme und umfassende Kritik des jetzigen Zustandes und seiner Zukunftsaussichten. Fragen, Ängste, Probleme werden formuliert, verschiedene Kritikpunkte erst nur gesammelt, dann bewertet und nach Wichtigkeit geordnet. Ziel ist es, die vorrangigen Problembereiche herauszuarbeiten.

Fantasiephase
Hier sollen Wünsche für die Zukunft benannt werden, wobei der Fantasie freier Lauf gelassen wird. Träumen ist ausdrücklich erwünscht, es wird keine Rücksicht auf Hindernisse, Vorschriften und Zwänge genommen. Es werden utopische Vorstellungen und ungewöhnliche Lebensmodelle ohne Einschränkungen entworfen.

Verwirklichungsphase
Die Zukunftsentwürfe oder Fantasieprodukte werden mit den realen Verhältnissen in Zusammenhang gebracht. Denkbare Wege und Strategien werden gefunden, um die Wünsche und Träume umzusetzen. Dabei wird zunächst geprüft, inwieweit und unter welchen Bedingungen die utopischen Entwürfe realisierbar sind. Dann werden für die Erfolg versprechendsten oder interessantesten Entwürfe geeignete Strategien entwickelt, also erste Schritte zur Umsetzung geplant.

Der Zukunftsforscher ROBERT JUNGK (1913–1994) entwarf in den 1960er-Jahren die Zukunftswerkstatt als Methode, um Utopien und Gestaltungsvorschläge zu gesellschaftlichen Problemen (z. B. Energie-, Arbeitsmarkt-, Umweltkrise) entwickeln und sachgerecht diskutieren zu können und so zu einer Verbesserung der zukünftigen gesellschaftlichen Verhältnisse beizutragen.

1 ▸ „Nur wer die Zukunft im Vorausgriff erfindet, kann hoffen, sie wirksam zu beeinflussen." (ROBERT JUNGK)

Methoden

Zukunftswerkstatt: Lebensplanung

Bestandsaufnahme/Kritik	Fantasie/Utopie	Verwirklichung/Umsetzung
Beschreiben Sie offen, selbstkritisch und ehrlich ihre jetzige Situation. Äußern Sie auch ihre Ängste und Sorgen, wenn Sie an die Zukunft denken.	Lassen Sie ihrer Fantasie freien Lauf und entwerfen Sie eine ideale Zukunft. Es kommt hier nicht darauf an, was möglich ist, sondern was Sie sich wirklich wünschen und erträumen.	Konfrontieren Sie ihre Ziele und Träume mit der Realität. Suchen Sie nach möglichen Wegen und sinnvollen Strategien, um ihre Ziele zu erreichen.
Mögliche Fragen können sein: – Wie ist mein Leben bisher verlaufen? Welche Ereignisse waren besonders wichtig? – Welche positiven und negativen Umstände haben mich beeinflusst? – Was gefällt mir an meinem bisherigen Leben, an den nahestehenden Menschen, an der Gesellschaft? Was finde ich schlecht? – Wo sehe ich meine Erfolge, wo bin ich gescheitert? – Wo liegen meine Fähigkeiten und Interessen, wo meine Stärken und Schwächen? – Wie würde vermutlich meine Zukunft aussehen, wenn alles so weiter geht? – Was macht mir Angst, wenn ich an die Zukunft denke? – Welche Probleme sehe ich für mein privates und berufliches Leben?	Wie wünsche ich mir mein Leben in 20 Jahren im Hinblick auf – persönliche Umstände, – Familie und Kinder, – Beruf, – gesellschaftliches Engagement, – Freizeit/Hobby, (Zum Beispiel: – Ich wünsche mir einen Job, in dem ich viel Geld verdiene/der mir viel Spaß macht/in dem ich anderen helfen kann. – Ich habe viel Freizeit für Hobbys/Spaß mit Freunden/für das, was mir wichtig ist. – Ich bin verheiratet und habe mehrere Kinder/ich möchte ungebunden bleiben. – Ich teile mir mit meinem Partner/meiner Partnerin gleichberechtigt Beruf, Hausarbeit und Kindererziehung. – Ich bin engagiert in einem Verein/in einer Kirche/in einer Menschenrechts- oder Umweltschutzorganisation.)	Lassen Sie sich dabei von folgenden Fragen leiten: – Wie hängen meine Ziele zusammen? Welche widersprechen sich bzw. lassen sich in der Realität meist schlecht zusammen erreichen? – Welche meiner Ziele sind am wichtigsten, was soll Vorrang haben? – Welche Kompromisse wären für mich noch akzeptabel? – Gibt es bereits Ansätze in die richtige Richtung? – Welche Hindernisse stehen meinen Zielen entgegen? – Was kann ich heute schon dafür tun, um meinen Zukunftsvorstellungen näher zu kommen? (Zum Beispiel: – die Schule gut abschließen, – mich in einem Verein oder einer Organisation engagieren, – mich gezielt weiterbilden, – im Ausland arbeiten und Sprachen lernen.)

Ziel der Zukunftswerkstatt Lebensplanung ist es nicht, das eigene Leben präzise vorzuplanen und diesen Plan dann strikt und schematisch zu verfolgen. „Werkstatt" meint auch, immer wieder kritisch Bilanz zu ziehen und neu über Wünsche und Ziele sowie über die notwendigen Handlungsschritte nachzudenken.

Werte – z. B. Gerechtigkeit, Solidarität, Ehrlichkeit, Treue – entwickeln sich durch Erziehung, Vorbilder und Reflexion. Jeder Mensch misst verschiedenen Werten eine andere Bedeutung zu. Für die Lebensplanung ist das Erkennen der persönlichen Werte wichtig, um tragfähige Entscheidungen treffen zu können.

A

Abwasser 145, 160, 161, 163
Abwasseraufbereitung 161, 163
Abwehrmechanismen 35
akustische Signale 106
Alkohol 57, 67
Alveolen 32, 35
Ameisenstaat 107
Anfangsstadium 129
Angina pectoris 61
Anpassung 99
Anpassungsreaktion 182
Ansiedlung von Tieren oder Pflanzen 104
Arten, Aussterben 109
Arterien 30
Arteriosklerose 59, 60
Atemsystem 32, 35
Atmung 66, 121, 122
- äußere 32, 42
- Bauchatmung 33
- Brustatmung 33
- innere 32, 42
- Zwerchfellatmung 33
Atmungskette 53
ATP (Adenosintriphosphat) 14, 22, 42, 43, 45, 48, 184
Ausdauer 181, 186
autotrophe Organismen 120

B

Ballaststoffe 11
Baumschicht 113, 151
Baustoffwechsel 8, 9, 10
Belastungen 134
Belebtschlammbecken 161
Belebungsbecken 161
Beleuchtungsstärke 149
Beweglichkeit 186
Beziehungen
- innerartliche 106, 111
- Lebewesen 97, 111
- Nahrungsbeziehungen 98
- Räuber-Beute 99
Bilirubin 56
Biodiversitätskonvention 139
Biokatalysatoren 14
Biomasse 123
Biosphärenreservate 140
Biosynthese 42
Biotop 74, 95
Biozönose 74, 95, 111, 129
Blut 27, 31, 37
- Gerinnung 27, 58, 69
Blutdruck
- Messung 61
Bluthochdruck 59, 60
Blutkreislaufsystem 29, 56
Blutplasma 27, 63
Blutzellen 27, 58
Blutzucker 44
BMI (Body-Mass-Index) 185, 190
Boden 134, 151, 176
- als Ionenspeicher 176
- Kalkgehalt 151
- organische Bestandteile 152
Bodenart 152
Bodenfruchtbarkeit 176
Brainstormingmethode 178
Bronchien 32, 35, 66
Bundesnaturschutzgesetz 140

C

CFKW 135
Chloroplasten 82, 83
Cholesterin 60
Coenzym 14
Computergrafik 126

D

Darstellung
- grafische 90
- Räuber-Beute-Beziehung am Computer 126
- statistischer Daten 90
Dehydratisierung 12
Denaturierung 49
Destruenten 120
Diabetes 60
Diagrammtypen 90
Dialyse 65
Diastole 29
Dichteregulierung 108, 128
Diffusion 35, 63, 65
- Versuch 38
Doping 28, 62, 189
Drogen 62
Düngemittel 176, 177
Dünndarm
- Oberflächenvergrößerung 23
- Schleimhaut, Aufbau 22

E

Einnischung 109
Ektoparasiten 102
Elektrolyte 62, 188
Endoparasiten 102
Endwirt 102
Energie 48, 123, 190
- chemische 42, 43, 122
- Strahlungsenergie 122
Energie-Theorie 184
Energie- und Stoffumwandlung 8, 9, 124
Energiebedarf 185
Energiebereitstellung 186
Energiefluss 74, 122, 132
Energielieferanten 8, 9
Energiepyramide 123
Energieträger, universeller 43, 45
Energieverbrauch 174, 185
Entwicklung
- nachhaltige 139
Entwicklungszyklus
- Kleiner Leberegel 102
Enzym 14, 15, 16, 17, 19, 45
Enzym-Substrat-Komplex 14
Enzymaktivität
- pH-Wert 15
- Temperatur 15
Ergänzungsstoffe 10
Erste Hilfe-Maßnahmen 192
Erythropoetin (EPO) 28
Erythrozyten 27, 28, 34, 56
Erzeuger 120
Essstörungen 191
Exkretion 62
Expertenbefragung 137

F

Faktoren
- abiotische 74, 97
- biotische 74
Fette 9, 13, 16, 17, 21, 44

Fettsäuren 9
Fettverdauung 25
Feuchtlufttiere 80
Feuchtpflanzen 78
Fischer, Emil 14
Flächennutzung 134
Flechten 100, 104
- ökologische Bedeutung 100
Fotosynthese 81, 83, 122

G
Gallen 105
Gallenblase 56
Gärung, alkoholische 164
Gasaustausch 32, 34, 35
Gefährdung 134
Gegenstromprinzip 63, 65
Gelbsucht 57
Generalisten 98
Gerinnungsfaktoren 58
Gerinnungsstörungen 59
Gesetz des Minimums 89, 177
Gesundheit 69
Getränkeverpackungen 175
Gewürze 11
Gleichgewicht
- relatives 99
- ökologisches 129
gleichwarm 84
Glucose 43, 56
Glucoseabbau
- aerober 43
- anaerober 43
Glucosespeicher 44
Glycerol 9
Glykogen 44, 56, 182, 186, 187, 188

H
Hämoglobin 34, 56, 66
- Abbau 62
Harn 62
Hauptnährstoffe 8, 9, 14, 17
Henseleit, Kurt 46
Hepatitis 57
Herz 29
Herz-Kreislaufsystem 60, 61, 182
heterotrophe Organismen 120, 122
Hormone 31

Hunger 190, 191

I
Indikatoren 100

K
Kapillaren 30, 32
Käseherstellung 15, 20
Kläranlage 142, 161, 163
Klärschlammdüngung 162
Klima 173
Klimakonvention 139
Klimax 129, 132
Koagulation 58
Kohlenhydrate 9, 13, 16, 17, 44
Kohlenhydratverdauung 25
Kohlenstoffmonooxid 66
Kohlenstoffdioxid 34, 42
- Nachweis 38
Kohlenstoffkreislauf 121
Kommensalismus 104
Kondition 186
Konkurrenz 97, 108, 109, 111
- innerartliche 108
- zwischenartliche 108
Konservierungsmethoden 166
Konsument 117, 120
Körper, Akzeptanz 67
Kraft 181, 186
Krampfadern 60
Krautschicht 113, 115
Krebserkrankungen 66

L
Landschaftsschutzgebiete 141
Landwirtschaft 176, 177
Lebensmittel
- Herstellung 164
- Ökobilanz 170
- Zusatzstoffe 165
Leber , 56, 57, 69
- Beeinträchtigungen 57
Leistungsfähigkeit, sportliche 181
Leukozyten 27, 28
Licht 149
- für Pflanzen 81
- für Tiere 82
Lichtintensität 82

Lichtkonkurrenz 81
Liebig, Justus Freiherr von 89, 177
limitierender Faktor 89
Luft 134
- Schadstoffe 118
Luftröhre 32, 35
Luftschadstoffe 136
Lunge 32, 34, 66, 67
- Wirbeltiere 33
Lymphe 22, 30

M
mRNA 48
Massenvermehrung 136
mechanischer Umweltfaktor
- Tiere 87
- Vegetation 87
Mehrwegsystem 175
Mengenelemente 10
Methoden
- Darstellung einer Räuber-Beute-Beziehung am Computer 126
- Darstellung statistischer Daten 90
- Expertenbefragung 137
- Hinweise für die Gruppenarbeit an Projekten 36
- Planung und Durchführung einer Exkursion 148
- Podiumsdiskussion 169
- Wie führe ich ein Experiment durch? 18
- Zukunftswerkstatt: Lebensplanung 194
Mikroorganismen 162, 164
Mind-Map 178
Minen 105
Mineralstoffe 10, 86
Minimumtonne 89, 177
Mitochondrien 47
Moospflanzen 113, 115, 116
Mykorrhiza 101, 117, 136

N
Nährsalze 176
Nährstoffe 56

Nahrung 190
- Bestandteile 13
- Grundbausteine 31
Nahrungsbeziehungen 74, 97, 98, 111
Nahrungsketten 98, 122, 123, 125
Nahrungspyramide 123, 124
Nahrung und Energie 51
Nationalpark 141
Bayerischer Wald 143
Naturlandschaften 143, 145
Naturparks 141
Naturschutz 138, 140
Nephron 63
Nieren 62, 64, 65, 69
- Erkrankungen 64

O

Oberflächenvergrößerung 23, 25, 33, 47, 83
Ökobilanz 170, 171, 174, 175
- Erstellung 172
- Methode 172
Ökogramm 92
ökologische Gruppen 92
ökologischen Nische 109
ökologische Potenz 88
ökologische Pyramiden 123
Ökosystem 74, 111, 120, 150, 155
- Dynamik 132
- Entwicklung 129, 130
- Gefährdung 135
- Schwankungen 125
- relative Stabilität 128, 132
- Wald 113, 119, 132
Optimum 88
optische Signale 106
Oxidation 43
- biologische 42

P

Parasitismus 97, 100, 102, 103, 111
Peptidbindungen 9
Pflanzengesellschaften 92
Pfortader 56
pH-Wert 86, 92, 151
physiologische Potenz 88
Pilze 117

Pionierarten 129
Primärharn 63
Primärproduktion 120
Prioritätensetzung 174
Probiose 100, 104, 111
Produkte
- bilanzierte 172
- regionale 171
Produzenten 120, 174
Projektstruktur 36
Protein 16
Proteinbiosynthese 48, 49, 184
Proteine 9, 13, 17, 44, 56
- Struktur 49
Proteinverdauung 25

R

Räuber-Beute-Beziehung 99, 126
- Borkenkäfer und Buntspecht 125
- Schneeschuhhase und Kanadischer Luchs 126
Rauchen 67
Recycling 175
Redoxreaktion 43
Regeneration 187
- Mechanismen 99
- Phasen 188
Reinigung, Abwasser
- biologische 161
- chemische 162
- mechanische 161
Reizstufenregel 182
Rekultivierung 144
Renaturierung 144
Resorption 22, 25
- der Grundbausteine 22
Rettungskette 192
Ribosomen 48
Rollenspiel 193
Rote Listen 138

S

Saprovore 120
Sättigung 190, 191
Sauerstoff 31, 34, 42
Sauerstoffproduzenten 113
Säuerungsmittel 165

Saurer-Regen-Hypothese 135
Schädlingsbekämpfung 178
- biologische 103, 178
- chemische 179
Schadstufen 135
Schattenpflanzen 81, 149
Schlüssel-Schloss-Prinzip 14, 17
Schnelligkeit 181, 186
Schutzgebiete 140, 141
Sekundärharn 63
Selbsthilfegruppen 191
Selbstregulation 128
Signale
- akustische 106
- chemische 106
- optische 106
Sonneneinstrahlung 82
Sonnenpflanzen 81, 149
Spezialisten 98
Sport 12, 44
Sportphysiologie 181
Sprossaufbau 79
Spurenelemente 10
Stammzellen 28
Standortklima 150
Stoff- und Energieumwandlung 17, 47, 83
Stoffaufbau 48, 53
Stoffkreislauf 74, 120, 121, 132, 176
Stofftaustausch 65
Stoffwechsel 8, 56, 186
- Endprodukte 31
Stoffwechselerkrankungen 62
Strauchschicht 113
Substratspezifität 14
Sukzession 129, 132
Superkompensationstheorie 183
Symbiose 97, 100, 111, 117
- Bestäubungssymbiosen 101
- Wiederkäuer 101
Systole 29

T

Temperaturbereiche
- See 85
- Tiere 84
Thrombose 58, 59, 60, 67
Thrombozyten 27, 58

Tierstaat 107
Toleranzkurven 88, 89, 95
Training 182, 184
- Effekte 182, 183
- Formen 188
- Programme 187
Transpiration 77, 79
Transport
- aktiver 22, 42, 63
- passiver 22
Treibhauseffekt 121
Trinkwasser 118, 142, 160
tRNA 48
Trockenlufttiere 80
Trockenpflanzen 77

U

Überdüngung 177
Übertraining 187
Umwelt 134
- Belastung 171, 173
- Gefährdung 147, 174
Umweltfaktoren 74, 88
- abiotische 74, 75, 92, 95
- biotische 74, 95, 97
- chemische 86
- Licht 81
- mechanische 87

- Temperatur 84
- Wasser 76
- Zusammenwirken 92
Umweltschutz 138, 139, 144

V

Venen 30
Verbraucher 120, 170
Verdauung 14, 16, 17, 19, 21
Verdauungsenzyme 16
Verdauungsorgane 16
Vermutung aufstellen 18
Verschmutzungen 145
Vitamine
- fettlösliche 10
- wasserlösliche 10

W

Wald
- Bedeutung 118
- ökologische Funktionen 118
- Praktikum 155
- Schichtenaufbau 113, 114
Waldbiozönose 114
Waldböden, Versauerung 136
Waldökosystem 128
Waldsterben 135, 136, 138
Waldtypen 114, 115, 119

Wärmefaktor in Seen 85
Wärmeregulation 12
Wasser 12, 134, 160
- Abgabe 77
- Aufnahmefähigkeit 78
- Verfügbarkeit 76
Wassergehalt 86
Wasserhaushalt 65, 78
- bei Tieren 80
- Kängururatte 80
- Mensch 80
- Pflanzen 76
Wasserspeicherung 78, 116
Wasserverbrauch 163
wechselwarm 84
Wirkstoffe 10
Wirkungskategorien 173, 174
Wirtswechsel 102
Wundverschluss 27, 58

Z

Zeigerarten 88, 89, 95
Zellatmung 32, 42, 46, 53
- Energiebilanz 46
Zersetzer 120
Zucker 9
Zwischenwirt 102

Gefahrstoffsymbole

T
giftig
giftige Stoffe
krebserzeugende Stoffe
Erhebliche Gesundheitsschäden durch Einatmen, Verschlucken oder Aufnahme durch die Haut. Keine Schülerexperimente.

Xn
gesundheitsschädlich
gesundheitsschädliche Stoffe
Gesundheitsschäden durch Einatmen, Verschlucken oder Aufnahme durch die Haut.

Xi
reizend
reizende Stoffe
Reizwirkung auf die Haut, die Atmungsorgane und die Augen.

E
explosionsgefährlich
explosionsgefährliche Stoffe
Explosion unter bestimmten Bedingungen möglich. Keine Schülerexperimente.

C
ätzend
ätzende Stoffe
Hautgewebe und Geräte werden nach Kontakt zerstört.

F
entzündlich
leicht- u. hochentzündliche Stoffe
Entzünden sich selbst, an heißen Gegenständen mit Wasser entstehen leichtentzündliche Gase.

O
brandfördernd
brandfördernde Stoffe
Andere brennbare Stoffe werden entzündet, ausgebrochene Brände gefördert.

N
umweltgefährlich
umweltgefährliche Stoffe
Sind sehr giftig, giftig oder schädlich für Wasserorganismen, Pflanzen, Tiere und Bodenorganismen; schädliche Wirkung auf die Umwelt.

Bildquellenverzeichnis

BackArts GmbH: 13/4b; BASF: 177/2, 86/2; Bayer AG: 178/1; bba/Urs Wyss, Kiel: 96/1; Biedermann, A., Berlin: 69/4; Bibliographisches Institut & F. A. Brockhaus, Mannheim: 14/0, 46/1, 168/1; Bildagentur Waldhäusl: 82/2; Bildagentur Waldhäusl/Arco Digital Images, Sohns J. & C.: 108/2; Bildarchiv Santana Europa/Gunnar Fehlau: 181/2; blickwinkel/D. Mahlke: 111/1; Prof. Dr. Wolfgang Bricks: 77/b; BSR, Berlin: 168/4; Jens Bussen, Berlin: 151/1; CDC/Phil/Photo: James Gathany: 96/4; Comstock Images/Fotosearch: 6/1, 55/1, 68/6, 70/1, 194/1; Corel Photos Inc.: 5/1, 31/2, 45/1, 101/3, 111/2, 111/6, 117/2, 126/unten, 134/1, 156/1, 186/1, 186/3; Cornelsen Experimenta: 169/1; Danner GmbH, Kirchheim/Christian Link, Augsburg: 175/1; Deutsche Gesellschaft für Kunststoff-Recycling mbH (DKR), Köln: 159/2; Deutsches Rotes Kreuz: 192/1; Duales System Deutschland: 170/1; ESA/EUMETSAT: 5/2, 133/1; Susanne Essinger: 128/1; Dr. K.-H. Firtzlaff, Berlin: 78/2; Rainer Fischer: 7/2, 115/1; Fotolia/ZM Photography: 191/1; Dr. Tilo Geisel: 4/2, 114/5, 144/3; Getty Images/Photodisc Collection: 55/5; J. Golldack Lehrstuhl für Bodenschutz und Rekultivierung: 101/1; HBL GmbH/Claus Bergmann: 182/1; Helsinki City Tourist Office, Helsinki:77/1; www.hessen-tourismus.de: 73/5, 112/1; Prof. Dr. Horn, F., Rostock: 87/2, 107/1, 112/4, 116/1, 135/1, 156/1; Bildagentur Huber: 94/2; Imsi Master Fotos: 39/1, 166/1; Informationszentrale Deutsches Mineralwasser (IDM): 12/1; iStockphoto: 5/4; iStockphoto/Ai-Lan Lee: 154/1; iStockphoto/I. Breckenridge: 178/2; iStockphoto/Eric Delmar: 14/1; iStockphoto/S.Locke: 190/links; iStockphoto/Vova Pomortzeff: 103/4; A. Kalenberg, Berlin: 100/2, 104/1, 78/1; C. Kilian, Berlin: 112/2; Lamprecht AG/Estorel: 70/5; Landesumweltamt Brandenburg: 133/2; Lichtwer Unternehmensgruppe: 92/2, 103/3; B. Mahler, Fotograf: 54/1; H. Mahler, Fotograf, Berlin: 13/1, 13/2, 13/3, 42/1, 67/1, 69/3, 70/1, 150/links, 150/rechts, 159/4, 164/1, 177/3; mauritius images: 87/1; mauritius images/age: 111/5; mauritius images/Angela Reik: 3/1; mauritius images/Berg: 165/2; mauritius images/Foodpix: 167/2; mauritius images/SuperStock: 171/1; mauritius images/John Warburton-Lee: 109/2; mauritius images/Haag + Kropp: 158/1; mauritius images/Jo Kirchherr: 64/1; mauritius images/Peter Enzinger: 37/1; mauritius images/Phototake: 66/1; mauritius images/Phototake: 66/2; mauritius images/Pigneter: 133/3; mauritius images/Stock Image: 160/2; mauritius images/SuperStock: 187/1; mauritius images/Tunger: 193/1; mauritius images/Westend61: 26/1; Naturfotografie Frank Hecker: 103/2, 156/4, 179/2; Z. Neuls, Berlin: 109/1, 117/1, 117/3, 167/1; ÖAMTC: 64/2; A. Oerer, Zürich: 13/4c; OKAPIA/ Ed Reschke/P. Arnold Inc.: 116/4; OMRON Medizintechnik Handelsgesellschaft mbH, Mannheim: 55/3; panthermedia/A. Antl: 7/1; panthermedia/Ueli Bögle: 125/1; panthermedia/ A. Eichelmann: 11/1, 70/1; panthermedia/T. Hartmann: 156/5; anthermedia/Bernd Kröger: 12/2; panthermedia/H. Walter: 81/3; Patrik Vogt, Landau: 0/1; Pews, Dr. H-U., Berlin: 111/4; Phil/CDC: 57/1; Photo Disc Inc.: 3/4, 4/1, 4/3, 4/4, 5/3, 26/2, 44/1, 45/1, 70/2, 73/3, 74/1, 81/4, 86/1, 112/5, 117/1, 129/1, 137/1, 148/1, 159/1, 186/4; PHYWE SYSTEME GmbH & Co. KG, Göttingen: 177/1; picture-alliance/dpa: 13/4a, 70/2, 73/1, 81/2, 85/2, 104/3, 139/1, 142, 162/1, 162/2, 181/1; picture-alliance/dpa/dpaweb: 187/links; picture-alliance/dpa/Jarmo Tolonen: 92/1; picture-alliance/dpa/Bernd Weißbrod: 43/1; picture-alliance/Klett GmbH: 174/1; picture-alliance/OKAPIA KG, Germany: 15/1, 103/1, 111/3, 126/oben; picture-alliance/Uwe Schwenk/OKAPIA: 156/4; picture-alliance/ZB: 82/1, 155/1, 163/1; Pitopia / dietrich leppert: 94/1; Prof. Dr. W. Probst, Flensburg: 77/2, 77/a, 77/c, 77/d, 81/1, 84/2, 89/3, 98/2, 103/4, 105/1, 105/2, 105/3, 116/3a, 116/3b, 156/2; Protina, Ismaning: 189/1; Dr. Raum, B., Neuenhagen: 152/1, 152/2; rebelpeddler Chocolate Cards: 89/2; Reichenbach, A., Mühlberg: 145/1; Ruhmke, S., Berlin: hinteres Vorsatz; Ruppin, Ch., Berlin: 20/1; Sächsische Landesanstalt für Forsten: 92/3; U. Schmidt, Bad Lausick: 186/2; Schmitz, E. B. Gladbach: 72/1; SPL/Agentur Focus/ Dr. Jeremy Burgess: 41/1; StockFood/K. Arras: 9/1, 70/2, 165/1; Technorama, www.technorama.ch: 40/1; Tetra Pak GmbH & Co.: 21/1, 173/1, 173/2, 182/1; Tierbildarchiv Angermayer, Holzkirchen: 96/2, 96/5, 101/2, 107/2, 132/1, 144/1, 156/3, 179/1; Tierbildarchiv Angermayer, Holzkirchen/Hans Pfletschinger: 112/3; Tierbildarchiv Angermayer/G. Ziesler: 104/2; Touristikinformation Wertach: 144/4; Prof. Dr. Volkmar Wirth, Murr: 100/3; B. Wöhlbrandt: 160/2; Martin Zitzlaff, Hamburg: 140/1

Was bedeutet eigentlich …

Sagen Sie voraus

Formulieren Sie auf der Grundlage von Fakten, Erkenntnissen, Gesetzen und Modellen eine Aussage über ein wahrscheinlich auftretendes Ereignis, einen Zustand oder eine Entwicklung. Berücksichtigen Sie dabei die konkreten Bedingungen.

Experimentieren Sie

Untersuchen Sie ein Phänomen der Natur unter ausgewählten, kontrollierten und veränderbaren Bedingungen und werten Sie die Beobachtungsergebnisse aus. Dabei muss sich das Experiment unter gleichen Bedingungen wiederholen lassen.

Beobachten Sie

Ermitteln Sie mithilfe von Sinnesorganen oder Hilfsmitteln (z. B. Mikroskop, Indikatorpapier) Eigenschaften und Merkmale, Beziehungen und Abfolgen von Objekten oder Prozessen.

Leiten Sie ab

Formulieren Sie auf der Grundlage eines allgemeinen Sachverhalts, Gesetzes oder Modells konkrete Aussagen zu einem Beispiel.

Interpretieren Sie

Finden Sie grundlegende Zusammenhänge, um Aussagen, Beobachtungsergebnissen, Messwerten oder grafischen Darstellungen eine auf die Natur oder Gesellschaft bezogene inhaltliche Bedeutung zu geben. Legen Sie diese Zusammenhänge sprachlich geordnet dar.

Vergleichen Sie

Stellen Sie gemeinsame und unterschiedliche Merkmale von zwei oder mehreren Vergleichsobjekten dar. Wählen Sie die Merkmale nach dem beabsichtigten Zweck des Vergleichs aus und leiten Sie gegebenenfalls eine entsprechende Schlussfolgerung aus den Ergebnissen ab.